U0633302

中国宏观经济研究院
Chinese Academy of Macroeconomic Research

国宏智库青年丛书

中国上市公司员工
持股计划的影响效应研究

A Study on the Effect of Employee Stock Ownership
Plans in Chinese Iisted Companies

石 颖◎著

中国社会科学出版社

图书在版编目（CIP）数据

中国上市公司员工持股计划的影响效应研究/石颖著.—北京：中国社会
科学出版社，2020.4

（国宏智库青年丛书）

ISBN 978 - 7 - 5203 - 5942 - 9

Ⅰ.①中…　Ⅱ.①石…　Ⅲ.①上市公司—股份制—研究—中国

Ⅳ.①F279.246

中国版本图书馆 CIP 数据核字（2020）第 022802 号

出 版 人	赵剑英
责任编辑	喻　苗
责任校对	胡新芳
责任印制	王　超

出　　版	中国社会科学出版社
社　　址	北京鼓楼西大街甲 158 号
邮　　编	100720
网　　址	http://www.csspw.cn
发 行 部	010 - 84083685
门 市 部	010 - 84029450
经　　销	新华书店及其他书店

印　　刷	北京明恒达印务有限公司
装　　订	廊坊市广阳区广增装订厂
版　　次	2020 年 4 月第 1 版
印　　次	2020 年 4 月第 1 次印刷

开　　本	710×1000　1/16
印　　张	17.5
字　　数	244 千字
定　　价	79.00 元

凡购买中国社会科学出版社图书，如有质量问题请与本社营销中心联系调换
电话：010 - 84083683
版权所有　侵权必究

序　一

　　员工持股计划在欧美国家的起源和发展已有百年以上的历史。与欧美国家不同，中国员工持股计划是随着改革开放进程不断推进而逐步发展起来的。纵观40年来的改革发展历程，中国员工持股计划呈现出先进性和复杂性并存的典型特征。继党的十八届三中全会通过《中共中央关于全面深化改革若干重大问题的决定》，强调"允许混合所有制经济实行企业员工持股，形成资本所有者和劳动者利益共同体"之后，有关支持鼓励企业主体推行员工持股计划的政策文件密集出台，员工持股计划迎来了一个新的发展机遇期。

　　此外，2014年6月，中国证监会《关于上市公司实施员工持股计划试点的指导意见》正式发布，我国上市公司新一轮员工持股计划在A股市场落地已近5年时间。此轮中国上市公司员工持股计划的学术研究有哪些进展、总体特点有哪些、实施效果究竟如何，这些是政府当局、企业主体以及社会各界都广泛关注的问题。在此背景下，喜闻石颖博士《中国上市公司员工持股计划的影响效应研究》专著即将付梓出版，受邀作序，欣然接受。

　　《中国上市公司员工持股计划的影响效应研究》专著理论剖析比较深入。中国员工持股计划的探索是一个"摸着石头过河"的过程，发展中的许多问题在很大程度上可以归结到对员工持股计划的内涵和外延理解得不够透彻，对员工持股计划的理论根基没有形成该有的认识，对员工持股计划的国内外理论前沿和实践现状了解得不够深入，对中国员工持股计划的成功经验和失败教训缺乏总结提升。作者在本部专著中对上述问题均进行了回顾、总结、回应和评述，应该说，这是员工持股计划研究领域一部综合性比较强的著作，为有关员工持股制度研究的学者和专家提供了很好的学术资料借鉴。

《中国上市公司员工持股计划的影响效应研究》专著研究方法较为新颖。作者利用三个章节的内容对新一轮中国上市公司员工持股计划进行了全面的实证分析。其中，第五章利用事件研究法，对员工持股计划的短期市场反应展开研究，并进一步对资本市场态势对员工持股计划宣告的影响、员工持股计划的各契约要素对员工持股计划宣告的影响进行实证考察；第六章聚焦于影响机制，从理论层面对员工持股计划的财务效应进行了剖析，并对员工持股计划同企业财务业绩之间的因果关系进行了深入的计量分析；第七章创新性地引入平衡计分卡理论，对员工持股计划与企业非财务业绩之间的关系展开理论探讨和实证检验。

《中国上市公司员工持股计划的影响效应研究》专著实践指导意义较强。作者对包括美国、英国、法国、日本等典型国家以及中国的员工持股历史沿革与发展现状进行梳理归纳，重点对新时期中国员工持股计划的实施现状进行了全样本统计分析。这既便于读者打开员工持股计划认知的国际视野，又使读者详细了解到中国员工持股的历史发展脉络及新时期的实施全貌，形成全局性、整体性认识。这部专著可以为政府政策当局制定员工持股政策提供支撑，为企业实施员工持股计划实践提供理论借鉴。

当前，社会各界对员工持股计划相关话题的敏感度比较强、关注度比较高。希望本书的出版能够为推动中国员工持股计划的政策制定、理论研究和实践发展做出贡献。

黄群慧

中国社会科学院经济研究所所长

序　二

　　党的十八届三中全会通过的《中共中央关于全面深化改革若干重大问题的决定》指出:"允许混合所有制经济实行企业员工持股,形成资本所有者和劳动者利益共同体。"从宏观层面上看,包括员工资本、国有资本、集体资本、非公有资本等交叉持股、相互融合的混合所有制经济是基本经济制度的重要实现形式,是推动国有经济高质量发展的新动能。从微观层面来看,国有企业在推进混合所有制改革的过程中,员工持股计划有助于企业形成国有资本、民营资本、员工股本三元结构,确立劳动者的主体地位,调动投资者和劳动者双方的积极性。目前,国资委关于国有控股企业的员工持股试点正在推进之中。

　　西方发达国家有很多企业基业长青的案例,究其原因,其中一个重要因素就是鼓励实施员工持股计划。一般来讲,西方国家员工持股计划分成三个层级,包括集团公司董事长、副董事长、总经理、副总经理在内的高层管理层,包括二级公司经理、职能部门负责人、技术管理骨干在内的中层管理层,以及包括长期为企业做贡献的老员工三个层次。通过实施员工持股计划,把员工的物质收益与企业的物质收益紧紧捆绑在一起,充分调动他们的积极性,发挥他们的主观能动性,为企业的长远发展贡献出更多力量。

　　从我国企业改革发展历程来看,改革开放以来涌现了一些企业实施员工持股计划的成功案例,如民营企业华为公司实行的全员持股计划等。同时，我们也注意到曾经出现的一些问题，如国有资产流失、非法交易以及内部职工股的超比例和超范围发行等。新时期国企改革过程中一些企业实施员工持股计划，不是人人持股，搞平均主义、吃大锅饭，而是根据员工对企业的贡献决定由哪些员工持股、持多少股，试图构建一种激励约束长效机制。

在国企改革探索员工持股实践的当下，石颖博士《中国上市公司员工持股计划的影响效应研究》专著出版恰逢其时，具有很强的理论意义和现实意义。本书对中国员工持股计划的基础理论、市场效应、财务效应以及非财务效应进行了较为深入的分析，对国内外员工持股计划的历史沿革和发展现状进行了深度的研究，提出了一些新思路，并给出了有针对性的政策建议。研究方法和研究结论都有一定的创新，具有较高的实践价值和学术价值。对于关注中国员工持股计划领域的政策制定者、理论学者、企业管理者及社会各界，本书都是值得拥有的重要参考资料。

是为序。

银温泉

国家发展和改革委员会经济体制与管理研究所所长

前　　言

　　现代意义上的员工持股计划理论与实践起源于美国，长期以来，员工持股计划被视作一种股权激励机制，可以为企业带来积极的作用。党的十八大以来，中国经济体制改革进入一个新时期，员工持股迎来了新的发展契机。本书以 2014 年 7 月 1 日至 2017 年 9 月 30 日 770 家实施员工持股计划的沪深上市公司为样本，对新时期员工持股计划的实施效果进行全面评价。本书侧重考察了六个方面的内容：第一，本书对新时期员工持股计划的概念进行界定，对相关理论和学术文献进行梳理、回顾以及评述；第二，本书对典型国家以及中国的员工持股历史沿革与发展现状进行梳理归纳，重点对当前中国员工持股的实施现状进行统计分析；第三，本书采用事件研究法对新时期员工持股计划的宣告效应进行考察，对事件研究结果按资本市场状态进行细分做深入研究，进一步地，本书对员工持股计划的各契约要素如何影响员工持股计划市场反应进行实证研究；第四，基于数理模型，本书对员工持股计划的财务效应进行了分析，明晰了员工持股计划对于企业财务业绩的影响机制问题，在此基础上，利用 PSM + DID 研究方法，对新时期员工持股计划的财务效应进行更深层次的分析；第五，本书在构建企业综合业绩指标体系的基础上，对新时期员工持股计划对企业非财务业绩的影响进行实证研究；第六，本书提出了上市公司员工持股计划实施中应该注意的问题及相应的对策建议，并对未来的研究进行了展望。

本书的主要结论可以概括为如下五个方面：

第一，新时期中国员工持股计划的整体发展态势良好，近1/5的上市公司推出了员工持股计划。本书发现当前上市公司实施员工持股计划呈现如下具体的发展特点与趋势：（1）从板块分布来看，中小板、创业板更积极；（2）从行业分布来看，实施员工持股计划的上市公司集中分布在制造业；（3）从资金来源来看，员工薪酬及自筹资金为主要资金来源渠道；（4）从股票来源来看，竞价转让和认购非公开发行是主流方式；（5）从企业性质来看，民营企业积极性更高；（6）从激励对象来看，持股范围进一步向基层延伸；（7）从持股比例来看，个体持股不超过1%、持股计划不超过10%。

第二，员工持股计划宣告带来了正向的短期市场效应，且牛市期间投资者的反应更积极，熊市期间投资者的反应持平，震荡期间投资者的反应不明确。从事件研究的结果来看，员工持股计划的宣告带来了正向的短期市场效应，体现了投资者对上市公司实施员工持股计划的积极响应，ESOPs草案的宣告具有正效应。当上市公司宣告实施员工持股计划时，股东在 [－1，＋1] 的时间窗口内能获得约1.86%的累计超额收益率。

第三，对于员工持股计划的宣告效应而言，如果员工薪酬和自筹资金为基本的资金来源，那么宣告效应相对较高，反之亦然；对于员工持股计划的市场效应而言，如果通过非二级市场的购买方式是股票的基本来源方式，那么该指标相对较好；股份占比越高，员工持股计划的市场效应程度越大；参与员工占比越高，员工持股计划的市场效应程度反而越小；高管认购比例低的员工持股计划市场反应反而强于高管认购比例低的员工持股计划市场反应。

第四，员工持股作为一种股权激励，能对企业财务业绩产生正效应。也就是说，实施员工持股可以提高企业的盈利能力，增强企业的偿债能力，提高企业的运营能力，提高企业的发展能力，降低企业的财务风险。不仅如此，本书还发现，实施员工持股对企业盈利能力和企业偿债能力的影响具有及时性，而对企业运营能力、企业发展能力和企业财务风险的影响具有滞后性。在对行业属性、企业性质影响异质性的考察中，本书发现，在员工持股计划所带来的财务绩效改善程度方面，较非高科技行业而言，高科技行业相对较高；较非国有企业而言，国有企业相对较高。

第五，员工持股作为一种股权激励，能对企业综合业绩、财务业绩、客户业绩、内部业务流程业绩、学习与成长业绩产生正效应。在员工持股计划中，员工持股计划资金来源为员工薪酬及自筹资金的企业综合业绩、财务业绩、客户业绩、内部业务流程业绩、学习与成长业绩相对较好；员工持股计划股票来源为非二级市场购买的企业综合业绩、财务业绩、客户业绩、内部业务流程业绩、学习与成长业绩相对较好；员工持股计划的股份占比越高，企业综合业绩、财务业绩、客户业绩、内部业务流程业绩、学习与成长业绩越好；参与员工占比越高，企业综合业绩、内部业务流程业绩、学习与成长业绩越好，财务业绩、客户业绩越差；高管认购比例越低，企业学习与成长业绩越差，企业综合业绩、财务业绩、客户业绩、内部业务流程业绩反而越好。

本书的主要贡献在于对新时期员工持股计划的实施现状进行了全样本统计分析；对员工持股计划的短期市场反应展开研究，并进一步对资本市场态势对员工持股计划宣告的影响、员工持股计划的各契约要素对员工持股计划宣告的影响进行实证考察；聚焦于影响机制，从理论层面对员工持股计划的财务效应进行了剖析，并对员工持股计划同企业财务业绩之间的因果关系进行了深入的研究；创新性地对员工持股计划与企业非财务业绩之间的关系展开理论探讨和实证检验。从总体上看，新时期员工持股计划实施效果整体向好，但改革仍需时间检验。本书对员工持股的市场效应、财务效应、非财务效应的研究结果进一步印证了员工持股计划的积极作用，为企业制定员工持股方案、政府相关主管部门制定员工持股政策、投资者展开员工持股计划投资提供有益的参考。

衷心感谢黄群慧所长、银温泉所长在百忙之中为本书作序，感谢美国杜兰大学商学院 Christopher Robert McCusker 教授在本书创作之初给予的关心与建议，感谢中国社会科学院工业经济研究所黄速建研究员、余菁研究员在本书写作过程中给予的无私帮助，感谢首都经济贸易大学工商管理学院高闯教授、中央财经大学商学院崔新健教授、中央民族大学管理学院李曦辉教授、清华大学经济管理学院杨德林教授在本书修改完善过程中给予的宝贵建议。特别感谢国家发展和改革委员会宏观经济研究院对本书的关注和支持。感谢中国社会科学出版社的喻苗编辑，对本书的出版给予了充分的耐心和帮助，诚然，受时间和个人水平所限，本书难免存在一些不足或疏漏之处，希望得到同行专家、读者的批评指正。

石　颖

2019 年 2 月于南草厂街 1 号

目　　录

第一章　绪论

　　绪论是论文的开篇，对本书的中心思想进行阐述。本章分为四个小节的篇幅，分别概述了中国上市公司员工持股计划影响效应的研究背景与问题提出，研究目标与研究意义，研究内容与研究方法，以及创新之处。

第一节　研究背景与问题提出

一　研究背景

　　作为员工持股计划（英文全称为"Employee Stock Ownership Plans"，英文简称为"ESOPs"）的典型性国家，美国无疑是"众望所归"，在美国，员工持股计划的运行机制一般采用如下的运作方式展开，即在员工购买自身所在公司部分股票的前提下，使员工和所在企业的所有者一起分享企业未来收益，从实质性的角度来看，这种类型的制度安排是一种股权激励计划。① 实践中，出于防止恶意收购、筹资、养老金计划的一部分等各种不同的动机，员工持股计划在美国得到一定程度的发展。此后，员工持股计划在世界其他国家也不断兴

----

① USGAO, *Employee Stock Ownership Plans: Benefits and Costs of ESOP Tax Incentives For Broadening Stock Ownership*, Washington, D. C., 1986, pp. 19 – 20.

起并日益盛行，比如俄罗斯、英国、法国、日本等①②③④。

其实，我国早在清朝时期就出现了员工持股计划的雏形——晋商的票号身股制⑤。但是，现代意义上的员工持股制度出现在改革开放初期，是伴随着企业市场化改革同步进行的，起初是作为股份制改革的主要形式。可以说，在 40 余年的时间里，中国员工持股计划的发展一直处于"摸着石头过河"的阶段，取得了很多宝贵的经验和成绩，也产生了诸多不能忽视的问题，呈现出先进性与复杂性并存的特点⑥，出现了从鼓励肯定到停止再到推广的转变，经历了数次调整反复。员工持股产生于农村的乡镇企业，后经城市的中小企业效仿，对大中型国有企业产生了比较大的冲击，进而带动了国有企业的员工持股实践。

后来所涌现出的一系列的问题对员工持股计划的实施效果产生了一定的影响，比如内部职工股向外扩散、法人股分给个人、员工私下转让股权等。为应对这一系列问题的产生，1992 年 5 月，国家经济体制改革委员会联合国家计划委员会、财政部、中国人民银行、国务院生产办公室共同发布《股份制企业试点办法》和《股份有限公司规范意见》两项政策文件，对我国当时所盛行的内部职工股的发行以及内部职工股的管理问题等均做出了明确的规定和阐释。然而，由于配套约束机制缺乏、市场化水平或程度较低等原因，上述两个文件不

---

① Pierce J. L. , Rubenfeld S. A. , Morgan S. , "Employee Ownership: A Conceptual Model of Process and Effects", *Academy of Management Review*, Vol. 16, No. 1, 1991, pp. 121 – 144.

② Rousseau D. M. , Shperling Z. , "Pieces of the Action: Ownership and the Changing Employment Relationship", *Academy of Management Review*, Vol. 28, No. 4, 2003, pp. 553 – 570.

③ Gulen H. , Ion M. , "Policy Uncertainty and Corporate Investment", *The Review of Financial Studies*, Vol. 29, No. 3, 2016, pp. 523 – 564.

④ Jens C. E. , "Political Uncertainty and Investment: Causal Evidence from U. S. Gubernatorial Elections", *Journal of Financial Economics*, Vol. 124, No. 3, 2017, pp. 563 – 579.

⑤ 梁慧瑜：《员工持股制度探源——从晋商票号的身股制说起》，《晋阳学刊》2007 年第 3 期。

⑥ 黄群慧、余菁、王欣、邵婷婷：《新时期中国员工持股制度研究》，《中国工业经济》2014 年第 7 期，第 5—16 页。

仅没有得到大多数企业的积极响应，而且也没有实现在多数企业的执行。在此情况之下，不仅超范围发行内部职工股、关系股、权力股等问题屡见不鲜，而且非法交易等问题也在一些地方出现，从而对员工持股计划的试点工作造成了极大的干扰，并对我国当时证券市场的健康发展产生了极大的影响。有鉴于此，国务院于1993年对企业通过内部职工股的方式所开展的员工持股计划进行了喊停；继此之后，当年7月，国家体制改革委员会发布《关于清理定向募集股份有限公司内部职工持股不规范做法的通知》，提出明确要求清理定向募集公司开展内部职工持股实践中的不规范行为；与此同时，所出台的《定向募集股份有限公司内部职工持股管理规定》也对内部职工持股过程中所涉及的关键参与者——职工的权利和义务提出了明确的要求。如此一来，在一系列规范性政策出台和国家基本政策导向下，我国企业所积极推行的员工持股计划一度陷入停滞状态。2002年12月，国务院证券监督管理委员会发布《上市公司收购管理办法》，在该政策导向的激励下，从数量的角度来讲，我国国有企业中所实施的管理层收购（MBO）呈现激增态势，从而在我国国有上市公司中掀起了管理层收购的新浪潮。然而，由于相关制度约束的缺少、有效监管的缺失，在我国国有企业中所实施的企业实践却表现出一度失控的特点。为了对我国国有企业改制过程中的员工持股实践进行持续的规范，国务院国资委于2008年9月发布了《关于规范国有企业职工持股、投资的意见》的政策文件。以该文件的发布和实施为标准，我国国有企业员工持股计划的实践进入一个新的阶段，即停滞阶段；进入停滞阶段之后，无论是中央部委层面，还是我国地方各级政府层面，均对员工持股计划进行了一定程度上的反思，甚至是在某种意义上对员工持股计划做出了搁置决策。究其原因，以规范员工持股计划为目标的制度性规范的缺少、相关法律法规兼容性的缺乏以及不同单位对于相关员工持股计划监督和管理措施理解的千差万别"难辞其咎"，这些因素综合起来导致我国员工持股计划推行过程中不断经历波折。其实，无论是对于我国经济体制改革而言，还是对于我国当前的资本市场发展而言，作为一项基础性的制度安排，员工持股计划长期以来发挥着重要作用和价值。首先，通过员工持股计划的参与，除了作为企业的雇员之外，相关员工也同时成为所在企业的股东；如此一来，就建立起了员工的利益和所在企业的利益之间更加强烈的关联度，使得作为企业最终成果体现的经济效益能够在更大范围内的员工之间进行分配，从而拓宽了员工的收入渠道、提高了员工的收入水平，最终使得员工的工作积极性和劳动热情不断增加。其次，通过员工持股计划的推行，公司雇员成为股份持有者，也就是股东之一；如此一来，对于国有企业而言，从股权结构的角度来看，较国有资本和民营资本所形成的二元股权结构，就形成了进一步包括员工股东的三元股权结构；在此背景之下，依托我国规范公司治理法律法规所建立的制度背景，公司治理结构必然朝向更加完善和合理的方向转变，从而提升了国有企业的治理质量或水平；由于员工股东的引入，企业的日常监督和管理问题也因更多股东的参与而得到改善。再次，由于员工持股计划既是一种风险共担机制，也是一种利益共享机制，所以，通过员工持股计划的推进，能够实现员工作为雇员和作为所有者的利益的统一，从而既形成员工和股东之间的风险共担，也形成员工和股东之间的利益共享；显而易见，这种风险共担机制和利益共享机制的建立本质上是对公司内部成长动力的深度挖掘，最终实现一方面提升职工凝聚力，另一方面提升推行员工持股计划公司自身的竞争优势。最后，资本市场是实现资金优化配置的核心市场机制，通过员工持股计划的推行，推动员工持股资金对资本市场的参与，从而实现了社会资金配置的优化；显而易见，社会资金配置的优化是资本市场效率提升的反映，也是推动资本市场效率提升的重要推手，随着社会资金配置的优化，资本市场效率不断提升，从而提升了资本市场服务我国实体经济的效能，最终实现对我国经济社会健康稳定发展的促进作用或效果。鉴于此，我国在十八大以来的发展新时期里，有关推行员工持股的政策"1＋N"

相继出台。比如，在中国共产党十八届三中全会所通过的公报中，明确提出在"允许混合所有制经济实行企业员工持股，形成资本所有者和劳动者利益共同体"的顶层设计的基础上，中国证券监督管理委员会也于2014年6月20日发布《关于上市公司实施员工持股计划试点的指导意见》，该指导意见明确提出要"上市公司实施员工持股计划试点"，并且认为，在上市公司中推进员工持股计划工作具有四个层面的重要意义和价值，包括"有利于建立和完善劳动者与所有者的利益共享机制"、有利于"改善公司治理水平"、有利于"提高职工的凝聚力和公司竞争力"以及"使社会资金通过资本市场实现优化配置"等。政策层面给予员工持股计划肯定与支持，重启了我国的员工持股计划，正式拉开了新时期我国实施员工持股计划的序幕，这也是我国规范开展员工持股计划的开始。

在此背景下，本书对新时期员工持股计划的实施效果展开综合评价，以期为新时期员工持股计划的实施现状形成清晰认识，为新时期企业实施员工持股计划提供理论参考，为政府相关员工持股计划的政策制定与执行提供理论依据。

二 问题提出

从理论上讲，在员工持股计划的合理性方面，无论是国内学者，还是国外学者，均开展了一系列的研究工作，并形成了诸多的研究成果，整体来看，多数研究成果所得出的员工持股计划有其存在必要性和重要性的结论已经成为一个基本共识[1]。然而，从已有学术成果来看，资本市场对于员工持股计划的反应如何，员工持股计划对企业的财务业绩以及非财务业绩到底有没有实际影响，国内外学者对此进行了诸多研究，却并未取得一致的结论。即使是在员工持股计划起步较早、发展较为成熟的西方国家，对员工持股制度的实施效果也是褒贬

---

① 陈艳艳、郭然：《员工股权激励的国外研究述评：实施动机与经济后果》，《管理现代化》2017年第5期。

不一。而在实践过程中，在我国特殊的经济体制背景之下，尽管一系列的员工持股计划政策相继出台，但是对企业尤其是国有企业实施员工持股计划的质疑之声也是"不绝于耳"。从一般视角来看，在我国新时期所鼓励推行的员工持股计划实践中，由于员工持股计划中的员工持股股权具有坚实的内在价值，所以，通过员工持股计划所持有的股份价格不仅具有相对较高的安全边际，而且也具有较为明显的投资机会或价值；如此一来，即便通过员工持股计划所持有的股份降低到成本之下，在资本市场经历波动之后企稳回升的背景之下，与资本市场大盘走势相比，通过员工持股所持有股份的恢复弹性也将相对较好。不仅如此，对于二级市场的投资者而言，通过员工持股计划所持有的股份还具有特殊的意义和价值，这种特殊的意义和价值集中表现为通过员工持股计划所持有的股份的价格基准作用；即鉴于无论是上市公司，还是非上市公司，要想将员工持股计划切实推行，必然不会让员工以高于它所代表的内在价值购买企业股份，如果推进员工以高于内在价值的价格购买公司股权，从而实现员工持股计划，那么员工参与员工持股计划的积极性必然大打折扣，员工持股计划也就失去了它本身所具有的对于参与员工的激励意义和价值；如此一来，在不少二级市场的股票投资者看来，就可以通过简单的规则或原则做出购买相关公司的股票与否的决定，即如果二级市场股票价格低于员工持股股价或者二级市场股票价格接近员工持股股价，相关投资者就可能做出购买相关股票的决策，从而搭上"牛市顺风车"，反之，如果二级市场股票价格远高于员工持股股价，那么相关投资者更可能的投资倾向是卖出相关股票。不过，即便员工持股计划被视作二级市场投资者开展投资活动的"安全垫"，但从实施员工持股计划的上市公司市场表现来看，却呈现出"东边日出西边雨"的"冰火两重天"局面。① 2016 年

---

① 搜狐财经：《员工持股计划扫描：最惨亏了 66%，最高盈利 132%，如何淘金?》，载于《搜狐财经》，http://www.sohu.com/a/141399666_463943，2017—05—18/2018—02—07。

以来，以当年 5 月 17 日这些上市公司股票的收盘价格作为统计口径，通过对 243 家已经进行员工持股计划的上市公司的市场表现进行考察可以发现，与相关上市公司开展员工持股的成本均价相比，五成六（135 家）上市公司的股价显著偏低；但是，与此同时，在 243 家已经进行员工持股计划的上市公司中，也有部分上市公司的盈利水平超过 100%，为 132%；如此一来，就形成了推行员工持股计划的"馅饼"论和"陷阱"论，究竟参与员工持股计划或者参考员工持股计划所呈现出的股票价格开展二级市场投资是"陷阱"还是"馅饼"，往往"仁者见仁智者见智"、不一而足。显而易见，在某种程度上可以说，对于企业绩效而言，推进员工持股计划能够产生积极作用或效果的预期，成为员工持股计划流行的重要原因。

那么，随着我国经济社会发展进入新时期，我国企业尤其是国有企业积极推进员工持股计划是否能够实现预期的效果呢，是否能够实现股权价格的提升呢；上市公司推进员工持股计划的过程中，随着员工持股计划的推行过程中契约要素的不同，异质性问题是否表现在员工持股计划的市场效应中呢？也就是说随着不同上市公司产权性质的不同，所属行业特点的各异，员工持股计划是否能够带来差异性的财务效应呢？上市公司积极推行员工持股计划是否能够带来自身财务业绩的提升呢？也就是说上市公司所推行的员工持股计划是否能够为相关企业带来财务业绩的提升呢？基于此，本书循着以往研究将对这些问题逐一展开研究和讨论。2014 年，中国证券监督管理委员会正式发布了《关于上市公司实施员工持股计划试点的指导意见》，对开展员工持股计划上市公司的信息披露责任和义务做出了明确的安排、提出了具体的要求。在该制度的规范下，上市公司推行员工持股计划的相关信息、数据资料等的获得更加容易，这也为学术层面开展实证研究创造了条件、提供了可能。

为此，笔者提出以我国上市公司为样本，对员工持股计划的影响效应进行深入研究的课题，从而为填补学术界采用实证研究方法开展员工持股计划影响效应研究的缺失尽绵薄之力，最终为包括上市公司在内的各类企业更好地开展员工持股计划吃下"定心丸"，并为我国政策当局加强员工持股计划实践的监督管理提供具体参考和理论支撑。

第二节 研究目标与研究意义

一 研究目标

本书对新时期中国上市公司实施员工持股计划的理论基础、研究现状、市场效应、财务效应以及非财务效应进行了全面的研究，以期实现澄清员工持股的市场效应、深入研究员工持股的财务效应、非财务效应，形成新时期对中国企业员工持股有一个全面而清晰的认识的目标。

（一）清晰界定中国新时期员工持股计划的理论内核

1978年以来，员工持股计划在我国的推行经历了多次的反复，有时员工持股计划因多方的呼吁而涌现出大量的支持性政策和具体实践，有时员工持股计划因问题的涌现而遭受波折。究其原因，这同理论界、政策层、实践面对于员工持股计划概念理解的多样性和员工持股计划自身概念的模糊性不无关系，在对基本概念缺乏一致性理解的情况之下，员工持股计划推行过程中出现偏差自然不难理解。作为政策层面对员工持股计划的基本概念进行界定的一次重要尝试，中国证券监督管理委员会无疑做出了卓有成效的探索；在2014年6月20日所发布的名为《关于上市公司实施员工持股计划试点的指导意见》的政策文件中，中国证券监督管理委员会对员工持股计划的内涵、外延等进行了权威的界定。在本书中，为了体现政策的延续性和创新性，笔者基于证监会对新时期员工持股计划的界定，并结合员工持股计划应有的基本含义以及在我国的具体实施情况，清晰界定中国新时期员工持股计划的概念内涵。本书从员工持股计划的参与对象、资金来源、股票来源、实施目标、本质属性等五个方面出发，对新时期员工持股计划的理论内核进行剖析。

（二）梳理回顾国内外员工持股的历史沿革与发展历程

员工持股计划实践首先发端于美国，现已在包括欧洲、亚洲、非洲和拉丁美洲在内的超过 50 个国家和地区推行。在本书中，笔者将分别对作为美洲典型国家的美国、作为欧洲典型国家的英国和法国以及作为亚洲典型国家的中国和日本等推行员工持股计划的政策和实践脉络进行回顾，并对这些典型国家推进员工持股计划实践的发展现状进行深入的分析，以期借鉴典型国家的实践经验、总结我国推进员工持股计划的经验。不仅如此，为对中国员工持股的历史沿革与发展现状形成清晰的认识，本书还重点梳理了中国员工持股的历史沿革，将中国员工持股计划的发展历程划分为四个阶段，分别为 1984—1992 年的股份制改造与初步探索阶段、1993—2001 年的调整反复与政策多变阶段、2002—2011 年的紧急叫停与缓慢发展阶段，以及 2012 年至今的重新启动与规范发展阶段。在此基础上，本书从板块分布、行业分布、资金来源、股票来源、企业性质、激励对象、持股比例等角度出发，对新时期员工持股计划的发展现状进行细致的统计分析。

（三）全面评价新时期员工持股计划的实施效果

在国内学者层面，对国外推行员工持股计划的政策实践进行解释、对推行员工持股计划的合理性进行理论分析，往往是以往开展员工持股计划研究多数成果的聚焦点；与之相反，采用实证研究的方法、开展员工持股计划的研究则很少涉及。并且，限于早期数据获取的硬约束，纵然有学者采用实证研究的方法对员工持股计划相关问题开展了一定的研究，但也往往以我国 20 世纪 90 年代初期试点开展员工持股计划的企业为研究对象。显而易见，这种情形的相关研究存在一定的问题，这些问题集中表现为研究方法层面的简单化、研究对象或样本数量层面的偏小化、控制变量的不足化、研究结果的欠科学性、研究结论的欠稳定性等。为此，在本书中，笔者聚焦于三个层面，对新时期我国推行员工持股计划的效果或影响效应进行了全面和深入的评价，这三个层面的影响效应既包括对员工持股计划的市场效应情况进行评价，还包括对员工持股计划的财务效应进行判断，也包括对员工持股计划的非财务效应进行分析。

第一，在本书中，笔者不仅对企业推行员工持股计划的市场效应进行了系统的研究，而且还结合相关经验数据，在分类解析我国企业开展员工持股计划过程中所出台的相关员工持股计划（草案）契约条款要素的基础上，全面阐释和检验了不同契约要素对于企业股东（所有者）财富效应的影响/反馈。显而易见，本书所提出的研究思路，不仅拓宽了社会各界对于我国当前员工持股计划实践情况的了解，而且深化了社会各界对于我国当前员工持股计划的资本市场反馈机制的认知；不仅能够为我国企业尤其是上市公司通过员工持股计划的方式建立起更加科学、合理、适用的激励约束机制提供参考，而且对于员工持股计划政策的出台部门、员工持股计划实践的监督管理部门而言，在本书中所形成的研究思路和研究成果也提供了理论和经验的双重支撑，从而更好地推进相关部门的政策制定进程以及相关配套措施的充实和完善。另外，2014—2017 年，我国资本市场经历了"股灾""熔断"等重大的波动，因此，本书在研究中分别考察不同市场态势下的员工持股计划市场反应，使结果更准确、更具说服力。

第二，对员工持股计划的财务效应进行研究，或者说对企业实施员工持股计划同自身财务绩效之间的关系进行研究，是员工持股计划研究领域的重要内容之一；然而，即便如此，国内外实证研究并未得出一致结论，以往的研究往往停留在对企业实施员工持股计划和产生的财务绩效之间的相关关系进行研究上，既缺乏员工持股对企业财务业绩影响机制的深入分析，也缺乏对两者之间的因果关系的探讨。有鉴于此，本书创新性地运用 PSM + DID 方法，将员工持股计划视作一项准自然实验，对员工持股计划与企业财务业绩之间的因果关系进行实证研究。进一步地，国有企业与非国有企业实施员工持股计划是否具有异质性，高科技行业企业与非高科技行业企业实施员工持股计划是否存在异质性，本书对这一疑问又分别进行讨论。

第三，员工持股计划作为一项股权改革，必然会对涉及企业非财务业绩产生影响。因此，本书根据平衡计分卡理论，构建了企业综合业绩指标体系，并进一步提出了企业综合业绩指标度量体系，并以2014年7月至2017年9月614家实施员工持股计划的上市公司为样本，使用企业综合业绩指标体系，对样本企业实施员工持股之后的综合业绩状况进行了评估。在此基础上，通过构建经济计量模型，采用实证研究的方式对员工持股计划所涉及的各契约要素与企业综合业绩之间的关系、员工持股计划所涉及的各契约要素与企业财务业绩之间的关系、员工持股计划所涉及的各契约要素与企业客户业绩之间的关系、员工持股计划所涉及的各契约要素与内部业务流程业务之间的关系、员工持股计划所涉及的各契约要素与学习和成长业绩之间的关系进行了深入研究。尽管本书是该领域为数不多的研究成果，但是作为一种初步尝试，将会为员工持股计划的实证研究提供全新的研究思路和视角。

二　研究意义

如前所述，通过对过去30余年来我国员工持股计划领域的研究文献进行初步的分析可以看到，以研究对象不同，我国学术界对于员工持股计划的研究往往沿着两条思路展开：一是以西方发达国家为研究对象，针对西方发达国家所开展的员工持股计划、所面临的问题而进行的研究；二是以我国企业为研究对象，针对我国企业推行员工持股计划的实践进行考察、对我国企业推行员工持股计划所体现的理论和实践进行总结和概括。党的十八届三中全会公报针对我国员工持股计划所作出的顶层设计，拉开了新时期我国员工持股计划实践进一步发展的序幕，因此，在新时期，对员工持股计划的影响效应进行深入研究具有重要的理论意义和实践意义。

（一）理论意义

第一，丰富国内关于普通员工持股计划的实证研究。有效解决理论层面的问题不仅对学术层面具有重要的意义，而且对实践层面具有重要的价值；其中，对于学术层面而言，有效解决理论层面的问题有助于对学术层面的争论起到正本清源的作用；对于实践层面来说，有效解决理论层面的问题是更好地开展实践工作的前提或基础。员工持股计划虽然在我国的发展有近 40 年的实践，但是，从总量角度来看，我国目前对于员工持股计划的研究成果则不多，而且采用实证研究的方法对员工持股计划进行研究的成果更是"屈指可数"。为此，从研究方法的视角，本书在采用实证研究方法的基础上，进一步引入统计分析、事件研究、PSM + DID 以及经济计量模型等方法，对新时期我国员工持股计划的实施效果进行了实证研究。

第二，基于平衡计分卡理论构建了企业综合业绩指标体系，为探讨员工持股与企业非财务业绩之间的关系提供了新的研究思路。企业业绩是一个综合的表现，既包括财务方面，也包括非财务方面。员工持股计划作为一项股权改革，必然会对涉及企业非财务业绩产生影响。因此，本书创新性地根据平衡计分卡理论，构建了企业综合业绩指标体系，并进一步提出了企业综合业绩指标度量体系，以 2014 年 7 月至 2017 年 9 月 614 家实施员工持股计划的上市公司为样本，应用企业综合业绩指标体系度量这些企业的综合业绩状况。本书所构建的企业综合业绩指标体系为开展企业综合业绩评价提供了一种有益的探索，并为探讨我国企业员工持股计划同非财务绩效之间的关系打下了坚实的基础，从而为员工持股计划研究提供了新的研究思路。

第三，系统剖析新时期员工持股计划，进一步完善员工持股计划的内涵。有关员工持股计划的概念以及内核，国内外有过很多相关的界定。但是，我国自改革开放以来的员工持股计划政策屡次反复以及实践的经验和教训，如前所言，究其原因，更多的是由于对员工持股计划本身的内涵和外延理解的不同、偏差、不透彻、不深入。中国证券监督管理委员会于 2014 年所发布的《关于上市公司实施员工持股计划试点的指导意见》文件，对员工持股计划的内涵和外延进行了进一步的界定。在此基础上，本书对员工持股计划的内涵和外延进行了进一步的深入挖掘。显而易见，本书的一大理论意义就是对新时期员工持股计划的概念进行了界定，并进一步从员工持股计划的参与对象、资金来源、股票来源、实施目标、本质属性等五个方面出发，对新时期员工持股计划的理论内核进行系统剖析。

（二）实践意义

第一，厘清理论障碍，推进企业员工持股制度实践。新时期员工持股计划的实施已有三年多的时间，很多上市公司对员工持股计划的新政策作出了积极的反应，有的企业甚至已经发布了多期员工持股计划（草案）。但是，仍有一些上市公司以及大部分的非上市公司对此持观望与怀疑的态度。不仅如此，在 2015 年"股灾"之后，资本市场受到了巨大冲击，这对上市公司员工持股计划实践也产生了重大的影响。作为对上市公司员工持股计划实践冲击的重要体现，我国部分原本致力于推进员工持股计划的上市公司甚至宣布暂停了员工持股计划的推行。本书结合世界范围内其他国家发展员工持股计划的经验，以及改革开放以来中国员工持股计划发展的教训，对于员工持股计划的合理性问题，从理论的视角进行了回答和证实；对于员工持股计划对企业股份价格资本市场表现的积极影响、员工持股计划对于企业财务业绩的积极影响以及员工持股计划对于非财务业绩的积极影响，从实证的方面进行了详述，进而为企业是否实施员工持股计划决策提供参考，为企业合理设计员工持股计划内容提供借鉴。

第二，为政府政策当局制定员工持股政策提供支撑，推进我国员工持股政策体系更好地发展。如前所述，在对中国上市公司员工持股计划的影响效应进行实证研究的过程中，笔者对员工持股计划领域的一般说法进行了科学的验证和系统的分析。除此之外，本书还具有其他方面的重要意义，比如：为新时期员工持股计划的相关政策提供佐证、为未来一段时间内我国相关员工持股政策的出台提供理论参考等。从实践层面来看，无论是对于员工持股计划相关政策的制定者，还是聚焦于员工持股计划的市场监管主体，以推进员工持股计划新一轮试点为关键内容的"指导意见"的出台，都具有充分的研究依据，这些依据包括：通过 20 世纪 90 年代"盛极一时"的"内部职工股"问题的应对所取得的经验、我国作为社会主义市场经济国家的基本经济制度背景、国外学术界对于员工持股计划领域所开展的理论研究、国外政策层面制定推进员工持股计划的政策和实践层面开展员工持股计划的实践经验等。可以说，我国员工持股计划的制度设计本身是员工持股计划层面的一种新的制度创新。当前，我国员工持股计划处于持续的发展进程之中，为了进一步为我国政策层面政策的制定提供依据和参考，就需要对国内外的员工持股计划相关理论研究、政策逻辑和实践内容进行深入的研究和考察，从而进一步为我国上市公司实施员工持股计划提供政策依据，促进上市公司员工持股计划的实施更加规范和透明。总体而言，本书为员工持股政策的推行提供了理论研究上的支撑。

第三，为混合所有制企业员工持股制度的推行提供支撑，推进我国国有企业改革深入发展。党的十八届三中全会所发布的《中共中央关于全面深化改革若干重大问题的决定》明确提出"允许混合所有制经济实行企业员工持股，形成资本所有者和劳动者利益共同体"，拉开了新时期我国混合所有制企业推进员工持股计划的序幕。为了贯彻落实党的十八届三中全会报告精神，在国资委等主管部门的统一部署下，我国各级各类国有企业纷纷开展员工持股制度试点工作。作为国有企业试点工作的重要考量，员工持股计划到底能否带来企业财务绩效的提升是根本问题和前提。为此，本书利用实证研究的方法，对国有企业实施员工持股计划的财务绩效效应进行了研究，结果发现国有企业实施员工持股计划带来的企业财务绩效的改善高于非国有企业实施员工持股计划。因此，从这个角度来看，本书为混合所有制企业员工持股制度的推行提供支撑，也为我国国有企业发展混合所有制提供理论依据。

第四，拓展我国企业员工增加收入的渠道。党的十九大报告做出我国社会主义现代化建设走入新时代的战略判断，并明确提出"新时代我国社会主要矛盾是人民日益增长的美好生活需要和不平衡不充分的发展之间的矛盾，这是关系全局的历史性变化"。由于"人民日益增长的美好生活需要"必须建立在稳定的收入基础之上，所以，基本矛盾的转变对提高人民收入水平提出了明确的要求。聚焦到员工持股计划推行的初衷视角，随着员工持股计划的推行，员工在作为企业雇员的同时，也成为企业的所有者，从而在保障员工基本工资性收入的同时，也进一步拓宽了员工收入的来源，从而为包括中层管理人员、技术骨干以及普通员工提高收入创造了条件。

第三节　研究内容与研究方法

一　研究内容

如图 1-2 所示，为了对我国上市公司员工持股计划所带来的影响效应进行全面、系统、科学的阐释和探讨，本书循着两条思路开展，分别为逻辑思路、内容思路。

具体来看，在循着逻辑思路开展研究方面，本书沿着"研究框架—理论回顾—历史与现状—实证研究—主要结论"这条主线展开。在内容安排上，本书首先提出总体研究的框架内容，然后界定了员工持股计划的概念、梳理了已有的员工持股的理论以及文献。在对典型国家和中国员工持股的历史沿革进行回顾，对发展现状进行统计分析的基础上，本书对新时期员工持股计划的实施效果进行了三个方面的深入分析：一是聚焦于员工持股计划的短期市场反应问题，对企业实施员工持股计划过程中所涉及的各契约要素同员工持股计划所带来的市场反应之间的关系进行分深入分析。二是循着将我国当前的员工持股计划作为一项准自然实验过程的思路，采用实证研究的方法对员工持股计划的财务业绩效应进行深入研究。三是着力构建了企业综合业绩指标体系，对新时期 614 家实施员工持股计划的上市企业综合业绩进行度量，并进一步考察员工持股计划的中长期非财务业绩效应。最后，就实证研究的结果，本书进行了归纳总结。

（一）逻辑思路

在逻辑思路方面，本书沿着"研究框架—理论回顾—历史与现状—实证研究—主要结论"这条主线展开。本书首先提出总体研究的框架内容，之后，对以往关于员工持股计划的相关理论研究进行回顾。其次对我国员工持股实践的历史脉络和我国员工持股实践的发展现状进行进一步的明确。再次在对典型国家员工持股计划的发展以及中国员工持股计划的发展进行回顾的基础上，采用实证研究的方法，对我国上市公司员工持股计划的实施效果进行了深入的研究，包括员工持股计划的市场效应、财务效应以及非财务效应。最后就实证研究和统计分析的结果，本书进行了归纳总结。

需要特别指出的是，为了实证研究新时期中国上市公司员工持股的影响效应，本书采用"第五章员工持股计划的市场效应"、"第六章员工持股计划的财务效应"、"第七章员工持股计划的非财务效应"三个实证章节的内容予以分析检验。笔者从研究期间的时间长短以及企业绩效的不同类型两个维度出发，形成了对中国上市公司员工持股计划实证研究的内在逻辑。如图 1 - 1 所示的二维矩阵，"短期—企业绩效"对应短期研究区间以及企业财务绩效、非财务绩效，由于股票市场价格体现了包括企业财务绩效与非财务绩效在内的企业整体业绩，因此，本书首先考察了员工持股的短期市场反应，通过员工持股计划（草案）宣告前后企业股票市场价格的变动来衡量资本市场对企业员工持股计划的效应，以期考察广大投资者对于员工持股计划的整体反应；"长期—财务绩效"对应长期研究区间以及企业财务绩效，本书基于在 2014 年 7 月 1 日到 2017 年 9 月 30 日期间开展员工持股计划的中国上市公司，寻找用于匹配的对照组，在此基础上，对我国上市公司实施员工持股计划前后以及实施与未实施员工持股计划的企业之间进行两次差分，从而实现对我国上市公司员工持股计划的长期财务效应进行深入考察；"长期—非财务绩效"对应长期研究区间以及企业非财务绩效，本书先是利用平衡计分卡理论构建评价企业非财务绩效的评价基础，然后笔者对实施员工持股计划的中国上市公司的非财务绩效进行了评价，需要说明的是，这些对象上市公司实施员工持股计划的实践范围为 2014 年 7 月 1 日到 2017 年 9 月 30 日；在此基础上，本书构建了计量经济学模型，对中国上市公司员工持股计划的长期非财务效应进行了考察。

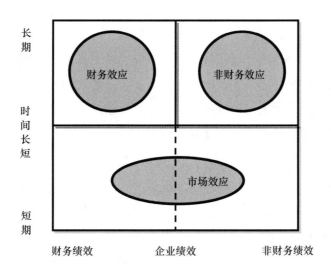

图 1 - 1 员工持股计划实证研究内在逻辑的二维矩阵

资料来源：作者绘制。

（二）内容框架

同逻辑思路所对应的"暗线"相配套，本书设置了八个方面的重点内容具体阐释中国上市公司员工持股计划的影响效应问题，这八个方面的重点内容构成了本书的八个方面基本框架，具体来看。

第一章，绪论。阐述了本书的基本背景、本书问题提出的基本逻辑；阐释开展本书的三项基本目标；进行本书的理论意义和实践意义；说明了本书的逻辑思路和内容框架，提出了本书所使用的五个类别的研究方法；提出本书的关键创新之处。

第二章，基础理论。本章简要介绍了新时期员工持股计划的概念界定。接着，本书主要阐述了认可度比较高的西方员工持股理论，包括双因素理论、分享经济理论、民主公司理论、专门投资理论，以及认可度比较高的中国员工持股理论，包括职工主体论、劳动力产权论、企业制度创新论。本章对以往国内外研究者提出的七个与员工持股计划相关理论进行述评。

第三章，文献综述。本章先是对国内外员工持股计划研究文献进行综述，根据研究视角的不同，将员工持股学术文献划分为四类分别回顾，包括员工持股计划领域的定性研究、员工持股计划领域的市场反应、员工持股计划与企业财务业绩、员工持股计划与企业非财务业绩。进一步地，本章对回顾的国内外已有文献进行述评，找到文献聚焦的研究问题，并指出已有文献研究存在的不足以及可以进一步扩展的方向。

第四章，员工持股计划的历史沿革与发展现状。本章首先回顾了美国员工持股的历史沿革与发展现状、英国员工持股的历史沿革与发展现状、法国员工持股的历史沿革与发展现状、日本员工持股的历史沿革与发展现状以及其他国家员工持股的历史沿革与发展现状。然后，着重梳理明确我国员工持股发展的历史沿革，对中国员工持股计划的发展现状进行阐述和统计分析，以期对新时期中国员工持股的发展现状有一个比较清晰且全面的认识和把握。

第五章，员工持股计划的市场效应。本章利用事件分析法，分析了二级市场对员工持股计划政策的响应情况，并针对资本市场的不同态势划分区间做进一步深入分析。不仅如此，本章还对员工持股计划的各契约要素如何影响员工持股计划市场反应构建经济计量模型，展开进行实证研究。

第六章，员工持股计划的财务效应。本章创新性地将倾向性匹配得分结合双重差分的实证研究方法引入员工持股的研究中，将员工持股计划视作一项准自然实验，考察员工持股计划与财务业绩之间的因果关系。另外，本章还对不同产权性质、不同行业属性的员工持股计划进行分组研究，以考察企业性质、行业性质对于企业实施员工持股计划的影响。

第七章，员工持股计划的非财务效应。本书创新性地应用平衡计分卡理论构建企业综合业绩指标体系，并应用指标体系对新时期实施员工持股计划的 614 家上市公司的企业综合业绩、财务业绩、客户业绩、内部业务流程业绩、学习与成长业绩进行评价。在此基础上，本书对企业综合业绩、财务业绩、客户业绩、内部业务流程业绩、学习与成长业绩与员工持股计划各契约要素之间的关系构建经济计量模型进行实证分析。

第八章，主要结论与未来展望。基础理论、文献综述、员工持股计划的历史沿革与发展现状、员工持股计划的市场效应、员工持股计划的财务效应、员工持股计划的非财务效应章节的深入透视，形成本书的主要结论，提出进一步推进和完善我国员工持股计划的政策建议，并指出进一步推进员工持股计划研究的方向。

二 研究方法

在本书中，笔者使用五种类型研究方法具体开展相关研究工作，这五种类型的研究方法分别为以文献辨析为核心的文献研究方法、以统计分析为核心的统计分析方法、以事件研究为核心的事件研究方法、以建立经济计量模型为核心的经济计量方法以及以价值判断分析为核心的规范分析方法。

（一）文献研究方法

文献研究方法是以文献资料为核心的资料收集过程、资料整理过

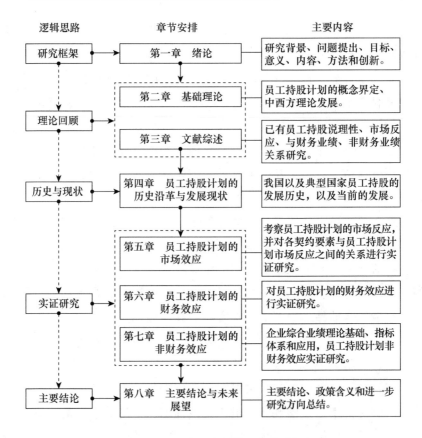

图 1-2 员工持股计划的研究内容框架

资料来源：作者绘制。

程、资料归纳过程，通过以特定议题为中心的文献资料的收集过程、整理过程和归纳过程，就形成了基于文献资料的对该议题的科学认识。在本书的"第一章 绪论"、"第二章 基础理论"、"第三章 文献综述"、"第五章 员工持股计划的市场效应"、"第六章 员工持股计划的财务效应"以及"第七章 员工持股计划的非财务效应"六个章节均涉及对于文献研究方法的使用。通过文献研究方法的使用，笔者不仅对员工持股计划的概念、理论、已有研究进行了深入的总结、升华，而且聚焦了本书的研究问题，并为研究新时期员工持股计划的实施效果提供了文献支撑。

（二）统计分析方法

统计分析方法是指基于分析对象的相关数据，利用统计方法对研究对象的整体轮廓进行分析的方法。在本书中，"第四章　员工持股计划的历史沿革与发展现状""第五章　员工持股计划的市场效应""第六章　员工持股计划的财务效应"以及"第七章　员工持股计划的非财务效应"四个章节主要运用了统计分析的方法。其中，在"第四章　员工持股计划的历史沿革与发展现状"中，通过统计分析方法，把握了新时期员工持股计划发展的基本现状；在"第五章　员工持股计划的市场效应""第六章　员工持股计划的财务效应"以及"第七章　员工持股计划的非财务效应"三个章节中，通过统计分析方法的使用，笔者不仅有效地把握了经济计量模型中被解释变量的统计特征，而且也有效地把握了经济计量模型中解释变量的统计特征以及控制变量的统计特征；在"企业综合业绩度量指标体系应用"中，对 614 家新时期实施持股计划的上市公司综合业绩进行统计分析，以把握员工持股计划实施企业的综合业绩整体状况，以及财务业绩、客户业绩、内部业务流程业绩、学习与成长业绩状况。

（三）事件研究方法

学术界使用事件研究法（Event Study）最早见于 Ball、Brown 对股价变动的研究[1]和 Beaver 对交易量变动的研究[2]之中。主要做法是检验某一事件发生前后证券市场上公司股价的异常波动。一般情况下，关注短窗口（以日为单位）内股票价格对新增信息的反应。Caves[3]、Fama[4]对事件研究方法赞誉有加，他们认为事件研究法是一种逻辑严

---

[1]　Ball R., Brown P., "An Empirical Evaluation of Accounting Income Numbers", *Journal of Accounting Rsearch*, Vol. 6, No. 2, 1968, pp. 159 – 178.

[2]　Beaver W. H., "The Information Content of Annual Earnings Announcements", *Journal of Accounting Research*, Vol. 6, 1968, pp. 67 – 92.

[3]　Caves, R. E., "Mergers, Takeovers, and Economic Efficiency: Foresight vs. Hindsight", *International Journal of Industrial Organization*, Vol. 7, No. 1, 1989, pp. 151 – 174.

[4]　Fama E. F., "Efficient Capital Markets: II", *Journal of Finance*, Vol. 46, No. 5, 1991, pp. 1575 – 1617.

谨、操作简单的研究方法，在学术研究中应用广泛。在本书中，"第五章 员工持股计划的市场效应"一章主要运用了事件研究方法。通过事件研究方法，对员工持股计划的短期市场反应进行计量，以获得员工持股计划的短期实施效果评价。进一步地，本章根据考察期间内资本市场的不同态势划分区间，利用事件研究法，对不同区间的短期市场反应作进一步分析。

（四）经济计量方法

经济计量方法既可以从广义的视角进行理解，也可以从狭义的视角进行理解。其中，从狭义视角的观点看来，经济计量方法实质上就是对开展相关研究所构建的经济计量模型中参数的估计方法；与此不同，从广义视角的观点看来，经济计量方法不仅包括对经济计量模型中的参数进行估计，而且还涉及对经济计量模型相关变量的定义、对参数估计结果进行检验、对相关问题进行证实以及对经济计量方法所得到的结论进行应用等。根据本书的特点，笔者采用广义视角的经济计量方法。

在"第五章 员工持股计划的市场效应"中，为了探索员工持股计划各契约要素对员工持股市场反应的影响，本书构建了以超额收益率为被解释变量、以员工持股计划各契约要素为解释变量的经济计量模型，对员工持股计划各契约要素与员工持股市场反应的关系进行了实证研究。与此类似，在"第七章 员工持股计划的非财务效应"中，为了探索员工持股计划对企业非财务业绩的影响，本书构建了以企业综合业绩、财务业绩、客户业绩、内部业务流程业绩、学习与成长业绩为被解释变量，以员工持股计划的各契约要素为解释变量的经济计量模型，对员工持股计划与企业非财务业绩之间的关系进行实证研究。另外，在"第六章 员工持股计划的财务效应"中，将员工持股计划视作一项准自然实验，运用倾向得分匹配方法构造反事实结果，运用双重差分方法深入考察员工持股与企业财务业绩之间的因果关系。

（五）规范分析方法

规范分析方法（Normative analysis）与实证分析方法相对应，是一种基于主观价值判断的分析方法，该分析方法所解决的问题是"合意性"问题，既包括对"什么是"的问题进行回答，也包括对"应该怎样"的问题进行回答①。在"第八章 主要结论与未来展望"中，本书对整个研究所得出的结论进行了总结，并提出相应的政策含义。所以，规范分析方法的应用主体体现在第八章之中，对一般社会应该如何研究和处理本书的结论给出较为公认的价值标准。

表 1 - 1 　　　　　　　　　**本书涉及的研究方法**

序号	方法名称	含义	对应章节
1	文献研究方法	文献研究方法是指收集相关文献资料、整理相关文献资料以及归纳相关文献资料的过程，文献研究方法的基本目标是从文献资料的视角形成对所研究问题的理论认知。	第一章 绪论； 第二章 基础理论； 第三章 文献综述； 第五章 员工持股计划的市场效应； 第六章 员工持股计划的财务效应； 第七章 员工持股计划的非财务效应。
2	统计分析方法	统计分析方法是指基于分析对象的相关数据，利用统计方法对研究对象的整体轮廓进行分析的方法。	第四章 员工持股计划的历史沿革与发展现状； 第五章 员工持股计划的市场效应； 第六章 员工持股计划的财务效应； 第七章 员工持股计划的非财务效应。

---

① 罗仲伟：《管理学方法与经济学方法的借鉴、融合》，《中国工业经济》2005 年第 9 期，第 114—121 页。

续表

序号	方法名称	含义	对应章节
3	事件研究方法	在本书中，事件研究方法的核心目标是对超额收益率的存在与否进行检验，基本逻辑思路是对特定事件发生前后的证券事件价格进行对比。显而易见，在一般情况下，关注短窗口（以日为单位）内股票价格对新增信息的反应。超额收益率一般指实际收益率减去正常收益率，而正常收益率就是假设事件不发生的话，预计可以得到的收益率。	第五章 员工持股计划的市场效应。
4	经济计量方法	既可以从广义的视角来理解经济计量方法，也可以从狭义的视角来理解经济计量方法。其中，基于狭义视角的经济计量方法实质上就是对经济计量模型中参数的估计；基于广义视角的经济计量方法既包括对经济计量模型中参数的估计，还包括在经济计量模型的运用过程中对变量所进行的定义、对模型所进行的构建、对参数所进行的估计以及对模型进行的检验等。	第五章 员工持股计划的市场效应； 第六章 员工持股计划的财务效应； 第七章 员工持股计划的非财务效应。
5	规范分析方法	实证分析方法是规范分析方法的对立面，对于规范分析方法而言，完全是基于主观的价值判断所进行的分析，作为一种价值判断，规范分析方法所解决的问题就是"合意性"的问题，既包括对相关问题"什么是"的回答，也包括对相关问题"应该怎样"的回答。	第八章 主要结论与未来展望。

资料来源：作者归纳整理。

第四节　创新之处

本书首次对新时期上市公司员工持股计划实施效果进行全面研究，创新点主要集中于四个方面，分别为首次对新时期员工持股计划的实施现状进行了全样本统计分析；对员工持股计划的短期市场反应展开研究，并进一步实证考察资本市场态势对员工持股计划宣告的影响以及员工持股计划的合约要素对于员工持股计划宣告的影响；基于理论层面的剖析，着力对员工持股计划对于企业财务绩效的影响机制进行剖析，并进一步推进员工持股计划和企业财务业绩之间的关系，持续探索员工持股计划和企业财务业绩之间的因果关系；首次对员工持股计划与企业非财务业绩之间的关系展开理论探讨和实证检验。

第一，对新时期员工持股计划的实施现状进行了全样本统计分析。2014年以来，员工持股计划在中国重新启动，此轮员工持股计划与以往存在很大不同。因此，有必要对新时期我国企业开展员工持股计划的基本特征、新时期我国企业开展员工持股计划的基本实施特征等问题进行系统性的统计分析，从而形成对我国当前的员工持股计划发展现状的直观印象以及清晰的认知。这是进一步发现新时期员工持股计划存在哪些问题，聚焦新时期员工持股计划存在哪些可以展开研究的议题的前提和基础。本书以2014年7月—2017年9月三年多来，621家公司发布的770个员工持股计划（草案）为研究样本，从板块分布、行业分布、资金来源、股票来源、企业性质、激励对象、持股比例、持股期限等八个方面对新时期员工持股计划的实施现状进行了详细的分析，以期为本书以及后续研究奠定坚实的基础。

第二，对员工持股计划的短期市场反应展开研究，并进一步对资本市场态势对员工持股计划宣告的影响、员工持股计划的各契约要素对员工持股计划宣告的影响进行实证考察。本书采用事件研究法，对新时期员工持股计划实施的市场反应进行研究，并根据考察期内资本市场的不同态势分别展开研究，在此基础上，构建经济计量模型，实证研究了员工持股计划的合约要素对员工持股计划市场反应的影响。以往关于员工持股计划的研究具有如下几个方面的不足之处：一是更多的研究以"引进"为主，即着重介绍国外关于员工持股计划的相关配套政策；二是实证研究较少，而定性研究较多；三是即便是位数不断的实证研究也往往依托于较为陈旧的数据资料，这些数据资料主要反映的是 20 世纪 90 年代我国推行员工持股计划的基本特征，同当前我国员工持股计划所处的阶段，以及我国员工持股计划的发展进步不相适应；四是在为数不多的实证研究中，更多的研究聚焦于员工持股计划实践对于推进员工持股计划的企业的财务业绩的影响情况，而不是注重于员工持股计划影响开展员工持股计划的企业的财务绩效的机制；五是变量的定义对员工持股计划的重视程度较弱，更多的研究仅仅将员工持股计划作为整体模型的外生变量，对员工持股计划对于企业财务绩效影响的直接关系重视不够。针对员工持股计划研究过程中所存在的不足之处，本书不仅对员工持股计划的市场效应进行研究，而且还采用分类的视角，基于不同的类别划分，解析了我国员工持股计划（草案）中的契约条款要素，并立足于经验数据的支撑，对各合约要素对于股东财务效应的反馈进行了检验。显而易见，本书的开展既增进了社会各界对于我国员工持股计划实践情况的认知，又增加了对于我国员工持股计划对于资本市场反馈的认知，既为上市公司建立更加完善的激励约束机制提供了新的思路和路径，又为监督管理部门更好地制定相关政策提供了基本的依据。另外，2014—2017年，我国资本市场经历了"股灾"、"熔断"等重大的波动，因此，本书在研究中分别考察不同市场态势下的员工持股计划市场反应，使结果更准确、更具说服力。

第三，聚焦于影响机制，从理论层面对员工持股计划的财务效应进行了剖析，并对员工持股计划同企业财务业绩之间的因果关系进行了深入的研究。本书利用经济学基本理论，构建理论模型详细分析员工持股计划对企业财务业绩的影响机制。不仅如此，本书创新性地运用 PSM + DID 方法，将员工持股计划视作一项准自然实验，对员工持股计划与企业财务业绩之间的因果关系进行了实证研究，并对企业性质对于员工持股计划的财务效应影响的异质性以及企业所属行业的属性对员工持股计划财务效应影响的异质性进行了深度的考察。对员工持股计划的财务效应进行研究是员工持股计划研究领域的重点研究内容，然而，与之不相匹配的是，国内外实证研究并未得出一致结论，而且研究往往停留在相关关系的研究上，缺乏员工持股对企业财务业绩影响机制的深入分析，以及对两者之间的因果关系探讨。就我国的具体情况来看，限于早期数据获取的硬约束，我国学术界对于员工持股计划实施效果的评估探索往往不多，即便存在部分对于该问题的实证研究，也存在一定的问题，这些问题包括方法层面的简单化、数据层面的偏小化、控制变量层面的不足化等，在这种情况之下，相关实证研究的科学性和稳健性必然大打折扣，得出迥异的结论自然在所难免。因此，本书创新性地运用 PSM + DID 方法，将员工持股计划视作一项准自然实验，对员工持股计划与企业财务业绩之间的因果关系进行实证研究。进一步地，国有企业与非国有企业实施员工持股计划是否具有异质性，高科技行业企业与非高科技行业企业实施员工持股计划是否存在异质性，本书对这一疑问又分别进行了讨论。

第四，创新性地对员工持股计划与企业非财务业绩之间的关系展开理论探讨和实证检验。本书创新性地根据平衡计分卡理论构建了企业综合业绩指标体系，并对新时期 614 家实施员工持股计划的上市企业展开度量，在此基础上，通过构建经济计量模型，对员工持股计划各契约要素与企业综合业绩、员工持股计划各契约要素与财务业绩、员工持股计划各契约要素与客户业绩、员工持股计划各契约要素与内部业务流程业绩以及员工持股计划各契约要素与学习和成长业绩之间的关系进行实证研究。当前，在全世界范围内，有关员工持股这一细分领域的研究还比较薄弱。国外对于员工持股与企业绩效的相关性研究比较多，但集中在员工持股与企业财务业绩的研究，而鲜有对员工持股与企业非财务业绩的探讨。其实，企业业绩是一个综合的表现，既包括财务方面，也包括非财务方面。员工持股计划作为一项股权改革，必然会对企业非财务业绩产生影响。因此，本书根据平衡计分卡理论，构建了企业综合业绩指标体系，并进一步提出了企业综合业绩指标度量体系，以 2014 年 7 月至 2017 年 9 月 614 家实施员工持股计划的上市公司为样本，借助于综合业绩指标体系的研究工具，对这些企业推行员工持股计划的综合业绩状况进行了考察。本书所构建的企业综合业绩指标体系为开展企业综合业绩评价提供了一种有益的探索，并为探讨员工持股与企业非财务业绩之间的关系提供了新的研究思路。

第二章　基础理论

　　员工持股实践是理论应用于实践的产物，而员工持股实践的不断丰富使得相关的基础理论随之不断发展并日趋完善。员工持股计划的概念在不同体制的国家侧重点有所不同，即使是在中国，员工持股计划的概念内核也不是一成不变的，因此，本章先是界定了新时期员工持股计划概念的内涵和外延，然后着重对国外关于员工持股计划的理论发展和演变以及国内员工持股计划的理论发展与演变进行梳理和回顾，最后针对已有理论进行总结与述评。

第一节　员工持股计划的概念界定

　　对于员工持股计划的概念来说，尽管国内外学术界均根据特定的情景做出了相应的界定，可是在我国的制度情景之下，从影响力的角度来看，政府政策层面对于员工持股计划的理解和界定无疑均有最为关键的价值和影响力，作为我国政府政策层面看待员工持股计划的重要一环，中国证券监督管理委员会在所发布的文件中所做出的界定影响力相对最大。2014年，在所发布的《关于上市公司实施员工持股计划试点的指导意见》中，中国证券监督管理委员会明确提出对上市公司员工持股计划概念的理解，认为"员工持股计划是指上市公司根据员工意愿，通过合法方式使员工获得本公司股票并长期持有，股份权益按约定分配给员工的制度安排"。这一定义可以视作新时期员工持股计划的权威性界定，在本书中，结合中国证券监督管理委员会对于上市公司员工持股计划的定义以及员工持股计划的基本内容和含义、我国在新时期员工持股计划的推进情况等内容，笔者认为可以从如下几个方面对新时期员工持股计划进行理解：

第一，员工持股计划的参与对象。员工持股计划的认购人一般符合以下四个标准之一：（1）董事（不含独立董事）、监事、高级管理人员；（2）核心及骨干员工；（3）在公司任职，并与公司或下属公司签订劳动合同且领取报酬的普通员工；（4）经董事会认定有突出贡献的其他员工。可以看出，本轮员工持股计划的认购范围进一步放大，除了高管人员外，员工持股计划的推广范围得到了进一步扩展，即将普通员工纳入员工持股计划的涵盖范围。

第二，员工持股计划的资金来源。较以往对于员工持股计划资金来源要求的"苛刻范围"不同，本轮员工持股计划的资金来源更为多元化，主要包括：（1）自有和自筹资金，如长盈精密；（2）自筹与控股股东借款相结合，如浙江富润；（3）参与集合信托计划认购劣后级份额，控股股东为优先级份额承担差额补足义务，杠杆比例为1：1①，此为当下相对主流的员工持股计划实施方式，如洲明科技；（4）全部由大股东提供无息借款，如欧菲光。

第三，员工持股计划的股票来源。包括存量股份（竞价交易、大宗交易、协议转让、回购等方式）和增量股份（参与公司定增计划）。不同的股票来源直接决定了员工持股计划的持股成本、退出难易程度，这也是衡量员工到底是否愿意购买员工持股计划所涉及的股

---

① 员工持股计划自 2014 年 6 月以来经历了"去杠杆化"的过程，2016 年 7 月证监会发布《证券期货经营机构私募资产管理业务运作管理暂行规定》，严控资管产品杠杆率，股票类、混合类结构化资产管理计划的杠杆倍数不得超过 1 倍，固定收益类和其他类结构化资产管理计划的杠杆倍数分别不得超过 3 倍和 2 倍。在此之前，员工持股计划采用结构化资管计划产品，杠杆位数一般为 1—3 倍，有的杠杆为 6 倍，有的采取中间夹层杠杆放大至 24 倍。受 2017 年《关于规范金融机构资产管理业务的指导意见（征求意见稿）》影响，目前员工持股计划优先级、劣后级的份额分级比例按 1：1 设置。

份的关键指标之一。

第四，员工持股计划的实施目标。员工持股计划的实施目标在于建立长期有效的激励约束机制。通过员工持股计划的推行，基本收到了员工和企业的双赢，规避了短期激励的诸多弊端。比如，对于员工而言，通过对员工持股计划的参与，通过股权机制获取了对企业剩余利润的分配权，从而实现了对企业发展红利的分享；对于企业而言，随着员工和企业的利益更趋一致，通过员工持股计划的退出，不仅提升了员工对于企业的忠诚度，而且更能够提升员工开展日常工作的积极性和主动性，通过员工创造性的发挥，更好地推进企业自身的发展。再如，较一般性的激励方式所呈现出的短期化趋势不同，员工持股计划设置了锁定期的机制，在锁定期之内，员工持股计划所涉及的股份的流动性较低，由于锁定期一般较长，所以员工持股计划的推行时间往往较长，因此员工持股计划本身是一种长期的激励约束机制，这就规避了投机动机对于员工持股计划推行的影响。如此一来，通过员工持股计划的推行，不仅实现了企业和员工对企业利益的分享，而且建立起了企业和员工共同承担企业面临风险的机制，从而不仅能够实现员工持股计划对于公司运营水平和质量提升的积极影响，更能够显著地提升企业的盈利能力。

第五，员工持股计划的本质属性。按照马克思主义的经典理论，资本与劳动是截然对立的，是剥削与被剥削的关系。很多西方资本主义国家之所以采取员工持股计划，就是为了缓和资本与劳动之间的紧张关系。充分调动和发挥员工的积极性与主动性。虽然我国不存在这一基本矛盾，但是我们不能忽视，资本因素在分配中日益处于支配地位。因此，为了提升员工在这一基本背景下的利益分享，就需要设计新的机制。显而易见，通过员工持股计划的推行，员工的身份实现了由单一的企业雇员到企业雇员和公司股东双重身份的转变，这种转变不仅是身份的转变，更具有更加深远的意义和价值，这种重大的意义和价值集中表现为股东、公司和员工三方利益的趋同，从而降低了由于委托代理问题所导致的委托代理成本问题。

第二节　西方员工持股的理论发展

现代员工持股理论和实践起源于美国，因此，早期关于员工持股计划的理论研究成果集中在西方国家，特别是美国。一般而言，通过对西方国家在员工持股计划领域的卷帙浩繁的文献进行梳理和分析，笔者认为形如双因素理论、分享经济理论、民主公司理论以及专门投资理论将可以作为员工持股计划的基本理论。[①] 这些理论是员工持股计划提出和发展早期的基本理论，这些理论的出发点较为统一，一般从应对资本主义经济运行过程中劳资矛盾的制度安排的视角来看待员工持股计划，这在学术界和企业界均形成相当程度的共识。

一　双因素理论

双因素理论基于财富并非是由资本单一创造，也并非是由劳动单一创造的判断，提出社会财富由资本因素和劳动因素共同创造的观点；基于对财富来源的基本认识，这一理论自然提出劳动因素参与社会财富分配的政策主张。这一理论由美国加州圣弗朗西斯科市的律师路易斯·凯尔索（Louis Kelso）提出，他在一系列的论文和书籍中阐明了他的理论。这其中，有些是他自己写的，有些是与一位杰出的哲学家莫蒂马·阿得勒（Mortimer Adler）[②] 合作的，还有些是与日后成为他妻子的帕特丽莎·赫特（Patricia Hetter）[③] 合作的。其中，最具代表性的是 1967 年凯尔索与赫特合著的《双因素理论：现实的经济

① 杨欢亮：《西方员工持股理论综述》，《经济学动态》2003 年第 7 期。
② Kelso L. O., Adler M. J., *The Capitalist Manifesto*, New York: Random House, 1958.
③ Kelso L. O., Kelso P. H., *Democracy and Economic Power: Extending the ESOP Revolution Through Binary Economics*, Cambridge: Ballinger, 1986.

学》（*Two-factor Theory*：*The Economics of Reality*）①。该书从政治经济学的视角出发，是分析员工持股计划的经典理论，在西方国家及世界各国影响深远。凯尔索认为，工业革命以来，大工厂机器生产代替了人的体力劳动，资本与劳动的关系变得不对等。资本在社会分配中的作用越来越重要，少数人仅仅掌握资本，就可以获得巨大的财富。而普通工人由于缺乏资本，劳动是其参与分配的唯一途径，这将会造成社会贫富差距扩大甚至愈加悬殊。凯尔索进一步强调，这样的分配不公现象是美国社会潜在的巨大危机。进一步讲，这将资本主义社会的基本矛盾暴露无遗，无论是资产阶级，还是无产阶级，均不能脱离资本主义社会所存在的根深蒂固的剥削和被剥削关系。因此，凯尔索创造性地提出了解决方案，即员工持股计划。他认为，员工持股计划这一制度安排使得企业雇员拥有了购买公司股票的权利、能力和行动，从而推进员工在成为企业雇员的同时，也成为企业的股东/所有者，最终可以实现财富的重新分配，真正缓和劳资关系，提高企业生产率，从根本上保护资本主义社会的稳定和繁荣。20 世纪 70 年代早期，来自路易斯安那州参议院的卢瑟尔·隆（Russell B. Long）了解到凯尔索的思想，在与凯尔索直接会晤后，《雇员退休收入保障法》于 1974 年得到顺利通过；对于员工持股计划而言，该法案的通过标志着从官方层面的认可，在此之后，在法律法规保障之下，员工持股计划在美国得到快速的发展。凯尔索的双因素理论一方面从理论上揭示了工人阶层贫困的真正原因以及资本主义社会的矛盾根源，即资本在社会中的作用越来越强，工人只依靠劳动获得收入而日渐贫困，从而导致劳资矛盾激化；另一方面他为工人提供了一个切实可行的摆脱贫困的方案，即员工持股计划，员工持有公司股票，成为企业的主人，以市场原则获得公平分配。

---

① Kelso L. O. , Hetter P. , *Two-factor Theory*：*The Economics of Reality*, New York：Vintage Books, 1967.

二　分享经济理论

1984 年,《分享经济: 用分享制代替工资制》(The Share Econo-
my) 一书出版, 作为核心内容, 该专著明确提出了分享经济理论
(The Share Economy Theory)[①] 的观点, 标志着分享经济理论正式提
出。该专著的作者是美国著名的经济学家马丁・魏茨曼 (Martin Law-
rence Weitzman), 在美国麻省理工学院任教, 他成为分享经济理论的
奠基人。在随后的几年里, 作者相继发表了一系列的学术论文, 对分
享经济理论进行深入的阐释[②][③][④], 他的观点表达了与凯尔索相似的思
想[⑤]。20 世纪 70 年代, 美国经济同时出现滞胀与失业等一系列问题。
魏茨曼从微观视角出发, 提出了一个解决宏观经济问题的新视角。他
认为, 可以利用分享制来代替工资制。当前的工资制中, 企业对员工
的报酬是由一些与企业经营无关的外在因素所决定的, 比如生活费指
数等, 而他所倡导的分享制是将员工的工资与企业的某种指标相联
系, 如企业收入或利润等。魏茨曼强调说, 分享制是工人和资本家共
同分享企业的剩余, 它要求社会上全部企业或者至少大部分企业都要
实施工资分享制。除此之外, 魏茨曼还利用数学模型对自己的理论设
想进行了论证。80 年代末, 英国经济学家詹姆斯・米德 (James
Meade) 从劳动者占有企业资本与否以及控制企业与否两个角度, 将
分享形式划分为五种:[⑥] (1) 员工与企业共同管理的员工持股计划;
(2) 全员持股的劳动者合作社; (3) 纯利润分享; (4) 纯收入分享;

① Weitzman, M. L. , The Share Economy, Cambridge: Harvard University Press, 1984.
② Weitzman, M. L. , "The Simple Macroeconomics of Profit Sharing", American Econimic Review, 1985.
③ Weitzman, M. L. , "Macroeconomic Implications of Profit Sharing", NBER Macroeconomics Annual, 1986.
④ Weitzman, M. L. , Kruse D. L. , Profit Sharing and Productivity, Washingtong D. C. : Brooklings Institution. , 1990, pp. 95 – 142.
⑤ 韩玉玲:《分享经济的理念与员工持股计划》,《经济管理》2007 年第 5 期。
⑥ 米德、冯举:《分享经济的不同形式》,《经济体制改革》1989 年第 1 期。

（5）有区别原则的员工与企业的合伙。米德认为，分享形式对于提高员工的工作积极性、改进劳资关系、提高社会就业水平等方面均具有重大优势。魏茨曼的分享经济理论侧重于一种理论上的分析，在实践中缺乏可操作性。分享经济理论企图用微观企业工资制度去解决现代资本主义的内在矛盾、修复其结构性缺陷，这从本质上说是难以实现的。不仅如此，分享经济理论要求全部企业均实行分享制具有难度，而且工资在一段时间内是具有刚性的，充分弹性的假设前提要求比较高。

三　民主公司理论

1983 年，大卫·艾勒曼（David P. Ellerman）和彼得·高夫（P. Pitegoff）在所出版的《民主的公司：马萨诸塞州新工人合作社条例》（*The Democratic Corporation：The New Worker Cooperative Statute in Massachusetts*）①，正式提出民主公司的概念②，这在民主公司这一概念的发展历程中尚属首次。20 世纪 90 年代，作为上述作者之一的艾勒曼出版了专著《民主的公司》，对作者所持有的关于民主公司概念的内涵和外延进行了进一步的阐述和延续，最终推动民主公司理论（The Economic Democracy Theory）的形成。在艾勒曼看来，每个人都拥有享有自己劳动成果和民主的权利，当前的资本主义和社会主义都没有实现这一权利，也没有提供实现这些权利的方案，都不是理想的经济模式。因此，他提出的经济民主论是一种不同于资本主义和社会主义的第三条道路，可视作从资本主义开始演化或者从社会主义开始演化的结局。经济民主论的微观组织基础就是民主的公司或以劳动为基础的民主公司。具体来说，经济民主可以看作一种混合的市场经

---

① Ellerman, D. P., Pitegoff, P., "The Democratic Corporation：The New Worker Cooperative Statute in Massachusetts", *NYU Review of Law and Social Change*, Vol. 6, No. 13, 1983.

② 吴宇辉、张嘉昕：《民主公司、劳动产权与所有制——大卫·艾勒曼产权理论及评析》，《学习与探索》2009 年第 4 期。

济，工人和公司之间不是雇佣关系，而是成员关系。在实现形式上，由于选举权利和剩余索取权利都是基本的权利，所以，对于民主的公司而言，应该既能够保证员工的选举权利，又能够保证员工的剩余索取权利。在艾勒曼看来，在当今的世界上，存在两种可以称之为真正实践的民主公司，第一就是流行于美国的员工持股计划，第二就是流行于西班牙蒙特拉贡的工人合作社。显而易见，艾勒曼的民主公司理论可以看成是将政治民主平移到经济民主的一种类似形式。他认为，民主公司内部员工之间都是平等的成员关系，同时，可以保证员工剩余索取权和选举权两项最基本的权利，实现联合起来的劳动者的民主制度。

四　专门投资理论

专门投资理论（Firm-specific Investment Theory）中的专门投资实际上指的是人力资本专门投资，所以有人也将其称为人力资本投资理论。20 世纪 90 年代，美国布鲁斯金研究中心高级研究员玛格丽特·布莱尔（Margaret M. Blair），在著作《所有权与控制：面向 21 世纪的公司治理探索》[①] 中，首次提出了专门投资理论。在作者看来，在企业正常的经营过程中，不仅作为企业所有者的股东需要承担一定的风险以及为企业的发展提供必要的资源，而且作为企业的利益相关方，也承担了一定的风险，提供了必要的资源，这些在企业运营过程中承担风险和提供必要资源的利益相关方包括为企业提供资金的债权人、为企业提供劳动力的员工、保证企业生产原材料供应的供应商以及为企业产品提供效率的客户等；既然同股东承担风险、提供必要资源获取相应的回报相似，那么这些利益相关方显而易见也应该从公司分配中得到相应的回报。特别是企业的员工，对公司成长和企业价值创造的意义越来越重大，可能比股东更加适合作为企业监管者。不仅如

---

① ［美］玛格丽特·布莱尔：《所有权与控制：面向 21 世纪的公司治理探索》，张荣刚译，中国社会科学出版社 1999 年版。

此，股权分散可能是当前普遍存在的一种企业股权结构模式，由于信息不对称等问题，很多外部股东无法真正了解企业的内部消息，而员工作为企业的内部人员，对企业的经营以及内部情况往往掌握了更多的内容，是监管企业运行的一个重要相关方。布莱尔拓展了传统的人力资本理论，她认为人力资本作为一种专门投资，应该通过正式的补偿机制，让他们承担与其风险相称的控制权，分享与其股权相称的收益权。她进而提出员工持股计划这一制度，要保护和鼓励员工的人力资本投资热情，以一种有效的治理结构保障员工能够从自身所创造的财富中进一步分享相应的份额，并且，与此同时，借助于该有效的治理结构，实现员工对企业成本削减过程的参与以及员工对于企业创新进程的参与。

从积极的视角来看，对于员工持股计划相关理论而言，布莱尔所提出的专门投资理论开辟了新领域。然而，从相关的视角来看，尽管布莱尔所提出的专门投资理论围绕人力资本的实现途径，对员工持股计划的合理性进行了深入的探讨，但是，她的这种分析既可以说是初步的，也可以视作是粗糙的。比如，她没有给出员工相关程度和参与程度如何计量，因此这一理论在实践中的可操作性无法保证。

第三节 中国员工持股的理论发展

中国员工持股理论开始于改革开放初期，早期的中国员工持股理论是在学习借鉴西方员工持股理论的基础上，结合我国特殊的国情逐步发展起来的。中国员工持股理论中比较具有代表性的包括著名经济学家蒋一苇先生提出的职工主体论，以及 20 世纪 90 年代中后期相关学者提出的劳动力产权论和企业制度创新论。

一 职工主体论

职工主体论由蒋一苇先生在改革开放初期提出，后来，张劲夫、王钰等学者也对此做过相当程度的阐述和补充。蒋一苇先生于1989年发表著作《经济民主论》①，1991年发表著作《职工主体论》②，提出职工主体论的理论观点。蒋一苇先生认为，我国的基本经济制度是社会主义公有制，正是这样一种基本的经济制度决定了我国社会主义社会的主人是人民，我国社会主义国家的主人是人民；在作者看来，人民的主体地位这一原则既不能仅仅停留在全国范围内，也不能仅仅停留在全社会范围内，还应该在生产单位（即企业）中体现出人民当家做主的权利。他进一步提出，社会主义与资本主义的本质区别就在于员工是否占主体地位。这里的员工不仅指体力劳动者，还包括脑力劳动者在内的全体劳动者。也就是说，从宏观角度建设社会主义市场经济，就必须在微观基础的企业里保证全体员工是企业的主体。因此，蒋一苇先生提出"劳动共有股份"，以落实员工的主体地位。张劲夫③在回忆与蒋一苇先生的谈话时提到，蒋一苇先生所设想和提出的劳动者共有股份制度设计是我国全民所有制企业改革的重要方向，通过在全民所有制企业中引入或增加集体所有制股份以及员工个人的股份，实现了全民所有制企业改革的股权多元化，通过由国家持股转变为国家、集体和员工个人三者持股，实现了全面所有制企业多层次的所有权或多元化的股权结构。蒋一苇先生特别提到，与资本主义国家相比，社会主义国家实行股份制应该有自己的特色。因为股份制本身是没有姓氏的，它既可以为社会主义服务，也可以为资本主义服务。王钰提出劳动者产权主体论，核心思想是"劳者有其股"，这与职工主体论的思想是一脉相传的。④ 他认为，在国有企业的股份制改革过程中，可以将部分股份分给员工，员工获得相应的股息收入，但是占有权和支配权依然归企业所有，这样做的目的是在保证国有企业

---

① 蒋一苇：《经济民主论》，中国社会科学出版社1989年版。
② 蒋一苇：《职工主体论》，中国社会科学出版社1991年版。
③ 张劲夫：《股份制和证券市场的由来》，《财会月刊》2001年第17期。
④ 王钰：《劳动力产权及其实现》，《江苏行政学院学报》2004年第6期。

不被私有化的前提下，使员工获得财务主体地位。

蒋一苇先生的职工主体论是中国员工持股的经典理论，与企业本位论、经济民主论一起构成"三论体系"。他在改革开放初期，为实现社会主义经济民主提供了理论指导；为了实现在微观企业中员工的主体地位，蒋一苇先生不仅提出了从劳动制度方面出发进行系统改革的思想，而且还提出了从产权制度和分配制度等方面出发进行系统的改革的思路。

二　劳动力产权论

20 世纪 90 年代中期，迟福林、王天雨、曹凤岐等专家学者提出劳动力产权论，并在各自发表的论文中对这一理论观点展开论述。迟福林将劳动力产权视作是由两个关键词组成的术语，所以，劳动力产权论必须反映劳动力和产权两个关键词本身的应有之义。[1] 在此基础上，他提出对于劳动力产权概念的认识，认为劳动力产权是属于劳动力的一系列的权利束，这一系列的权利束包括劳动力的所有权、劳动力的支配权以及劳动力的收益权等。如此一来，在他看来，确立劳动力产权是一个过程，是劳动者把劳动力转化为劳动力加资本的过程，通过这一过程劳动者在实现对自己劳动力的实际占有的同时，参与了劳动者对本人剩余价值的分配。因此，他自然就提出了承认劳动力产权的政策主张；为了将劳动力产权落到实处，就需要使用一定的方式、方法和途径推进，在他看来，将劳动力产权落到实处既可以通过有偿购买的方式展开，也可以通过无偿赠予的方式展开，或者通过两者相结合的方式。员工持股计划体现出了社会主义市场经济的本质属性，即社会主义市场经济的本质属性是人民市场经济，员工持股计划使得这种人民市场经济牢牢地建立在劳动力产权的基础之上。不仅如此，在他看来，劳动力产权是一种特殊形式的产权，本身具有三个显

---

[1] 迟福林：《国有企业改革中的劳动力产权问题》，《改革》1995 年第 1 期。

著的特点,它不仅具有不可转让性的特点,而且具有不可交易性的特点,更具有不可继承性的特点。王天雨对劳动力产权的内涵进行了深入的分析,认为劳动力产权必须建立在劳动者对劳动力的拥有以及对劳动力的使用的基础上,正是劳动者对劳动力的拥有权力以及劳动者对劳动力的使用的权利,使得劳动者获得了对于剩余劳动的索取权,这种索取权的主体是劳动者,客体是剩余劳动成果,包括劳动者对剩余劳动成果的占有权、劳动者对剩余劳动成果的控制权以及劳动者对剩余劳动成果的支配权。[1] 在曹凤岐看来,现代经济发展的一个显著的特点就是劳动力已经成为一种重要的资源投入,经过时间的推移,在企业的要素投入中,通过量化为资本的形式,劳动能力的要素投入越发普遍和增加;在此之后,劳动力实现了物化,成为企业资产的重要组成部分。[2] 刘瑞照提出,可以通过股份的形式对劳动力产权进行量化,劳动者拥有的股份数量同他们劳动工资时间以及劳动量相联系,可以采用职工出资与企业帮助相结合的方式以实现劳动力产权。[3]

劳动力产权论为企业法人结构重构和员工成为企业的主人提供了理论依据。按照劳动力产权论的观点,员工不仅可以获得工资收入,还可以通过参股分享企业的增量利润。建立在劳动力产权论基础上的员工持股制度充分体现出社会主义市场经济的优越性,并提出了实践该理论的相应形式。

三 企业制度创新论

1998 年,尹智雄在其著作《企业制度创新论》中提出并详细阐述了企业制度创新论的观点[4],后来的学者,如陈传明、杨瑞龙等也表达了类似的观点。尹智雄认为,传统的理论往往单独从资本逻辑或

---

① 王天雨:《劳动力产权研究》,《学术月刊》1997 年第 12 期。
② 曹凤岐:《股份制与现代企业制度》,企业管理出版社 1998 年版。
③ 刘瑞照:《再论劳动力产权界定的紧迫性》,《科学学与科学技术管理》1998 年第 4 期。
④ 尹智雄:《企业制度创新论》,经济科学出版社 1998 年版。

劳动逻辑出发对企业管理理论进行分析。在资本逻辑下，萨伊关于资本、劳动和土地之间相关关系的"三位一体"的观点，不断得到社会各界的普遍认可。在"三位一体"观点看来，对于资本而言，基本的回报是利润；对于劳动来说，基本的回报是工资；对于土地生产要素的提供者而言，基本的回报则是地租。后来的一些理论，如风险抵押模型、资本专用模型、流动性模型等都是从资本的视角展开的分析，不合理性显而易见。当然，在劳动逻辑下，也产生了一些弊端。仅从资本逻辑出发，或仅从劳动逻辑出发的分析都是有缺陷的，因此，必须将两者有机结合企业分析得出的企业制度理论才是站得住脚的。尹智雄进一步提出，企业是物质资本和人力资本相结合的特殊契约，务必将物质资本产权和人力资本产权统筹考虑，将资本逻辑和劳动逻辑融合在一起。因此，他提出员工持股的设想，打破资本逻辑，寻找新的制度安排方式，员工不仅获得工资，还一起分享集体股的红利，员工与企业形成一个利益共同体。陈传明提出了与此相似的思想，提出"S型企业制度"，依然是一种综合逻辑的制度，避免西方传统的资本逻辑短板，突破南斯拉夫工人自治制度劳动逻辑的困境，提倡各参与方利益分享。在杨瑞龙看来，员工持股计划的产生并非一蹴而就，而是由人力资本性质以及人力资本特点决定的。不难理解，人力资本在现代社会越来越重要，在此背景之下，就需要对人力资本进行相应的激励。企业制度创新论是有关员工持股的一种融合的观点，是对企业制度的一种创新。当人力资本在经济社会发展中越发重要，人力资本的价值不断提高，就会产生对制度创新的强烈需求。企业制度创新论就是将员工持股视作一种产权理论上的创新，从制度上将劳动逻辑与资本逻辑有机地融合在一起进行统筹考虑的观点。

第四节　员工持股理论述评

长期以来，国内外学者均尝试挖掘理论内核，并结合各自的国情提出了不同的员工持股理论。西方的员工持股理论具有开创性，且起步较早，很多理论都是为缓和资本主义社会中面临的滞胀、失业等一系列社会问题而提出的解决方案。因此，西方员工持股理论看似各不相同，实际上是存在相同的根基以及共同的观点的。而中国的员工持股理论起步较晚，早期的员工持股理论开始于改革开放以后，是在借鉴西方理论的基础上并结合我国的特殊体制背景展开的分析，并伴随着我国经济体制改革的整个历程发展至今。

综合国内有关员工持股计划的相关观点，以及国外有关员工持股计划的相关观点，可以发现如下的基本规律，即虽然不同的主体对于员工持股计划的看法不同、出发点各异，但是，他们对于员工持股合理性的理论分析均落实在以下两个关键点上。一方面，一般而言，同资本要素和土地要素相同，作为企业投入的一种生产要素，劳动也具有既享有企业的成长收益，也享有企业的剩余权益的地位。更进一步讲，在员工持股计划下，除了作为企业劳动生产要素的提供者之外，员工也是企业部分资本的提供主体；所以，通过员工持股计划，员工获得了企业的部分所有权，在公司治理制度环境下，员工既需要承担企业所面临的风险，也需要具备分享企业收益的条件。另一方面，在员工持股计划下，员工除了作为公司的雇员获取工资性收入之外，还可以作为公司的股东获得资本收益，所以，员工持股计划能够显著地提高员工的收入水平，从而形成了对员工更好地开展工作的有效激励；不仅如此，无论是在我国公司治理机制制度背景下，还是在国外公司治理机制制度背景下，通过员工持股计划的参与，相关员工成为事实上的企业股东或所有者，如此一来，就可以通过公司治理机制设计参与到企业的公司治理之中。显而易见，员工持股计划的治理效应对于推进我国混合所有制企业改革，从而实现国有企业股权多元化的格局具有重要的意义和价值。另外，除本章梳理的有关员工持股计划的理论之外，国内外还分别应用其他经济理论来理解员工持股这一制度安排，如马克思"合作工厂"理论、关于员工持股计划理论基础的第三条道路理论以及关于员工持股计划理论基础的人力资本理论等，不过，从社会各界的认可程度的角度来看，在本书中，笔者所梳理的四项西方员工持股计划研究相关理论和三项我国员工持股计划研究相关理论则得到了广泛的使用或认可。有些学者还运用委托—代理理论来解释员工持股问题，本书认为这是有失妥当的，因为委托—代理理论一般用于研究高管激励问题，是针对少数权利重、影响大的高级管理者的激励约束问题研究，而员工持股问题一般更多地指向包括高管在内的更多中层管理者以及普通员工，因此，本章没有阐述委托—代理理论的相关观点。

第三章 文献综述

　　国际学术界和政策研究者关于员工持股的理论研究和认识正在逐步完善。对于员工持股计划本身的研究认识，也经历了一个从案例研究出现"选择偏差"导致对员工持股十分乐观到更加审慎的过程。当前，关于员工持股计划的定性研究、关于员工持股计划的市场反应、关于员工持股计划与企业财务绩效的关系以及员工持股与企业非财务绩效的关系已经成为员工持股研究的重要领域。为了全面地探讨员工持股，并为新时期中国上市公司员工持股计划的研究打下基础，在本部分，笔者将从四个层面对员工持股计划领域的演进进行梳理，分别为关于员工持股计划的定性研究文献的梳理、关于员工持股计划的市场反应研究文献的梳理、关于员工持股与企业财务绩效关系研究文献的梳理以及员工持股与企业非财务绩效关系研究文献的梳理。

第一节 员工持股的定性研究

　　在西方国家，美国是开展员工持股计划实践最早的国家，也是推进员工持股计划研究成果最为丰富的国家。在早期，西方国家关于员工持股的文献研究大多聚焦于员工持股计划的合意性展开。第一，由于税收和监管激励，企业可能会采取这样的计划：例如，在20世纪80年代，员工持股计划享受了大量的税收激励，而退休的所有者如果将自己的股票出售给员工，仍然可以避免资本利得税。第二，80

年代为了应对敌意收购威胁①，采用了一些员工所有权计划。接管威胁和税收优惠显然是 80 年代 ESOPs 应用的一个重要因素。如 Beatty 通过评估股票市场对 ESOP 公告的反应，证实了员工持股计划对税收、员工福利、资本结构和公司控制的效果。② 这是第一次实证检验了计算公司特定的税收储蓄与公司价值之间的关系，并且在此之前提供了有助于解决关于 ESOP 税收储蓄的理论争论的证据。研究结果显示，投资者预计 ESOPs 将通过税收节省来增加现金流，并减少公司在宣布 ESOPs 时接管公司的可能性。第三，公司可以通过增加员工对公司的认同来实现员工所有权或利润分享。在工会化的工人中，利润分享计划并不常见，至少部分反映出公司在工会运动后放弃了这样的计划③。如 Rosen、Klein、Young 对 50 多个案例进行研究，对员工持股计划成功或失败的原因进行总结④。他们发现，员工实际收到的股票数量是决定员工持股成功与否的最重要因素。其他因素，比如员工参与决策和企业文化，也会对公司的整体业绩产生至关重要的影响。另外，作者发现，实施员工持股计划的企业年增长率是没有实施企业的 3 倍多。他们还选取了 1984 年 350 家公司为样本，这些公司集中在发展迅速的高科技企业，研究发现员工持股比例与增长率存在较强的正相关关系。

相比较来说，大部分中国学者有关员工持股计划的说理性文献基本上是沿着西方的逻辑展开的，在特定的历史阶段研究的侧重点有一定的差别，具体来看：

庄莉、陆雄文对美国员工持股计划进行介绍和分析，归纳出一些

① Bedarkar M., Pandita D., "A Study on the Drivers of Employee Engagement Impacting Employee Performance", *Procedia-Social and Behavioral Sciences*, Vol. 133, No. 15, 2014.

② Beatty A., "The Cash Flow and Informational Effects of Employee Stock Ownership Plans", *Journal of Financial Economics*, Vol. 38, No. 2, 1995.

③ Kruse S., "Denmark: Company Draining", *Journal of Financial Crime*, Vol. 3, No. 1, 1995.

④ Rosen C. M., Klein K. J., Young K. M., *Employee Ownership in America: The Equity Solutio*, Lexington Massachusetts: Lexington Books/DC Heath and Com, 1986, pp. 58 – 63.

经验性的结论：第一，规模小的企业适合推行员工持股计划；第二，高新技术企业推行员工持股计划更有效；第三，单纯的利益所有权不足以激发员工的积极性，还应给予员工行使一部分控制权的权利。作者进一步认为，在当时我国的情况下，员工持股计划的实施条件尚不成熟，主要是因为我国股票市场发育不成熟，中国企业的员工属于"风险厌恶型"员工，而且总体上员工的素质不高。①

王建成（2002）通过对统计数据的分析发现，已实施股权激励的上市公司每股收益和净资产收益率是全部上市公司相应指标的164%与265%。作者认为减持国有股，并实现管理层/员工持股是国有企业改革现阶段应该采取的方案，具有很强的可操作性，而且可以改进国有企业产权制度基本缺陷，完善国有企业公司治理。但是，作者也强调了员工持股作为一项制度并非完美无缺，员工持股计划可能带来信息不对称、内部人控制、降低决策效率等潜在问题。②

吴冬华、程德俊在分析员工持股问题时提出了两个疑问，员工持股是否可以增进经营绩效，以及是否能有效促进现代公司治理结构建立。在回顾已有学术成果后，他发现对这两个问题的探讨并没有达成一致。他认为，企业实行员工持股计划以后不会降低企业的代理成本。在我国，从流动性的角度来看，无论是各级政府政策层面，还是企业实践层面，均没有相关限制；在此背景之下，就不能充分地发挥员工持股计划将员工利益与企业利益捆绑在一起增进企业长期经营业绩的效果；如此一来，我国所推行的员工持股计划在实践之中往往呈现出短期性、投机性的特征。③

蔡锐认为职工持股计划使普通员工"搭便车"的概率大大增加。

---

① 庄莉、陆雄文：《员工持股和管理层持股：从美国到中国》，《经济理论与经济管理》2000 年第 3 期。

② 王建成：《论上市公司国有股减持与员工持股计划的建立》，《求索》2002 年第 3 期。

③ 吴冬华、程德俊：《员工持股计划的本质及其在实践中的错位》，《现代管理科学》2002 年第 3 期。

与分散的股权结构相比，股权集中更有利于完善治理结构，提升企业绩效。[①]

以中国和美国为案例，赵自强、田甜、尹佳瑜着力考察了不同国家员工持股计划的实施情况。通过开展对比分析，作者发现多种因素可能对员工持股计划的制度实施和实施情况造成影响。这些因素既包括实施员工持股计划的企业所处的经济环境，也包括实施员工持股计划的企业所在国家的发展水平；既包括实施员工持股计划的企业规模，也包括实施员工持股计划的企业性质；既包括实施员工持股计划的企业所属行业状况，也包括企业自身对于员工持股计划内涵、外延和实践的理解。在借鉴美国 ESOPs 发展的经验基础上，作者认为我国应该在员工持股的相关制度改革、允许试点先行探索，以及员工持股的税收政策方面借鉴美国经验。[②]

崔之元从米德的"自由社会主义"出发，论证"允许混合所有制经济实行企业员工持股"的合理性。米德提出的劳资合伙制，即劳方提供劳动股，资方提供资本股，实质上也是资本所有者和劳动者利益共同体。这意味着，将普通人民群众作为改革的主体，并充分发挥他们的主体地位；对那些国有资本已经不再占据控股地位的混合所有制企业而言，允许劳动者在当前的制度背景之下，可以通过公司治理机制，推进员工持股计划的参与者参与到公司治理之中，并根据股权占比情况承担相应的企业经营风险。[③]

黄群慧、余菁、王欣、邵婧婷在梳理国内外员工持股的相关理论后，首次提出了员工持股"激励与治理双效应"的理论观点，并认为这为混合所有制背景下我国企业推进员工持股提供了更好的理论解释。其中，激励效应强调了劳动要素的价值，将员工持股作为一种改

① 蔡锐：《员工持股计划失效理论思考与建议》，《管理观察》2004 年第 11 期。
② 赵自强、田甜、尹佳瑜：《员工持股计划在美国的发展及对我国的启示》，《财务与会计（理财版）》2013 年第 10 期。
③ 崔之元：《员工持股与米德的"自由社会主义"》，《国企》2014 年第 1 期。

善员工福利的激励性制度安排；治理效应体现在员工持股是员工参与企业治理的一种制度安排，有利于重构企业内部与外部各利益相关者之间的关系。进一步地，作者在对国内外员工持股发展经验与教训的总结基础上，认为新时期我国的员工持股应该根据国有企业功能定位、人力资本性质和企业规模等因素分类指导，同时应该坚持激励相容、增量分享、长期导向的原则。[①]

周放生指出，十八届三中全会以来的员工持股有三个明显的不同：第一，不再是人人持股、平均持股，而是管理骨干、核心技术人员持股，符合二八原则；第二，放开混合所有制企业员工持股顶层设计的提出，为优化国有企业股权结构，推进混合所有制改革具有重要的意义和价值，有利于形成包括国有股权、民营股权、员工股权在内的三元股权结构；第三，价值论观点从劳动价值论，过渡到资本价值论，再到当前的资本与劳动共创价值论。员工持股可以从分红权做起。他在调研中发现，许多民营企业将超过前三年平均利润之上增加利润的 60%—70% 分享给员工，激励作用十分明显。他认为，民营企业都能采用这类利润分享方式，国有企业应该也可以借鉴采用。[②]

厉以宁在调查过程中发现，当前对企业员工持股的认识存在很明显的四个误解，包括把员工持股只视作一种短期福利、一种单纯的员工福利措施、"旱涝保收"、设置员工持股会增大员工的发言权与影响力。他认为实施员工持股的基本形式有四种，分别为：通过产权激励制度的方式实现员工持股，实施具有普惠性质的员工持股，通过发行新股的形式（规定一定比例的员工股权）推进实现员工持股以及在国有企业或国有控股企业中下设群众集资建立子公司。他进一步强调，员工持股应该更加规范化，而且是发展混合所有制的最有效途径

---

① 黄群慧、余菁、王欣、邵婧婷：《新时期中国员工持股制度研究》，《中国工业经济》2014 年第 7 期。

② 王平：《周放生：民企员工能持股，国企为何不能?》，《国企》2014 年第 5 期。

之一，并提出了混合所有制员工持股试点的实施步骤。①

王砾、代昀昊、孔东民认为，近年来，聚焦于员工持股计划的激励营销开展员工持股计划研究，是学术界推进员工持股计划研究的侧重点。他们进一步进行归纳与总结，认为员工持股计划对员工的激励作用主要表现在三个方面：第一，公司治理。员工持股计划的实施可以使员工更加认真地执行公司的战略政策，而且员工掌握股权可以拥有在实际上影响公司决策的能力。第二，吸引和保留住员工。在当今瞬息万变的国际和国内社会中，吸引和留住人才，特别是高科技人才才是获得可持续竞争优势的关键。员工持股计划带来员工满意度的提升，对企业激励人才产生积极影响。第三，投资与创新。员工持股计划带来更多的现金流，可以进一步满足企业的投资需求。②

第二节　员工持股计划的市场效应

从总体上看，无论是国内学术界，还是国外学术界，对于员工持股计划的市场效应而言，均持有乐观的观点。尽管员工持股计划造成了在公司股权占比中原股东股权占比的降低，从而造成稀释效应（Ikäheimo et al.）③，但是鉴于员工持股计划可以带来积极信号，因此多数研究得出员工持股带来积极市场效应的结论。具体来看：

一　稀释效应解释
如果稀释效应超过激励效应和降低成本，员工股票激励将降低股

---

①　厉以宁：《中国道路与混合所有制经济》，《中国市场》2014 年第 6 期。

②　王砾、代昀昊、孔东民：《激励相容：上市公司员工持股计划的公告效应》，《经济学动态》2017 年第 2 期。

③　Ikäheimo S.，Kjellman A.，Holmberg J.，Jussila，S.，"Employee Stock Option Plans and Stock Market Reaction：Evidence From Finland"，*European Journal of Finance*，Vol. 10，No. 2，2004，pp. 105 – 122.

东回报。因此，广泛的员工股权激励可能不会带来积极的股东回报[①]。由于员工持股的潜在稀释效应，利润可能被夸大了。即使公司公开披露员工股权激励的细节，股东或投资者可能会专注于报告的收益，忽略财务报表没有明确承认的成本信息。投资者可以考虑使用非昂贵的员工持股计划来放松公司的财务约束，使公司能够为其他增长机会保留财务资源（Babenko、Lemmon、Tserlukevich[②]）。因此，投资者可能会高估股票价格（Guay、Kothari、Sloan[③]，2003）。

除此之外，Chang、Mayers 以 1976—1989 年实施员工持股的 276 家公司为样本考察了员工持股计划的公告效应，研究结果显示，在 [-1, 0] 事件窗口内超额收益率为 0.7%。作者发现，当管理者最初控制较少的投票权时，随着股票份额的增加，ESOPs 支持了管理层投票服务于股东利益的观点。相反，当管理者最初控制较多投票时，公司价值的下降反映了激励的分歧，增加了管理者和外部股东之间的代理问题。[④]

Davidson、Worrell 以 48 家发布员工持股计划公告的上市公司为样本，着力考察了短期股价和长期业绩的变化情况，通过考察发现：从短期来看，以股价作为衡量指标，员工持股计划公告的公布确实带来了积极影响；但是从长期来看，员工持股计划公告的公布并没有对企业业绩带来显著提高。[⑤]

---

① Core J. E., Guay W. R., "Stock Option Plans for Non-executive Employees", *Journal of Financial Economics*, Vol. 61, No. 2, 2001, pp. 253 – 287.

② Babenko I., Lemmon M., Tserlukevich Y., "Employee Stock Options and Investment", *Journal of Finance*, Vol. 66, No. 3, 2011, pp. 981 – 1009.

③ Guay W., Kothari S. P., Sloan R., "Accounting for Employee Stock Options", *American Economic Review*, Vol. 93, No. 2, 2003, pp. 405 – 409.

④ Chang S., Mayers D., "Managerial Vote Ownership and Shareholder Wealth: Evidence From Employee Stock Ownership Plans", *Journal of Financial Economics*, Vol. 32, No. 1, 1992, pp. 103 – 131.

⑤ Davidson W. N., Worrell D. L., "A Comparison and Test of the Use of Accounting and Stock Market Data in Relating Corporate Social Responsibility and Financial Performance", *Akron Business and Economic Review*, Vol. 21, No. 3, 1994, pp. 7 – 19.

Ducy、Iqbal、Akhigbe 发现，前期的实证研究证明实施员工持股计划的上市公司财务报酬为正，然而，财务回报可能是企业业绩的误导性指标。[①] 因此，作者采用现金流业绩来衡量企业业绩。结果显示，样本企业的业绩并未出现增长。实际上，他们发现实施员工持股计划后企业业绩比实施员工持股计划前反而下降了。即使对于没有接管防御动机、员工持股水平较高的样本企业来说，这个结论仍然成立。他们的研究对上市公司实施员工持股计划的合理性提出质疑。

Cresson 分析了首次实施 ESOPs 企业的股东财富效应，动机的改变、纳税义务和被收购的可能性可以解释这些财富效应。[②] 研究样本是从道琼斯新闻检索服务数据库中收集的。由于每个公告的日期和时间都是已知的，所以分析了一天的事件窗口。同时，宣布扩大现有 ESOPs 或建立额外 ESOPs 的公司不在我的样本中，只分析首次 ESOPs 公告。作者发现股东在事件当天获得了正向显著的异常回报。然而，在事件发生后的几天内，却得到了负向显著的异常回报，大多数的负回报都是由其他重要的公告来解释的。他发现异常回报和员工持股计划所有权之间存在着正向显著的关系。此外，在 ESOPs 公告前一年内有收购压力的公司获得了负异常回报。

Kim、Ouimet 提出，企业实行员工持股计划通常通过提高员工的积极性进而提高企业生产率。[③] 确实是这样的吗？员工数量适中的企业，授予员工持有不到 5% 的公司股本，使员工和股东双双受益。但是员工数量太多会因为搭便车问题而使上述作用变弱。虽然一些大型的员工持股计划也会提高生产率和员工薪酬，但是由于实施的出发点（如用员工持股替代发放工资而保存现金，或者形成工人管理联盟作

---

① Ducy M., Iqbal Z., Akhigbe A., "Employee Stock Ownership Plans and Cash Flow Performance of Publicly Traded Firms", *American Business Review*, Vol. 15, No. 2, 1997, pp. 31 –36.

② Cresson J. E., "Stock Market Reactions to First-time Employee Stock Ownership Plan Adoptions", *Academy of Accounting and Financial Studies Journal*, Vol. 11, No. 2, 2007, pp. 1 –3.

③ Kim, E., Ouimet, P., "Broad-based Employee Stock Ownership Motives and Outcomes", *Journal of Finance*, Vol. 69, No. 3, 2014, pp. 1273 –1319.

为反收购措施）往往不是出于激励的目的而使平均影响较小。

二 盈利信号解释

员工股权激励也可能成为投资者的盈利信号。员工从公司的股票激励计划中获得的金额越高，公众就越相信这家公司创造利润的能力，并激励和留住有价值的人才[1]。因此，股权激励计划为未来的增长和盈利创造了信号效应。Brickley、Bhagat、Lease 也指出，如果员工的股票激励计划受到强烈的激励，市场可能会积极响应。[2] 他们的实证结果表明，员工股票购买计划对股东财富产生积极影响的原因除了减税之外，他们认为，这种情况下会产生激励或信号效应。这种效应在高科技公司中更为显著，因为投资者确信股票激励薪酬计划可以增加公司无形资产的价值[3]。

Chang 采用事件研究的方法，对员工持股计划宣告的市场效应进行了实证研究，并分析了实施不同类型员工持股计划的企业员工持股计划宣告的市场效应的差异。[4] 通过对 165 家实施员工持股计划（发生在 1976 年到 1987 年 12 年之间）的上市公司的员工持股计划宣告的市场效应进行研究发现：如果将事件窗口设定为［-2，+2］，那么员工持股计划宣告将带来 3.66% 的总体超额收益率；如果将事件窗口设定为［-20，+20］，那么员工持股计划宣告将带来 7.645% 的累进超额收益率。显而易见，研究结果表明：上市公司员工持股计划宣告产生了显著的市场效应。

---

① Conte M. A., Blasi J., Kruse D., "Financial Returns of Public ESOP Companies: Investor Effects vs. Manager Effects", *Financial Analysts Journal*, Vol. 52, No. 4, 1996, pp. 51 - 61.

② Brickley J. A., Bhagat S., Lease R. C., "The Impact of Long-range Managerial Compensation Plans on Shareholder Wealth", *Journal of Accounting & Economics*, Vol. 7, No. 1, 1985, pp. 115 - 129.

③ Sesil J. C., Kroumova M. K., Blasi J. R., et al., "Broad-based Employee Stock Options in US 'New Economy' Firms", *British Journal of Industrial Relations*, Vol. 40, No. 2, 2002, pp. 273 - 294.

④ Chang S., "Employee Stock Ownership Plans and Shareholder Wealth: An Empirical Investigation", *Financial Management*, Vol. 19, No. 1, 1990, pp. 48 - 58.

Beatty 通过评估股票市场对 ESOPs 公告的反应，来评估 ESOP 的税收、员工福利、资本结构和公司控制效果。[①] 具体来看，作者以122 家上市公司（1976 年到 1989 年 14 年间实施员工持股计划的上市公司）为样本，着力考察了员工持股计划宣告对累计超额收益率的影响，研究结果发现：在事件窗口为［－2，＋2］的情况之下，实施员工持股计划的上市公司累计超额收益率达到 1% 的水平。本项研究还对特定税收节约同企业价值之间的关系进行了实证检验，这是该领域研究的第一份成果，该研究所得出的结论为解决员工持股计划的税收节约理论争议提供了实证依据。最终得到的结论为：投资者预计ESOPs 将通过税收节约来增加现金流，并减少在宣布 ESOPs 时收购公司的可能性。

我国学者章卫东、罗国民、陶媛媛采用事件研究法，以 2014 年 6月—2015 年 6 月宣告员工持股计划的我国 A 股上市公司为样本，共计 113家样本企业，检验了不同股票来源、不同资金来源的员工持股计划对股东财富效应的影响。实证结果显示，第一，上市公司宣告实施员工持股能够提高股东的短期财富效应；第二，员工持股计划的股票来源为定向增发方式的宣告效应好于其他股票来源方式；第三，员工持股计划的资金来源为员工自有资金的宣告效应要好于其他资金来源方式。[②]

呼建光、毛志宏以 2014 年 7 月到 2016 年 3 月沪深 A 股上市公司为研究样本，通过事件研究法检验了新时期员工持股计划的公告效应，并检验不同持股比例、非管理层持股和不同股票来源对员工持股计划公告效应的影响。实证结果显示，员工持股计划具有正向市场反应，且市场并未对员工持股比例、非管理层持股比例较高的企业给予

---

① Beatty A. , " The Cash Flow and Informational Effects of Employee Stock Ownership Plans", *Journal of Financial Economics*, Vol. 38, No. 2, 1995, pp. 211 - 240.

② 章卫东、罗国民、陶媛媛：《上市公司员工持股计划的股东财富效应研究——来自我国证券市场的经验数据》，《北京工商大学学报》（社会科学版）2016 年第 2 期。

更高的反应。[①]

为了对员工持股计划的财富效应（股东）进行检验，蒋运冰、苏亮瑜以我国上市公司公告的员工持股计划（草案）为样本（2014年7月到2016年4月），对该问题进行了深入的探讨，结果发现：从短期来看，企业实施员工持股计划能够创造积极的财富效应。除此之外，以同样的样本选择为依据，作者还对员工持股计划不同合约要素的敏感性进行了实证研究，得出结论认为：员工持股计划不同合约要素的敏感性并不显著，对于创新性合约要素而言，员工持股计划的财富效应（股东）具有显著敏感性。[②]

张望军、孙即、万丽梅采用典型的事件研究方法，以376家上市公司作为样本（已经实施员工持股计划），对员工持股计划公告的市场效应进行了考察（以股价为衡量指标）。研究结果表明：第一，公告日累计异常收益率在 [-2，+2]、[-3，+3]、[-10，+10] 事件区间均显著为正；第二，按股票来源分组，非公开发行认购比二级市场购买股价助推作用更强；第三，以高管持股比例的中位数为划分标准，高管持股比例高的样本异常收益明显更大；第四，按公司性质分组，国有企业实施员工持股带来的股价效应明显强于民营企业。他们的研究证实，员工持股计划总体上受到市场正面评价，但在实践中也存在高杠杆风险、企业行为短视化等问题。[③]

李明、黄霞以2006—2012年期间我国实施员工持股的上市企业为样本，运用配对样本T检验和横截面回归分析，分析了股权激励的效应以及外部变量对该效应的影响。研究表明：实施股权激励举措之后，企业自身的绩效呈现出显著性的增长特点，反映出对于企业自身

---

① 呼建光、毛志宏：《新时期员工持股计划：止步还是前进》，《南方经济》2016年第7期。

② 蒋运冰、苏亮瑜：《员工持股计划的股东财富效应研究——基于我国上市公司员工持股计划的合约要素视角》，《证券市场导报》2016年第11期。

③ 张望军、孙即、万丽梅：《上市公司员工持股计划的效果和问题研究》，《金融监管研究》2016年第3期。

的绩效而言，针对员工所实施的股权激励政策带来了正向的效应；不过，需要指出的是，股权激励所带来的这种正向效应在不同所有制和不同规模企业之间表现出一定的差异性；其中，从所有制的角度来看，在民营企业中实施股权激励所带来的正向效应更加显著；从不同规模企业角度来看，在小规模企业中实施股权激励所带来的正向效应则更加显著。股权集中度对于员工持股股权激励正效应有减损影响，而宏观经济对于股权激励正效应有促进影响。[①]

孙即、张望军、周易选择 2014 年 7 月 1 日至 2015 年 10 月 31 日实施员工持股计划的 A 股上市公司作为研究样本，对员工持股计划的市场效应展开研究。他们在 2016 年研究的基础上，将二级市场购买的样本进一步分为两个部分，分别为高杠杆样本和低杠杆样本，得出结论认为：较低杠杆型员工持股计划的股票价格而言，在短期 [−2，+2] 事件窗口下，高杠杆型的提升作用更为明显；较高杠杆型员工持股计划的股票价格而言，在较长期 [−10，+10] 事件窗口下，低杠杆的提升效果更为明显。显而易见，从市场的角度来看，并没有给予使用高杠杆的方案相对更高的评价（尤其是在长期视角）。[②]

第三节　员工持股计划与企业财务业绩

在有关员工持股的实证研究中，许多学者，特别是国外学者，对员工持股与企业财务业绩之间的关系进行过实证研究。在我国，在对员工持股计划研究进展的梳理中，宁向东、黄垚提出关于员工持股计划的较早看法，认为对于提升企业业绩而言，员工持股计划发挥了重要的作用。[③] 不过，随着经济学家对员工持股问题研究的加深，员工

---

① 李明、黄霞：《员工持股激励效应的实证研究》，《财会通讯》2017 年第 6 期。

② 孙即、张望军、周易：《员工持股计划的实施动机及其效果研究》，《当代财经》2017 年第 9 期。

③ 宁向东、黄垚：《员工持股的理论进展与国际经验》，《经济问题》2004 年第 9 期。

持股计划不再是一个简单的好或坏的问题，相关研究不断向更加深入的层面推进，其中，员工持股计划同企业业绩之间的关系是重要的研究领域。通过对员工持股计划的企业业绩效应相关文献进行梳理可以看到，当前主要存在两种不同的观点：第一，员工持股可以带来企业业绩的提高；第二，员工持股不会对企业业绩产生显著的影响，甚至会带来负向影响。

一　正相关关系

Rosen、Quarrey 以销售额增长率和就业增长率为业绩指标，以1982 年到 1986 年实施员工持股计划的相关非上市公司为样本，着力分析了员工持股计划对于企业业绩的影响。通过对员工持股计划实施前后的企业业绩进行比较发现，员工持股计划的推行不仅带来了企业销售额的增加，而且推进了就业的快速发展；如果实行员工持股计划的企业有相应员工参与的政策，那么企业业绩更突出。[1]

Kumbhakar、Dunbar 探讨了通过员工持股计划，员工参与是否与生产力呈正相关关系。研究样本包括 1982—1987 年实施员工持股计划的企业，使用面板数据估计生产函数模型。生产率随着员工持股计划的实施时间以每年 1.8% 到 2.7% 的速度增长，而员工持股计划则以每年 3.9%—4.6% 的速度增长。[2]

Jones、Kato 以 8 个年份实施员工持股计划的 109 家日本企业为样本，利用 109 家日本企业的面板数据，建立经济计量模型，对员工持股计划的生产率效应进行了考察。研究结果发现，实施员工持股计划的企业将显著提升自身的生产率，一般而言，企业实施员工持股计划之后，能够带来 4%—5% 的生产率提高幅度；不过，需要指出的是，

---

[1]　Rosen C., Quarrey M., "How Well is Employee Ownership Working?", *Harvard Business Review*, Vol. 65, No. 5, 1987, pp. 126 – 132.

[2]　Kumbhakar S. C., Dunbar A. E., "The Elusive ESOP—productivity Link: Evidence From US firm-level Data", *Journal of Public Economics*, Vol. 52, No. 2, 1993, pp. 273 – 283.

尽管实施员工持股计划能够带来企业生产率的提高，但是生产率的提高并非"立竿见影"，只有经过3—4年之后，才能实现生产率提高的目标。显而易见，生产效率的提高还受到报酬体系的影响，不同的报酬体系带来了不同的生产率增长幅度。与此同时，在开展实证研究过程中，作者还发现，员工持股计划提高了奖金的生产率效应，可能是因为它通过延长承诺和共同监督创造了一种有利于利润分享的氛围。[①]

Park、Song 以托宾 Q 和资产收益率（ROA）作为企业绩效的衡量指标，对员工持股计划的企业业绩效应进行了考察，得出结论认为：从长期来看，实施员工持股计划的企业将带来企业绩效的显著提高。不过，需要特别指出的是，企业实施员工持股计划所带来的长期绩效的提升并不是无条件的，如果实施员工持股计划的企业没有强大的外部股东，即使相关企业实施了相应的员工持股计划也可能看不到长期绩效的提高；只有那些拥有强大的外部股东的企业，当实施员工持股计划的时候，才能够带来自身长期绩效的提升。显而易见，总体而言，作者开展实证研究所得到的结果支持了关于员工持股制度能够对企业绩效的提高产生显著的积极影响的观点。[②]

Mehran 在对 1979—1980 年 153 个随机选择的制造公司的高管薪酬结构进行调查时发现，薪酬形式不是薪酬水平而是激励管理者提高公司价值的源泉。公司业绩与员工，特别是管理层持股比例呈正相关关系。此外，在公司外部董事较多的公司中，基于股权激励的薪酬结构使用更为广泛。最后，公司内部或外部大股东持有较高比例股份的公司较少使用股权补偿。[③]

---

① Jones D. C., Kato T., "The Productivity Effects of Employee Stock-ownership Plans and Bonuses: Evidence From Japanese Panel Data", *The American Economic Review*, Vol. 85, No. 3, 1995, pp. 391 – 414.

② Park S., Song M. H., "Employee Stock Ownership Plans, Firm Performance, and Monitoring by Outside Blockholders", *Financial Management*, Vol. 24, No. 4, 1995, pp. 52 – 65.

③ Mehran H., "Executive Compensation Structure, Ownership, and Firm Performance", *Journal of Financial Economics*, Vol. 38, No. 2, 1995, pp. 163 – 184.

Kruse、Blasi 以实施员工持股计划的企业（时间阶段为 1988 年到 1994 年 7 年间）为样本，采用比较分析的方法，以销售和就业为衡量指标，对实施员工持股计划的企业和没有实施员工持股计划的企业的影响效应进行了考察，得出结论认为：较没有实施员工持股计划的企业而言，实施员工持股计划的企业在销售增长率、就业增长率和单位员工销售增长率方面分别增长了 2.4%、2.3% 和 2.4%；与之相比，在单位员工销售增长率方面，没有实施员工持股计划的企业仅增长 2%。[①]

Mauldin 根据美国现行的联邦法律，认为 ESOPs 旨在为员工提供福利，同时也满足公司的某些财务目标，而这种双重目的可能并不总是一致的。[②] 他们使美国劳工部的数据，证明了基于不同原因建立 ESOPs 的公司在这些贡献上的系统性差异。具体来看，如果企业实施员工持股计划的目的仅仅围绕提升员工的福利水平展开，而没有将企业的财务目标作为开展员工持股计划的根本考量，那么，实施员工持股计划的结果是不仅带来了员工福利水平的提升，而且也提升了企业的财务绩效，从而实现了员工福利和企业财务绩效的双赢；反之，如果企业实施员工持股计划不是为了提升员工的福利水平，而是仅仅围绕增加企业的财务绩效展开，那么企业实施员工持股计划的结果却不容乐观，数据显示，基于该动因实施员工持股计划并没有达到预期的效果。显而易见，通过对实施员工持股计划的动因因素进行考察可以看到，企业实施员工持股计划的效应如何，本身就受到实施员工持股计划的动因的影响。

Pugh、Oswald、Jahera 以美国 183 家实施员工持股计划的企业为研究对象，着力考察了企业实施员工持股计划示范能够带来企业短期

---

① Kruse, D., Blasi J., "Public Opinion Polls on Employee Ownership and Profit Sharing", *Journal of Employee Ownership Law and Finance*, Vol. 11, No. 3, 1999, pp. 3 – 25.

② Mauldin E. G., "Systematic Differences in Employee Stock Ownership Plan Contributions: Some Evidence", *Journal of Accounting and Public Policy*, Vol. 18, No. 2, 1999, pp. 141 – 163.

效益或长期效益的提升。通过开展实证研究作者看到，从短期来看，尽管实施员工持股计划的企业获得了绩效的提升效果，但是，从提升程度的角度来看，并不令人满意；从长期来看，实施员工持股计划的企业较低程度的绩效提升也没有实现，实施员工持股计划可能带来的企业长期绩效的提升效应不甚明显。①

Sesil、Kroumova、Kruse、Blasi 采用比较分析和经济计量分析的方法，以 229 家实施员工持股计划（1988 年到 1994 年 7 年间）的"新经济"公司和未实施员工持股计划的企业为研究对象，着力考察了两类企业的业绩差别。其中，通过对两类企业相关绩效进行简单比较分析得出结论认为，较那些没有实施员工持股计划的企业而言，那些实施员工持股计划的企业具有更高的股东回报；通过建立经济计量模型，开展多变量分析也得到了相似的结论，较没有实施员工持股计划的企业而言，那些实施员工持股计划的企业具有更高的单位员工价值量。②

Ding、Sun 以新加坡企业为研究对象，致力考察了企业做出是否实施员工持股计划的决定因素，以及企业员工持股计划公告之于股东财富的影响效应。通过开展相关研究得到结论认为：企业的成长机会和当地的利息水平是影响企业决定是否实施员工持股计划的重要影响因素，其中前者同企业决定是否实施员工持股计划之间存在显著的正相关关系，而利息水平则同企业决定是否实施员工持股计划之间存在显著的负相关关系；企业规模对企业决定是否实施员工持股计划具有积极的影响，那些规模较大的公司更倾向于实施员工持股计划；不过，对于已经实施员工持股计划的企业而言，企业规模同公司决定是

---

① Pugh W. N., Oswald S. L., Jahera Jr J. S., "The Effect of ESOP Adoptions on Corporate Performance: Are There Really Performance Changes?", *Managerial and Decision Economics*, Vol. 21, No. 5, 2000, pp. 167 – 180.

② Sesil, J. C., Kroumova, M. A., Kruse, D. L., Blasi, J. R., "Broad-based Employee Stock Options in the US: Do They Impact Company Performance?", *Academy of Management*, Vol. 2000, No. 1, 2000, pp. 1 – 6.

否实施员工持股计划之间的关系却发生了逆转，正是那些规模较大的公司，更倾向于消极实施员工持股计划；通过对员工持股计划的公告效应进行考察发现，资本市场对于企业发布员工持股计划公告具备显著的积极反应，那些发布员工持股计划公告的企业都经历了资本市场股份价格的提升。[①] 总体而言，实证研究的结果显示，员工持股计划的实施形成了相应公司管理层和股东利益的一致性，从而对企业的绩效起到积极的促进作用。

Cin、Smith 对韩国员工持股计划进行了研究。据他们估算，平均员工持股从 2% 上升到 3%，将带来 2.6% 的产出增加。尽管韩国员工拥有较少的所有权和较弱的员工决策参与，但这些结果与经合组织成员国（OECD）的情况大体一致。他们认为，韩国员工持股计划不适合作为养老金计划的一部分，通过 IPO 来购买所有股票并不符合员工的利益，应该秉持长期持有股票的动机，在决策参与方面应该做出改进，还款方式的改变可能使员工购买股票变得更有吸引力。[②]

Cramton、Mehran、Tracy 以 382 家上市公司作为样本，对员工持股计划的安全性、长期业绩、短期业绩、成长性等进行了深入的考察。研究结果发现：在安全性方面，实施员工持股计划的企业的安全性相对较高，较未实施员工持股计划的企业而言，实施员工持股计划的企业的资产负债率高出 2.7%；在短期业绩方面，以平均资产收益率为衡量指标，与同行业企业资产收益率的平均水平相比，那些实施员工持股计划的上市公司的平均资产收益率相对较高；在长期业绩方面，在 382 家实施员工持股计划的企业中，经过三年的发展，依然有

---

① Ding D. K., Sun Q., "Causes and Effects of Employee Stock Option Plans: Evidence From Singapore", *Pacific-Basin Finance Journal*, Vol. 9, No. 5, 2001, pp. 563 – 599.

② Cin B., Smith S. C., "Employee Stock Ownership and Participation in South Korea: Incidence, Productivity Effects, and Prospects", *Review of Development Economics*, Vol. 6, No. 2, 2002, pp. 263 – 283.

303 家继续存活。[①]

Kramer 采用问卷调查的方法，以 328 家上市公司为样本，以人均销售收入为衡量指标，着力考察了员工持股计划对于企业发展的影响。通过开展比较分析得出结论认为：实施员工持股计划的企业具有更高的发展性/发展能力，较没有实施员工持股计划的企业而言，那些实施员工持股计划的企业见证了人均销售收入增加 9 个百分点的"奇迹"。另外，作者的研究还发现企业规模大小可能会对员工持股计划所带来的人均销售收入的提高起到调节作用，较那些规模较大的实施员工持股计划的企业而言，那些规模较小的实施员工持股计划的企业的人均销售额度增长更快。[②]

Pendleton、Robinson 使用英国工作场所雇佣关系调查来评估员工持股计划以及决策参与是否会对生产率产生积极影响，或者员工持股计划是否会单独影响员工的生产力。通过评估员工参与 ESOPs 的程度以及他们决策的质量，作者提供了一幅更清晰的关于其与生产率的关系图。结果表明，一方面，员工持股计划似乎需要其他形式的员工参与会更有效，特别是当少数群体参与时。另一方面，大多数参与计划对生产率有独立的影响。[③] 总的来说，作者的研究挑战了对股票所有权和员工参与实践互补性的普遍看法。

Mygind 以东欧实施员工持股计划的企业为研究对象，围绕员工持股计划的企业效益效应问题进行了研究。得出结论认为：尽管从理论上讲员工持股计划能够带来企业效益的提升，但是以东欧企业为研究

① Cramton, P., Mehran, H., Tracy, J. S., "ESOP Fables: The Impact of Employee Stock Ownership Plans on Labor Disputes", Working paper, 2008, pp. 37 – 39.

② Kramer B., "Employee Ownership and Participation Effects on Outcomes in Firms Majority Employee-owned Through Employee Stock Ownership Plans in the US", *Economic and Industrial Democracy*, Vol. 31, No. 4, 2010, pp. 449 – 476.

③ Pendleton A., Robinson A., "Employee Stock Ownership, Involvement, and Productivity: An Interaction-based Approach", *ILR Review*, Vol. 64, No. 1, 2010, pp. 3 – 29.

对象的研究结果却不支持这样的观点。① 不过，需要指出的是，该项研究指出了企业实施员工持股计划的目的和当时的员工的工资水平却会对企业实施员工持股计划的效果产生影响，无论是对于那些工资水平不断下降的国家的企业实施员工持股计划而言，还是对于那些采用家长式管理方式的国家的企业实施员工持股计划而言，均对员工持股计划的企业业绩效应造成负面影响，可能对员工持股计划效果的发挥起到抑制作用。

Bergstein、Williams 从公司融资的视角考察了企业实施员工持股可能带来的效果。在作者看来，通过实施员工持股计划，企业股东/所有者既可以获得更多的借款融资，也可以通过提升员工的持股比例，服务于企业自身的成长，不仅如此，通过员工持股计划的推进，公司的股权结构必然发生优化，这对于完善公司治理水平具有重要的意义化价值。②

Blasi、Freeman、Kruse 以美国最受雇员欢迎的 100 家企业（2005年到 2007 年三年间）为研究对象，着力分析了企业实施员工持股计划的影响效应。通过对相关数据进行分析作者发现，实施员工持股计划的企业既有利于员工通过公司治理机制参与到公司的决策进程之中，也有利于在企业中实现信息的共享；既有利于增加公司内部参与监督的人员数量，也有利于在公司内部形成更加积极主动的企业文化；既有利于降低公司员工主动提出辞职的离职率，也有利于提高整个公司的资本回报率水平。③

Kim、Patel 试图解释实证研究中员工持股对企业业绩的正向、较小影响的原因。作者利用 2006—2014 年 1797 家欧洲企业的数据，从

---

① Mygind, N., "Trends in Employee Ownership in Eastern Europe", *The International Journal of Human Resource Management*, Vol. 23, No. 8, 2012, pp. 1611 – 1642.

② Bergstein, W. M., Williams, W., "The Benefits of Employee Stock Ownership Plans", *The CPA Journal*, Vol. 83, No. 4, 2013, pp. 54 – 57.

③ Blasi, J., Freeman, R., Kruse, D., "Do Broad-based Employee Ownership, Profit Sharing and Stock Options Help the Best Firms Do Even Better?", *British Journal of Industrial Relations*, Vol. 54, No. 1, 2016, pp. 55 – 82.

国家、年度、行业、企业层面展开分析，方差分解结果显示，员工持股与国家、年份、行业、企业合计解释了 ROA 差异的 2.25%、0.12%、0.51%、4.16%。他们认为，企业层面因素对员工持股有效实施更加重要。[1]

我国学者宁向东、高文瑾采用实证研究的方法对实施员工持股计划的企业的财务业绩进行了考察。得出结论认为，企业实施员工持股计划确实能够实现对自身财务业绩的积极推进作用，因为作者研究得出的证据显示，那些实施员工持股计划的企业倾向于拥有更高的财务业绩水平，实证研究得到了企业实施员工持股计划同财务业绩之间所存在的显著的正相关关系的结论。需要特别指出的是，企业上市与否在员工持股计划同财务业绩之间的关系方面扮演着调节变量的角色，尽管在没有上市之前，企业实施员工持股计划能够实现对财务业绩的推进作用或效果；但是，一旦实施员工持股计划的企业公开上市，那么无论是在财务绩效方面，还是在市场业绩方面，均表现出逊于未实施员工持股计划的企业。[2]

黄桂田、张悦以 1302 家实施员工持股计划的企业为样本，对员工持股计划之于企业绩效的影响进行了实证研究。得出结论认为：对于国有企业而言，随着员工持股制度的实施，国有企业的绩效出现显著提升；从具体数字角度来看，如果员工通过员工持股计划所持有的股权比例提高 10 个百分点，那么与同行业的平均水平相比，每股收益率和总资产收益率分别可以增加 4.3% 和 0.74%；不同层级员工持股对于企业绩效的影响存在差别，相对于普通员工通过员工持股计划持有股份对于企业绩效的影响而言，管理层员工通过员工持股计划持有股份对于企业绩效的影响更为显著，一般而言，后者所带来的企业

① Kim K. Y., Patel P. C., "Empolyee Ownership and Firm Performance: A Variance Decomposition Analysis of European Firms", *Journal of Business Research*, Vol. 70, 2017, pp. 248–254.

② 宁向东、高文瑾：《内部职工持股：目的与结果》，《管理世界》2004 年第 1 期，第 130—136 页。

绩效是前者的 4 倍到 6 倍；无论是管理层员工持股计划，还是一般员工持股计划，对于企业绩效的影响并不是稳定不变的，而是存在事实上的拐点，当持股比例尚未到达拐点之前，随着持股比例的提升，企业的业绩也随之提升，一旦持股比例超过拐点，那么随着持股比例的增加，却出现企业绩效下降趋势或特点；员工持股计划同企业财务杠杆之间存在相关性，随着员工持股比例的增加，企业的财务杠杆水平也不断降低。[①]

孔锦、徐永翃基于 58 家陕西省非上市中小企业实施员工持股的历史数据，实证检验了员工持股计划的激励作用。结果表明：对于非上市公司的中小企业而言，如果实施相应的员工持股计划，它们的绩效将实现显著的提升，因此，从这个意义上来讲，员工持股计划具有一定的激励作用，这在一定程度上也对员工持股计划的激励作用做出了检验。除此之外，作者指出了员工持股计划的这种激励作用并非一蹴而就，也存在一定的边界问题，也就是说，员工持股计划的激励作用受到企业中持股员工数量的调节，即随着企业中员工持股数量的增加，员工持股计划所产生的激励作用或效果也不断变小。不仅如此，作为这种边界条件的重要组成部分，员工持股计划的激励作用还受到持股员工参与管理程度的影响，如果持股员工积极参与企业的管理，那么实施员工持股计划的企业的绩效将得到显著的提升，反之，如果持股员工参与企业管理不甚积极，那么实施员工持股计划的企业的绩效的提升程度将不甚明显。[②]

杨华领、宋常以我国沪深 A 股非金融类上市公司为样本，着力考察了这些研究样本 2006 年到 2015 年 10 年的数据，着力考察员工股权激励范围对企业经营绩效（以资产收益率和总资产收益率为企业经

---

① 黄桂田、张悦：《国有公司员工持股绩效的实证分析——基于 1302 家公司的样本数据》，《经济科学》2009 年第 4 期，第 86—94 页。

② 孔锦、徐永翃：《员工持股计划激励作用的实证研究——基于陕西省非上市中小企业的历史数据》，《广西大学学报（哲学社会科学版）》2015 年第 3 期，第 68—74 页。

营业绩的衡量）的影响，得出结论认为：随着员工股权激励范围的扩展，员工持股计划既带来了更好的净资产收益率，也带来了更好的总资产收益率；企业所有制性质对于员工持股所带来的企业经营绩效的提升具有调节作用，如果实施员工持股的企业为国有企业或国有控股企业，那么，随着股权激励范围的扩大，较非国有企业或非国有控股企业而言，所带来的企业经营业绩的提升更为明显。①

二 负相关关系或没有显著的相关关系

Conte、Tannenbaum 研究了 30 家美国企业，员工持股与营利性之间的关系。结果发现，与同行业规模相似的企业相比，实施 ESOPs 的企业有更好的收益率。但是，由于 30 家企业的盈利能力差别很大，而且样本量比较小，所以在统计上并不显著。②

USGAO 以 10 年的纵向数据为依托，对员工持股计划和企业利润之间的关系进行了考察，得出基本的结论认为，两者之间并没有显著的关系。以员工持股计划的参与员工程度为指标，对实施员工持股计划的不同企业进行分组，通过对员工持股计划不同参与程度的企业进行分类比较，得出企业业绩随着参与程度的提高而提升的结论。比如，对于最高参与程度组别的企业业绩而言，提高了 8 个到 11 个百分点；与之相比，最低参与程度组别的企业业绩却下降了。③

Borstadt、Zwirlein 考察 85 家实施员工持股计划的美国上市公司，发现实施 ESOP 后企业营利性没有明显的提升。④

---

① 杨华领、宋常：《员工股权激励范围与公司经营绩效》，《当代财经》2016 年第 12 期，第 109—118 页。

② Conte M.，Tannenbaum A. S.，"Employee-owned Companies：Is the Diffeerence Measurable？"，*Monthly Laobor Review*，Vol. 101，No. 7，pp. 23 – 28.

③ USGAO，*Employee Stock Ownership Plans：Benefits and Costs of ESOP Tax Incentives For Broadening Stock Ownership*，Washington，D. C.，1986，pp. 19 – 20.

④ Borstadt L. F.，Zwirlein T. J.，"ESOPs in Publicly Held Companies：Evidence on Productivity and Firm Performance"，*Journal of Financial and Strategic Decisions*，Vol. 8，No. 1，1995，pp. 1 – 13.

Kruse 采用电话调查的方法，以接受电话访谈的 252 家企业为样本，对员工持股计划和企业生产效率之间的关系进行了考察，得出结论认为：尽管从理论上讲，员工持股计划能够推进企业生产效率的提升，但是，统计分析的结果显示出三成左右的实施员工持股计划的公司没有出现生产效率增长的情况；不仅如此，从企业层面来讲，由于同预期相比，实践过程的效果不甚"乐观"，所以，高达三成的企业在实施员工持股计划而后又被终止。[1]

Blasi、Conte、Kruse 以营利性、生产率以及薪酬计量为指标，以员工持股比例超过5%的公司为样本（1990 年和1991 年两年），着力比较了实施员工持股计划的企业和未实施员工持股计划的企业在公司业绩方面的差异，得出结论认为：员工持股计划对企业绩效的提升效果并不显著，尤其是对于规模较小的公司。员工持股计划的具体情况，比如是不是福利一揽子计划的一部分，以及是否涉及收购威胁等，似乎没有对公司 1990 年业绩水平或 1980—1990 年业绩增长率产生重大影响。作者提到，无法利用该数据做进一步的因果检验，但这些结果与过去的研究结果大体一致。[2]

Poulain-Rehm、Lepers 将研究的重点聚焦在员工所有权在企业价值创造中的作用，以 163 家法国公司为研究对象（2001 年到 2005 年5 年间持续实施员工持股计划），作者着力考察了企业实施员工持股计划对于股东价值创造的影响以及企业实施员工持股计划对于利益相关方价值创造的影响，得出结论认为：无论是对企业股东的价值创造，还是对企业利益相关方的价值创造，并没有因为企业实施了员工持股计划而得到显著的改变。[3]

---

① Vinding Kruse S., "Denmark: Company Draining", *Journal of Financial Crime*, Vol. 3, No. 1, 1995, pp. 107 – 108.

② Blasi J., Conte M., Kruse D., "Employee Stock Ownership and Corporate Performance Among Public Companies", *ILR Review*, Vol. 50, No. 1, 1996, pp. 60 – 79.

③ Poulain-Rehm T., Lepers X., "Does Employee Ownership Benefit Value Creation? The Case of France (2001 –2005)", *Journal of Business Ethics*, Vol. 112, No. 2, 2013, pp. 325 –340.

　　我国学者王晋斌、李振仲一方面对西方国家员工持股计划的发展历程进行了全面的回顾，另一方面也对我国推行和实施员工持股计划的发展历程进行了系统的分析。在此基础上，以 126 家实施员工持股计划的上市公司为样本，采用实证研究的方法，着力考察了员工持股计划同企业绩效之间的关系，得出结论认为：员工持股计划和企业绩效之间不仅不存在正相关关系，而且也不存在规模效应。为此，作者提出如下的基本观点：我国 20 世纪 90 年代中期推行员工持股计划主要是基于提供员工的短期福利水平的考量，也是国家所积极鼓励的提升企业员工福利水平的重要举措；在未来，我国员工持股计划的推行需要着力探索如何使员工持股计划在实现员工福利水平提高的同时，形成长期激励机制。[①]

　　与此相似的还有苏方国，通过回顾 ESOP 与企业绩效之间的文献，尤其是西方文献，发现两者之间关系的结论并不统一。他随后利用福建省 15 家上市公司 ESOPs 比例与净资产收益率进行回归，并进一步将实施 ESOPs 的企业绩效与未实施 ESOPs 的企业绩效进行对比，实证结果显示福建省 ESOPs 与企业绩效之间不是正相关的。显而易见，作者所得到的结论同上述结论一致；不过，由于仅选择福建省的上市公司作为研究样本，而从数量来讲，也是只有 15 家企业，不足 20 家，因此，从这个角度来看，作者所得到的结论的稳定性就"大打折扣"。[②]

　　丁长发对 1996 年、1997 年、1998 年 383 家非上市企业员工持股绩效进行了考察，得出结论认为：无论是从平均净资产收益率的角度，还是从平均每股收益率的角度来看，那些通过员工持股计划持有企业股权超过二成的企业均明显较高。除此之外，作者还对

---

　　①　王晋斌、李振仲：《内部职工持股计划与企业绩效——对西方和我国企业案例的考察》，《经济研究》1998 年第 5 期。
　　②　苏方国：《我省上市公司员工持股计划与企业绩效》，《福州大学学报》（哲学社会科学版）2000 年第 3 期。

1993—1997 年全部上市公司与实施职工持股的上市公司平均净资产收益率进行对比，发现除 1994 年外，其余各年实行员工持股的上市公司平均净资产收益率高于全部上市公司平均净资产收益率。[①]

张小宁以沪深两市 91 个员工持股企业为研究样本，着力考察了员工持股计划对于企业绩效的影响，通过利用员工整体的持股量或持股比例，以及员工个人的持股量或人均持股量来评价企业员工持股的程度，着力对比了实施员工持股计划的企业的绩效和未实施员工持股计划的企业的绩效之间的差别。得出结论认为：由于实施员工持股计划的企业的绩效高于未实施员工持股计划的企业的绩效，所以，员工持股计划对于企业绩效具有正向影响。在此基础上，作者还对员工持股计划对于企业绩效产生影响过程中的调节变量进行了考察，通过研究作者发现，通过员工持股计划而持有公司股权的员工的人均持股量同净资产收益率没有很强的正相关关系。[②]

邹海峰以上市公司为研究对象，对员工通过员工持股计划持股的水平同企业绩效之间的关系进行了考察，尽管在实施员工持股计划的企业上市之前推行员工持股计划，能够显著地提高企业的劳动生产率，但是，实施员工持股计划的企业却在一定程度上降低了员工的现金报酬产出率；总体来看，从员工通过员工持股计划持股的水平同企业绩效之间的关系角度来看，确实存在正相关关系。[③]

黄敏辉、唐茂怀以 126 家上市公司为研究对象，采用实证研究的方法，对员工持股计划同企业绩效之间的关系进行了考察，得出结论认为：从对企业绩效的影响的角度来看，以企业核心员工为主体的员

---

① 丁长发：《职工持股制度的理论研究与实证分析》，博士学位论文，厦门大学，2002 年。

② 张小宁：《经营者报酬、员工持股与上市公司绩效分析》，《世界经济》2002 年第 10 期。

③ 邹海峰：《中国职工持股制度研究》，中国经济出版社 2011 年版，第 10—21 页。

工持股计划的推行并没有呈现出显著的影响。[①]

第四节 员工持股计划与企业非财务业绩

总体而言，同员工持股计划和企业财务绩效之间的关系研究文献较多的状况相比，关于企业实施员工持股计划对于非财务业绩的影响研究文献数量相对偏少。在仅有的文献资料中，有些文献是从人力资源和组织行为的角度出发来分析的，有些文献是从员工持股带来的企业风险角度来分析的，有些文献是从企业文化的角度出发来分析的，还有些文献是从公司治理的角度来分析的。具体来看：

Trébucq、d'Arcimoles 以法国上市公司（2000 年）为研究对象，着力考察了上市公司实施员工持股计划对于公司业绩提升和风险承担造成的影响，得出结论认为：无论是对于提升上市公司的业绩水平，还是对于降低上市公司可能承担的相关风险，企业积极开展员工持股计划均能够产生积极的效果。[②]

郑海东、徐梅、胡杭采用调查问卷方法，以 HD 公司为研究对象，通过开展深度的调查研究工作，着力探讨了企业员工个人的特征对于员工持股计划激励效果的影响。结合所收集到的文件进行分析，作者得出结论认为：无论是在调动管理者的工作积极性方面，还是在调动一般员工的工作积极性方面，企业实施员工持股计划均"功不可没"；不过，在员工持股计划对公司管理者和普通员工激励进程中，形如教育水平、工龄等员工的个人特征也均有重要的影响，那些教育程度较高、工龄较少的员工参与员工持股计划，更能够实现员工持

---

① 黄敏辉、唐茂怀：《核心员工持股计划与企业绩效的关联性分析》，《中国市场》2013 年第 17 期。

② Trébucq S., d'Arcimoles C. H., "The Effects of ESOPs on Performance and Risk: Evidence from France", *Corporate Ownership and Control*, Vol. 1, No. 4, 2004, pp. 81 - 93.

计划的激励作用。①

Hochberg、Lindsey 研究普通员工持股是否会影响公司业绩表现。作者探讨了基础广泛的员工持股计划与公司经营绩效之间的联系，利用工具变量法来确定因果效应。一般来说，雇员较少、拥有更高增长机会的公司表现出更高的经营业绩。此外，这种效应主要集中在向更广泛的普通员工发放股权的公司，这与团队合作理论和监督理论相一致。②

Ginglinger、William、Timothée 使用在法国兴业银行 120 指数中从 1998 年到 2008 年的综合性公司样本，考察了员工董事对公司估值、支付政策以及内部董事会组织和绩效的影响。研究发现，由员工股东选出的董事，会提高公司的估值和盈利能力，但不会对公司的支付政策产生重大影响。由员工选出的董事可以显著降低派息率，但不会影响公司的价值或盈利能力。因此，在公司董事会中，员工代表至少是价值中立的，而且在董事选举的情况下可能是增值的员工股东。在进一步的研究中，通过对实施员工持股计划的企业的选举制度进行考察，得出如下的基本结论，即对于公司治理机制而言，通过员工持股计划的推进确实产生了积极的效果。③

Sesil、Lin 研究了在采用员工持股当年和之后五年的生产力效应。研究结果显示，员工持股对生产率存在积极影响，可在实施员工持股计划后的五年里，生产率保持不变，但对于广泛的员工持股计划生产率却立即减少。我们将这些发现解释为股票期权使用对组织有益的证据。然而，为了维持基础广泛的计划选择的影响，可能需要以与执行

---

① 郑海、徐梅、胡杭：《员工个人特征对 ESOP 激励效果的影响——对 HD 公司的案例研究》，《技术经济》2007 年第 12 期。

② Hochberg Y. V. , Lindsey L. , "Incentives, Targeting, and Firm Performance: An Analysis of Non-executive Stock Options", *The Review of Financial Studies*, Vol. 23, No. 11, 2010, pp. 4148 – 4186.

③ Ginglinger E. , William M. , Timothée W. , "Employee Ownership, Board Representation, and Corporate Financial Policies", *Journal of Corporate Finance*, Vol. 17, No. 4, 2011, pp. 868 – 887.

期权赠款相同的频率进行赠款。①

Aldatmaz、Ouimet、van Wesep 的研究发现，在一个广义的员工持股计划授予之后的几年里，员工流转率下降了。在采用了员工持股计划后的第三年，营业额的大幅减少似乎是临时性的。他们还发现，在被确定为具有高行业调整的市场账面比率、市场份额或行业调整的利润率的公司里，员工持股计划对市场领导者的影响更大。②

Bryson、Freeman 提出，许多大型上市公司为员工提供了折扣价购买公司股票的机会。折扣率创造了一个礼物交换，公司希望接受礼物的员工回报更大的忠诚和努力。但员工持股计划偏离了标准的礼物交换或效率工资模式。员工必须自己投资一些自己的钱，以折扣率购买股票接受礼物，相当多的人选择拒绝礼物。此外，员工持股计划礼品的价值随股价的变化而变化，因此，公司的业绩和员工的努力也不尽相同。对于购买补贴股票的员工，员工持股计划建立了一个类似于利润分享的团体激励薪酬体系。作者利用一家跨国公司在英国的数据，将参与员工的工作场所行为与不参与该计划的员工的工作行为进行比较。结果发现，那些以补贴价格购买股票的员工工作时间更长，离职率和缺勤率都低于不参与计划的员工，但与非计划成员相比，他们没有更多参与共同监督的表现。另外，参与员工更多地与同事进行社交活动，社会认同感更强。③

Kruse、Freeman、Blasi 分析了从 2005 年到 2007 年美国 100 家最优秀的公司中，一系列的议题同公司绩效之间的关系，包括基础广泛的员工所有权同公司绩效之间的关系、劳动实践同公司绩效之间的关

① Sesil J. C. , Lin Y. P. , "The Impact of Employee Stock Option Adoption and Incidence on Productivity: Evidence from U. S. Panel Data", *Industrial Relations*, Vol. 50, No. 3, 2011, pp. 514 – 534.

② Aldatmaz S. , Ouimet P. , van Wesep E. D. , "The Option to Quit: The Effect of Employee Stock Options on Turnover", *Journal of Financial Economics*, Vol. 127, No. 1, 2018, pp. 136 – 151.

③ Bryson A. , Freeman R. B. , "Employee Stock Purchase Plans: Gift or Incentive? Evidence From A Multinational Corporation", Working paper, 2014.

系、工作场所文化的员工评估同公司绩效之间的关系、员工流失率同公司绩效之间的关系。通过开展研究，得出结论：员工持股计划的实现能带来一系列的积极影响，包括企业实施员工持股能够带来更广泛的参与决策、员工持股计划能够显著增强信心共享、员工持股计划能够实现更加可信赖的监管以及员工持股计划能够形成更加积极的工作文化状态。不仅如此，本项研究还得出结论认为，实施员工持股计划的企业不仅能够显著减少员工的自愿离职率，而且更显著地增加了员工留职公司的意愿，并且能够显著地提升实施员工持股计划的股本回报率。①

Fang、Nofsinger、Quan 作为正在进行的市场自由化的一部分，中国监管机构以"股权激励计划"的指导方针，允许公司通过员工股票期权计划提供员工激励；在该制度的指导下，上市公司于 2006 年开始不断推进股权激励计划。以此为契机，作者采用比较研究的方法，对实施股权激励计划的公司的业绩和未实施股权激励计划的业绩进行了研究，得出结论认为：以资产收益率为对比指标，同那些没有实施股权激励计划的上市公司相比，实施员工激励计划的上市公司的资产收益率明显较高。显而易见，这些实施股权激励计划的上市公司是对相关公司实施员工股权激励计划公告的积极反应，从长期来看，并没有异常的回报。为此，作者提出观点认为：通过实施员工股权激励计划，上市公司实现了产权安排的优化或调整，不仅有利于建立形成员工和股东之间的利益共享机制，而且能够显著地提高参与股权激励计划的员工的工作积极性，不仅有利于削减上市公司的内部监督管理成本，而且也显著地改善了公司的治理质量或水平。②

---

① Kruse D. , Freeman R. , Blasi J. , Buchele R. , Scharf A. , Rodgers L. , Mackin C. , "Motivating Employee-owners in ESOP Firms", *Employee Participation*, *Firm Performance and Survival*, No. 6, 2004, pp. 101 - 127.

② Fang H. , Nofsinger J. R. , Quan J. , "The Effects of Employee Stock Option Plans on Operating Performance in Chinese Firms", *Journal of Banking & Finance*, Vol. 54, No. 1, 2015, pp. 141 - 159.

相对于传统的固定薪酬，员工持股计划本身对于员工的行为也会有所改善，Zabojnik 提出，从员工持股计划的适用群体来看，透过标准的委托—代理理论给出了基本的答案，即对于大公司而言，实施员工持股计划的适用群体更多的是高层管理人员，公司的非高层雇员不适宜作为实施员工持股计划的群体。不过，理论层面的分析并不能很好地解释实践中的现象，在实践中，并不是只有对高层管理人员实施员工持股制度才能较好地改善激励机制，在包括高层管理人员在内的广泛的企业员工中实施员工持股计划均能够起到改善激励机制的效果，这样的实践观点和结论已经得到了经验证据的支撑。在这篇论文的模型中，员工持股能够有效地鼓励员工将精力投资于与企业相关的专有知识。在某些情况下，仅由期权组成的薪酬设计比仅基于个人表现的薪酬设计更有效。[1]

Hales、Wang、Williamson 调查了普通员工持股激励的潜在选择收益，这种形式下的薪酬对个人努力是不敏感的。他们利用实验证明，即使是在控制个人的风险偏好之后，具有较乐观情绪的人更倾向于选择与公司未来股票价格相关的薪酬，而不是选择固定薪酬。此外，与选择固定薪酬的参与者相比，那些选择持股的员工在具有挑战性的解决问题的任务中表现得更好。总的来说，该研究为员工持股可以提高生产率提供了部分解释，因为这些员工的性格较为乐观。[2]

Wang、Fang、Qureshi、Janssen 通过整合社会网络理论和领导者—会员交换理论，探讨了三种类型的社会关系对员工创新行为的影响，包括集团之外的弱关系、LMX 以及集团内部的紧密联系。来自一家高科技公司的样本显示，LMX 充分中介了外群体弱关系和创新行为之间的正相关关系。而且，在这种间接关系的第二阶段，群体间

① Zabojnik J. , *Stock-based Compensation Plans and Employee Incentives* , Queen's Economics Department Working Paper, 2014.

② Hales J. , Wang L. W. , Williamson M. G. , "Selection Benefits of Stock-based Compensation for the Rank-and-file", *The Accounting Review* , Vol. 90, No. 4, 2014, pp. 1497 – 1516.

的紧密联系对其产生了积极的调节作用，使得 LMX 与创新行为有显著的正相关关系，只有当群体的紧密联系较高时（如设置员工持股计划）才会出现。①

O'Boyle、Patel、Gonzalez-Mulé 将企业性质以及股票来源等企业制度因素考虑进来，对从 56984 家公司中选择的 102 个样本进行了元分析。研究结果显示，员工持股比例虽小，但与公司绩效有显著正相关关系（r = 0.04）。对于不同抽样设计的研究，其效果通常都是积极的（样本评估了员工在持股后的持股比例的变化），不同的绩效运作化（效率或增长）和公司类型（公开持有或私人持有）。在不同的背景下，作者发现员工所有权的好处，且在不同的公司规模（即员工数量）中，公开持有的公司与私人持股公司的绩效、股票或股票期权的所有权计划或不同的影响之间没有差别。②

第五节　员工持股计划文献述评

如前所述，从起源的角度来看，作为发达资本主义国家第一强国，美国无疑是员工持股计划的起源国；之后，员工持股计划不仅在美国得到了广泛的传播，而且也在其他的西方资本主义国家得到广泛的推广。所以，从这个角度来讲，这些西方国家设计员工持股计划的研究成果不仅历史悠久，而且成果繁杂，不仅员工持股计划的研究范围较广，而且许多关于员工持股计划的研究成果还在员工持股计划相关法律、员工持股计划相关税收等方面进行了卓有成效的探索。在研究中也存在一些实证论文，对员工持股计划的效果进行了考察，20世纪八九十年代是西方学者研究员工持股问题的高峰期。在我国，受

---

① Wang X. H., Fang Y., Qureshi I., Janssen O., "Understanding Employee Innovative Behavior: Integrating the Social Network and Leader-member Exchange Perspectives", *Journal of Organizational Behavior*, Vol. 36, No. 3, 2015, pp. 403 – 420.

② O'Boyle E. H., Patel P. C., Gonzalez-Mulé E., "Employee ownership and firm performance: a meta-analysis", *Human Resource Management Journal*, Vol. 26, No. 4, 2016, pp. 425 – 448.

到整体的经济环境和政策环境两个层面的影响，我国学术界对于员工持股计划的研究成果相对较少。比如，在经济环境层面，尽管我国学术界在介绍国外关于员工持股计划的理论方面开展了一系列的工作，但是从具体研究的侧重点来看，更多的是关于员工持股计划的激励作用的发挥以及员工持股计划可能对于公司产权制度的影响。再如，在政策环境层面，由于缺乏推进员工持股计划的实践经验，我国员工持股计划的开展经历了多次的喊停，这就为获取关于员工持股计划实践的实证数据支撑造成了困难，在缺乏实践数据支撑的情况之下，开展员工持股计划领域的实证研究工作不可能过多。

基于以往关于员工持股计划学术文献的分析，可以看到，学术界关于员工持股计划的研究存在如下几个方面的不足或有待进一步完善之处。

第一，无论是国内学术文献，还是国外学术文献，多数学者要么是从规范分析的视角考察员工持股计划的财务影响效应，要么是从实证研究的视角考察员工持股计划的财务影响效应。不过，即便开展了大量的关于二者关系的研究，但是依然没有形成统一的结论，有些研究成果认为企业实施员工持股计划能够实现财务绩效的提升，有些研究成果则有完全相反的结论，认为企业实施员工持股计划并不能实现财务绩效的提升，另外，还有一些研究成果认为无论是促进了财务绩效的提升，还是降低了财务绩效，均是不显著的，也就是说企业实施员工持股计划对于企业的财务绩效而言并没有明显的作用或效果。不仅如此，通过对以往的学术文献研究内容进行考察还可以看到，这些学术文献大多集中在员工持股计划的实施和企业财务绩效之间相关关系的研究上，不仅对于企业员工持股计划对企业财务绩效的影响机制这一"黑箱"的探索依然停留在表面，而且对于企业员工持股计划和企业财务绩效之间因果关系的探讨也处于空白，究竟是企业实施员工持股计划推进了企业财务绩效的提升，还是企业财务绩效促进了企业实施员工持股计划依然没有明确的结论。

第二，在中国学者的研究文献中，关于员工持股计划的谈论多停留在制度层面，采用实证研究的方法，对于员工持股计划开展实证探讨的研究依然鲜见。在仅有的关于员工持股计划的实证研究中还不同程度地存在一系列的问题，它们要么是样本量过小，要么是指标选取得不当；不是变量设计得不合理，就是缺乏控制变量的引入，不仅如此，以往的研究成果也往往存在结果的不稳健问题等。毋庸置疑，国外关于员工持股计划的研究成果为国内学者更好地开展员工持股计划的研究提供了较好的借鉴意义，但是由于不同国家的制度背景不同，而员工持股计划又是一项制度性非常强的研究领域，所以关于员工持股计划的国外研究文献对于中国推进员工持股计划的研究的借鉴价值受到了一定的限制。究其原因，关于员工持股计划数据的难以获取性"难辞其咎"。在本书中，笔者使用上市公司作为研究样本，对新时期这些上市公司的员工持股计划的实施效果进行了考察，上市公司较高的信息披露水平、新时期较好的制度环境为开展实证研究创造了条件、提供了可能。

第三，当前，在关于员工持股计划影响效应的实证研究中，多数集中在员工持股计划对于企业财务业绩的影响上，对于员工持股计划的影响效果中的非财务影响关注不足。实际上，作为一项重要的产权改革制度和股权激励措施，员工持股计划的影响效应本身不仅仅是聚焦于财务影响，还包括非财务影响。为此，作为学术研究而言，就不仅仅需要聚焦于员工持股计划的财务效应，聚焦于员工持股计划的非财务影响的研究也不可获取。在本书中，聚焦于新时期我国上市公司的员工持股计划，笔者不仅对员工持股计划的财务业绩影响进行了研究，而且也对新时期我国上市公司员工持股计划的非财务业绩的影响效应进行了考察，对新时期我国上市公司员工持股计划的综合效应进行了深入的分析，实现了对员工持股计划影响效应的全方位探讨。

在发现上述不足之处之后，本书有针对性地展开研究，从员工持股计划的市场效应、员工持股计划的财务效应、员工持股计划的非财务效应三章展开，对新时期员工持股计划实施效果进行全面评价研究，以期丰富当前有关员工持股计划的学术文献，同时也希望通过本书的分析可以为以后我国实施员工持股计划提供合理依据。

第四章　员工持股计划的历史
沿革与发展现状

　　员工持股计划是理论的产物，更在实践中不断丰富和发展。本章将对典型国家（主要是美国、英国、法国、日本以及中国）的员工持股计划的历史沿革进行回顾，并对这些典型国家员工持股计划的发展现状进行分析，以期借鉴典型国家的实践经验，从而对中国员工持股的历史沿革与发展现状形成清晰的认识。

第一节　典型国家员工持股的历史沿革与发展现状

　　现代意义上的员工持股计划起源于西方国家，20 世纪中期，作为员工持股计划起源的代表，美国为企业实施员工持股计划提供了最早的土壤，作为美国员工持股计划的重要特点，置于员工退休计划的框架内，成为企业推行员工持股计划的通行做法。继美国之后，俄罗斯、英国、法国、日本等世界上其他国家也把 ESOPs 作为企业产权制度的一项重要安排进行考虑。① 为此，本部分既对美国、英国和法国等典型西方国家实施员工持股计划的历史沿革进行了考察、对这些国家员工持股计划的现状进行了分析，也对作为亚洲重要国家的日本以及其他国家的员工持股计划的历史沿革进行了考察和发展现状的

---

① 王斌：《企业职工持股制度国际比较》，经济管理出版社 2001 年版，第 94—96 页。

分析。

一　美国员工持股的历史沿革与发展现状

从某种意义上讲，美国的员工持股计划①是世界上最早、最为成功的员工持股实践。作为员工退休计划的重要组成部分，美国的员工持股计划的推行意义重大，早期的产生和发展主要是为了缓解社会上各种劳资矛盾、滞胀等一系列问题而存在的。从实践角度来看，美国企业层面推行员工持股计划的最初实践可以追溯到 18 世纪末期。但是，尽管如此，员工持股计划真正得到更好的发展和铺开则要回顾到 20 世纪中期；1956 年，美国经济学家凯尔索做出了一系列的行动，有效地推进了员工持股计划在美国的发展，拉开了现在意义上员工持股计划在美国的发展。②

不过，需要特别指出和强调的是，员工所有权的概念肯定不是由凯尔索首创的，更不是由凯尔索提出的。在凯尔索之前，有很多成功的公司都非常依赖员工持股来增加员工的积极性和生产力，其中包括西尔斯罗巴克、保洁、劳氏和其他许多公司。凯尔索最初的想法是利用美国国税局的税收优惠计划作为商业继承的工具。1956 年，凯尔索设计的第一批员工持股计划类似于半岛报纸的案例，ESOP 购买了100% 的公司股权而避免将公司卖给竞争对手。后来，ESOP 可以根据需要定期购买任何部分的股票。因为每个 ESOP 交易都必须由国税局的国家办事处审查，所以在 1956 年之后的头几年里，实施 ESOP 的企业是很少的。在 1964 年，美国国税局规定，计划提案国只需要提交计划和信托文件进行审查，这些审查将由各国税局区域办事处而不

---

①　在美国资本市场严格区分了员工持股计划（Employee Stock Ownership Plans）和员工期权计划（Employee Stock Options Plans），虽然二者的缩写均为 ESOP 或者 ESOPs，但是无论从其具体含义、实际操作流程、会计处理方法、监督管理机构都截然不同。员工持股计划作为退休计划的一部分，由劳工福利安全局相关部门（Department of Labor's Employee Benefits Security Administration）管理，后者则由美国证监会监管。

②　杨欢亮：《美国对员工持股的政策支持及其启示》，《财政研究》2004 年第 5 期。

是国家办事处进行。

在 1974 年，参议院通过了 1974 年《雇员退休保障法案》（ERI-SA），这一切都突然中止，法案中没有提到员工持股计划的豁免规定。幸运的是，这一疏忽引起了一名年轻职员的注意，他是参议院财政委员会主席、参议员卢瑟尔·隆。此后不久，参议员长期邀请凯尔索到华盛顿特区。在那次会议上，人们花了很长时间才宣布，ESOPs 将是最完美的"Geritol"（一种当时流行的维生素补剂，它承诺重振健康，恢复生命活力）。最终，员工持股计划的豁免条款被包括在最终版本的 ERISA 中。

从 1979 年开始，员工持股计划开始被用来拯救濒临破产的公司。在这些情况下，与绝大多数 ESOP 不同的是，ESOP 收购的股票是通过谈判减薪来支付的，而不是从目前或累积的利润中获得的公司贡献。实际上，这些雇员被给予股票以换取谈判达成的工资削减协议，克莱斯勒公司（Chrysler Corporation）、威尔顿钢铁（Weirton Steel）和联合航空公司（United Airlines）是当时的三个典型案例。

后来，美国经济在 20 世纪 70 年代不景气，员工持股计划的发展被用作私有化、反收购等各种领域。80 年代以来，1981 年经济复苏法案通过、美国经济逐步从制造业向服务业转型、工会成员逐渐流失，三大趋势极大地改变了美国的经济格局。员工持股计划越来越受到欢迎，据宾夕法尼亚大学 2009 年的一项研究，当时 ESOPs 拥有近9280 亿美元的资产，几乎每 12 名员工中就有 1 人参与员工持股计划。

当前，根据 2016 年美国国家雇员所有权中心（National Center for Employee Ownership，NCEO）评估，美国大约有 7000 个员工持股计划，涉及 1400 万员工。21 世纪以来，美国员工持股计划的数量在减少，但参与人数却在增加。另外，还有约 2000 个与员工持股计划相似的利润分享计划（Profit Sharing Plans）和股权激励计划（Stock Bonus Plans）。估计约 900 万员工购买股票期权，1100 万员工购买股票。因此，保守预计约 2800 万员工参与到员工持股计划当中，加总控制公司股权的 8% 。实施员工持股计划以及更广范围的员工持股计划的公司占美国《财富》每年评选的"一百家最佳工作公司"的一半以上。

表 4 – 1　　　　　　　　　　美国员工持股发展现状

类型	计划的数量（个）	参与人数总和（万）	涉及的员工股票数量（亿）	涉及的资产总额（亿美元）
标准的 ESOPs	5533	1770	1155	131
KSOPs	1184	12280	1550	12000
类似于 ESOPs 的计划	2898	1100	235	640
合计	9615	15150	2940	12771

资料来源：作者根据 2014 年美国劳工部提供的 5500 号文件私人养老金计划（PPP）研究文件整理归纳。

表 4 – 2 显示了员工持股计划的数量在减少，但是参与人数却在稳步提高。尽管与 2002 年相比，2014 年员工持股计划减少了 2157 个，但是员工持股计划的参与人数从 1023 万人提高到 1405 万人。在这一期间，员工持股计划涵盖的被雇佣工人（活跃的参与者）数量从 795 万人增加到 1056 万人。2014 年，由罗格斯大学的 Joseph Blasi、Douglas Kruse，以及哈佛大学的 Richard Freeman 发起的一般社会调查（General Social Survey，GSS）显示，大约有 32000 万美国人购买过员工持股计划，以及更广泛意义上的员工持股计划①。

_____

① 美国的员工持股计划除了标准的员工持股计划（ESOPs），还包括更为广泛的员工持股计划，如员工期权计划（Employee Stock Options Plans）、Employee Stock Purchase Plans（ESPPs）、401（k）plans、KSOPs 等。

表 4 - 2 美国员工持股计划发展趋势

年份	ESOPs 的数量（个）	参与人数总和（人）	活跃的参与者数量（人）
2002	8874	10230425	7946652
2003	7934	10049154	7570321
2004	7348	10243283	7826741
2005	7198	11998319	9448271
2006	7384	12584772	9850008
2007	7326	13218808	10173536
2008	7305	13037946	10055117
2009	6690	12996711	10014524
2010	7138	13477187	10306818
2011	6941	13462955	10288363
2012	6908	13823595	10603334
2013	6795	13927535	10578114
2014	6717	14050344	10563219

资料来源：作者根据 2014 年美国劳工部提供的 5500 号文件私人养老金计划（PPP）研究文件整理归纳。

二 英国员工持股的历史沿革与发展现状

在英国，一般而言，无论是政策层面，还是实践层面，抑或是学术层面，不仅将员工持股计划作为一种重要的商业所有权形式，而且也将员工持股计划视作一种重要的组织形式。实施员工持股计划的公司涉及范围广泛，包括零售、批发、医疗服务、社会保险、商业咨询和制造业等。虽然有些公司已经实施了员工持股计划很多年，但从 20 世纪 80 年代中期开始，员工持股计划才开始变得更加普遍。80 年代末和 90 年代初员工持股计划的发展发生了一波转变，经历了 90 年代末的低迷之后，在 2000 年左右，员工持股比例逐渐上升，2010 年前后大幅度上升。在最近的政策实施之后，目前在商业社会中对员工持股计划有相当大的兴趣。在英国，员工持股的类型存在着相当大的异质性。传统上，工人合作社是最常见的员工所有制形式，但自 80 年代末以来，新的所有权形式和结构已经形成。一方面，对于一些公司而言，采用间接的方式推进员工持股计划是立项选择和实践的重点，这些公司在实施员工持股计划过程中，着力成立员工持股信托机构，通过这一机制的设计，间接代表员工持有公司的股份；与之相对，另一些公司员工直接拥有所有权，即个体员工拥有股份，还有一些公司采用混合形式，即直接和间接持有所有权。据统计，目前英国有一半以上的公司都是员工持股的公司。

表 4-3 统计了 20 世纪 50 年代以来英国员工持股计划的发展趋势。根据 Pendleton、Robinson（2015）的调查数据，自 2010 年以来，从企业数量的角度来看，英国国内实施员工持股计划的数量急剧攀升，反映出这一时期英国员工持股计划迅速发展。当然，在解释这些数字时必须谨慎，因为它们没有考虑到早年的消耗，然而，这种上升趋势是真实的。80 年代末和 90 年代初，转换率大幅上升，但总的来说，这一数字并没有超过 60%。自 2010 年以来，英国企业开始实施员工持股计划的数量急剧上升可以归因于政府的立法和促进。

表 4-3　　　　　　　　　　英国员工持股计划发展趋势

所有权转移时间	占受调查公司比重（%）	企业数量（个）
1950s	2.5	160
1960s	1.3	160
1970s	3.7	160
1980s	5.6	160
1990s	9.4	160
2000s	18.8	160
2010 年至今	58	160

资料来源：Pendleton A., Robinson A., *Employee Ownership in Britain Today*, White Rose Employee Ownership Centre, 2015.

我们之前注意到，发达经济体从实物资本到人力资本生产的转变可能会加快员工持股计划的发展，从表 4-4 英国企业实施员工持股计划的行业分布来看，表中的数字与此设想一致。在英国，实施员工持股计划企业数量最多的行业是专业服务业，通过对实施员工持股计划的调研企业的行业属性进行分析可以看到，在作为调查对象的这些企业中，超过三成实施员工持股计划的企业所在行业为专业服务业企业。该领域的活动包括工程和设计咨询、建筑师和管理咨询。在其他类似的行业包括信息和通信、房地产、金融和保险等，可以看到，这些公司从事的工作主要是人力资本的活动。在其他重要的行业，包括制造业、教育、卫生与社会保障等行业，员工持股公司的比例显示了私有化的作用，因为这些都是过去公共部门的典型活动。最后，值得注意的是，样本企业中运输业没有实施员工持股计划的公司，但在20世纪80年代和90年代的员工所有权的早期阶段，大多数实施持股的是运输公司。

表 4 – 4　　　　　　**英国员工持股企业的行业分布**

行业类别（根据 SIC 分类标准）	占比（%）	企业数量（个）
采掘加工业	1	156
电力行业	1	156
制造业	19	156
建筑业	5	156
批发和零售业	6	156
运输业	0	156
餐饮酒店业	1	156
信息和通信业	7	156
房地产业	2	156
金融和保险业	7	156
专业服务业	33	156
管理和支持业	3	156
公共基础行业	1	156
教育业	4	156
卫生与社会保障业	11	156
娱乐业	1	156

资料来源：Pendleton A.，Robinson A.，*Employee Ownership in Britain Today*，White Rose Employee Ownership Centre，2015.

三　法国员工持股的历史沿革与发展现状

法国员工持股的一大特色是由政府出面强制推行员工持股，所以，从某种意义上讲，无论是对于法国政策层面，还是对于法国企业实践层面，抑或对于法国开展员工持股计划研究的学术层面，员工持股计划都是一种具有重要政治含义的政策、实践或学术研究领域。尤其是对于政府政策层面而言，鉴于无论是雇主层面，还是作为员工权益保障组织的工会来说，多数都具有保守性，所以，政府在政策层面出台了一系列的以规范员工持股计划为目标的法律法规。具体来看，作为围绕员工持股计划更好地开展而出台相关政策的最早行动者，法国戴高乐政府开了先河。为了在改善企业员工生活状况的同时，消除各派政治力量的对立情绪，围绕推动员工参与企业的利润分享问题，法国戴高乐政府于1959年出台了第一项相关法规。该项法规除了规定员工可以分享企业的利润之外，还对分享收益所涉及的所得税问题、社会保险费问题等做出积极的鼓励性规定。比如，对于通过员工持股计划所分享的利润而言，不仅所得税得到了豁免，而且这笔收入也被排除在了社会保险缴费基数之外，所以，也同时使得社会保险费得到了豁免。再如，对于公司而言，由于利润通过员工持股计划而分配给了员工，所以，这些收入也从企业所得税应税中得到扣除。在员工持股计划实施以前，为了提高员工的收入水平，法国大部分企业往往围绕调整工资结构开展相关实践，作为这些实践的重要内容，它们往往在工资结构中增加奖金项，从而形成了一种对已有工资的重要补贴机制。1967年，法国政府出台了一项致力于鼓励企业更好地开展员工持股计划实践的法规，明确赋予员工分享企业利润的合法权利，从而以法律法规的形式为企业更好地开展员工持股计划实践或员工要求参与企业的员工持股计划提供了法律支撑。相关法律法规对企业实施员工持股计划的基本情况进行了阐释，并对员工规模在100人以上的公司和100人以下的公司实施员工持股计划的强制性程度进行了限定。其中，前者企业有义务实施员工持股计划推动员工分享企业的利润，而后者则可以采取自愿的态度实施员工持股计划。显而易见，无论是调整员工工资结构的形式，还是通过员工持股计划的形式，最终目标均是提高员工的收入水平。同以调整员工的工资结构、设定员工奖金的方式不同，实施员工持股计划提高员工收入水平具有自身的优点。比如：实施员工持股计划需要员工个人对所在企业做出一定的投资，从而有利于为企业的进一步发展提供更多的资本，并为企业自身财务状况的改变创造条件；员工持股计划所坚持的关系是员工同已有股东之间的合作伙伴关系，与之不同，调整工资结构的方式并没有改变员工和股东之间的关系性质；通过推进员工持股计划并不能增加企业本身的负担，与之相比，调整工资结构直接增加了企业的人工成本，对于企业而言是直接的负担。鉴于员工持股计划较通过调整工资结构的方式具有较多的优点，所以，在法国政府所出台的一系列的法律规范的推动下，法国企业实施员工持股计划的数量不断增多，截至20 世纪 80 年代中期，13000 余家企业实施了员工持股计划，涉及的员工数量将近 600 万人；以法国上市公司为例，到了 2000 年，有超过三成的企业已经不同程度地实施了员工持股计划，员工持股比例的平均水平将近四个百分点。法国是欧洲国家中员工持股计划推行比较成功的一个国家。如图 4 - 1 所示，根据 2016 年欧洲国家员工持股的年度经济调查，截止到 2015 年，法国员工持股比例呈现一种稳定上升的态势，并在 2015 年达到了历史的最高值 6.03%。

四 日本员工持股的历史沿革与发展现状

一方面，鉴于日本自"二战"以来一直是美国占领国，与此同时，在日本员工持股计划的起步处于经济高速发展阶段、对外开放的深度不断加深以及对外开放广度不断扩大的背景之下，而美国长期以来又是日本的第一大贸易伙伴，所以，日本企业所推行的员工持股计划同美国的员工持股计划具有极大的相似性，从某种意义上讲，日本

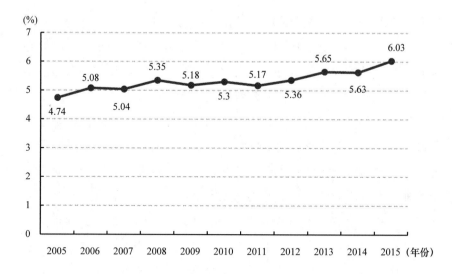

图 4 - 1　法国员工持股发展趋势

资料来源：作者根据 2016 年欧洲国家员工持股的年度经济调查（Annual Economic Survey of Employee Share Ownership in European Countries）整理归纳。

的员工持股计划和美国的员工持股计划一脉相传。不过，由于员工持股计划又往往受到各自基本情景和制度背景的影响，所以，日本的员工持股计划又具有自身的特色。毋庸置疑，在日本，员工持股计划已经成为一种较为普遍的企业制度，尤其是对于股份制企业而言，实施员工持股计划已经成为一种时代潮流。从实际的运行机制来看，日本的员工持股计划往往设置有员工持股会，员工持股会的基本职能就是代表员工去购买企业的股份，从而形成基本的员工持股计划机制；需要特别指出的是，在日本的员工持股计划实践中，诚然需要由员工做出出资的决策，不过，作为员工的雇佣单位而言，公司将对企业更好地实施员工持股计划提供一定的补贴，从而为企业更好地开展员工持股计划起到极大的推动作用。从时间角度来看，日本的员工持股计划形成于 20 世纪 60 年代，如前所述，开放经济是日本推行员工持股计划的基本背景，所以，作为日本实施员工持股计划的基本目标之一，防范外部资本吞并成为企业重要的考量因素，因为通过员工持股计划的推行，形成了数量庞杂的股东队伍，从而不利于企业更好地发展业务。具体来看，在 20 世纪 60 年代初期，作为日本成功加入 OECD 国家的重要前提条件，资本流动自由化、外商投资宽松化成为日本执政当局必须遵守的基本规则。在此背景之下，对于日本企业而言，必然增加了被外资控股或吞并的可能性，从而在股票市场上降低了流动性股票的数量。为此，从企业的视角来看，站在日本的立场，就需要通过各种各样的机制设计阻止上述情况的出现，如此一来，员工持股计划的推行不仅成为政府部门鼓励的重要企业实践行动，而且也成为企业积极开展的重要实践工作。截止到 1969 年，在日本，实施员工持股计划的企业数量已经达到了两成；从实施员工持股计划的企业员工持股占比方面来看，员工持股量也已经达到了 6 个百分点。需要特别指出的是，截止到 70 年代中期，形成个人财产是日本推进员工持股计划的主要目标模式。作为实现该目标制度化的标志，80 年代之后，日本致力于推进员工持股计划的企业不断完善职工持股会的制度，在持股会章程中明确将形成员工个人财产作为关键的考量因素，从而为员工更好地参与到企业的员工持股计划中来提供了极大的便利；不过，从实际上来讲，日本企业所推行的员工持股计划即便在增加员工个人财产方面投入了极大的精力和重视，但是，增加参与员工持股计划的员工退休后收入显然更为关键。80 年代中期，在日本，实施员工持股计划的企业数量进一步增加，当年实施员工持股计划的企业已经达到六成，在这些实施员工持股计划的企业中，参与员工持股计划的员工数量也达到了四成。到了 1988 年，超过九成的日本企业已经不同程度地实施了员工持股计划，涉及的员工占比也已经达到了半数；四年之后，日本实施员工持股计划的企业数量进一步增加了将近五个百分点，日本已经形成既覆盖上市公司，又存在于非上市公司的全方位的员工持股计划覆盖面。从员工持股计划在日本的推行效果来看，20 世纪 70 年代到 90 年代所推行的员工持股计划起到了几个方面的重要作用或效果，一是面对该期间日本经济所出现的问题或困难，日本所推行的员工持股计划实践起到了巨大的效果，有效地降低了经济困难或出现的问题所造成的消极结果；二是通过提升员工的工作积极性和归属感有力地提升了企业的竞争力，从而提升了日本整个国民经济的竞争力；三是有力地服务了日本应对宏观经济冲击的能力，比如石油危机、日元贬值等，使得日本经济应对相关危机的回旋余地不断提升；不仅如此，由于员工持股计划形成了企业和员工的利益共同体，可以使企业通过降低工资水平或者缓慢提高工资水平应对财务困难，而且与此同时在员工持股计划的作用下，员工自己的收入水平并没有降低，而这有利于提升企业的吸纳就业的能力和水平。对 80 年代中期实施员工持股计划的企业和其他企业之间的绩效进行对比发现，前者以价值增加值为衡量指标的绩效要高出后者二成五。1990年，在日本 2719 家上市公司中，超过七成上市公司在某种程度上实施了员工持股计划，涉及员工占没有参与员工持股计划的比例将近一半（45.2%）。当前，在日本上市交易所上市的公司中，绝大多数已经或多或少地实施了员工持股计划。[①]

如表 4-5 所示，根据东京证券交易所 2010 年的统计调查结果，日本95% 以上的上市公司采取员工持股计划。但是，员工持股计划的参与率大约占 45%，员工持股计划的股东构成比社会平均的情况高 1% 左右。

表 4-5   **日本员工持股计划发展趋势**

年份	1989	1998	2003	2008	2009
股票持有率	0.88	1.07	1.01	0.95	0.96
员工持股计划占有率	47.2	48.29	48.61	44.88	45.03
员工持股资产比例	0.9	1.37	0.99	0.86	0.87
平均持股财产数量	1.35	2.63	4.48	6.28	7.02

资料来源：作者根据 2010 年东京证券交易所对日本员工持股计划基本情况调查报告整理归纳。

---

① 王阳、李斌：《从员工持股到管理者收购操作手册》，机械工业出版社 2001 年版，第 17 页。

五 其他国家员工持股的历史沿革与发展现状

员工持股并非发达国家的专利，早在2000年时，世界范围内包括欧洲、亚洲、非洲等各大洲已经有50多个国家在推行员工持股计划。

在欧洲，根据2016年欧洲国家员工持股的年度经济调查，欧洲大型企业员工持有的股份持续呈上升趋势（详见图4-2）。2016年，员工持股比例达到3.20%的历史新高，涉及资金3250亿欧元。即使在欧洲危机期间，员工所有权也一再证明其作为一个强大的参与方占据经济发展的引擎地位。越来越多的欧洲公司开始实施员工持股计划。根据相关数据资料可以看到，2016年，在欧洲，超过九成（94%）的大型公司已经或多或少地实施了各种类型、形式多样的员工持股计划。其中，拥有各类员工持股计划的大型公司占比为86%；超过一半（53%）的大型公司实施了"广泛"员工持股计划；超过六成（63%）的大型公司实施了员工股权计划；近三成（28%）的大型公司在以往实施员工持股计划的基础上，实施了新的员工持股计划，尽管在员工持股计划的具体内容和机制设计方面同以往所开展的员工持股计划"大同小异"。一些欧洲国家选择了更强有力的激励政策，鼓励将员工持股视为对未来的投资。英国、奥地利、挪威选择加倍的财政政策激励员工持股，因为员工持股是一个复苏的关键因素。而西班牙、丹麦、罗马尼亚、波兰等国家的做法也比较类似。法国、希腊、荷兰等国家选择减少公共支出和支持家庭消费，同时鼓励长期储蓄和控制员工持股。与此同时，德国仍不愿促进员工持股。

在亚洲，韩国、中国台湾、新加坡、泰国等国家和地区均鼓励企业实行员工持股计划。以韩国的员工持股实践为例。员工持股计划在韩国经济中扮演着重要角色，但在韩国以外的国家却不太为人所知。至少从1958年起，员工持股计划（在韩国称作"ulisaju"）就在韩国开始实施。从那一年开始，Yoo-Han yangh-haeng公司（一家主要的制

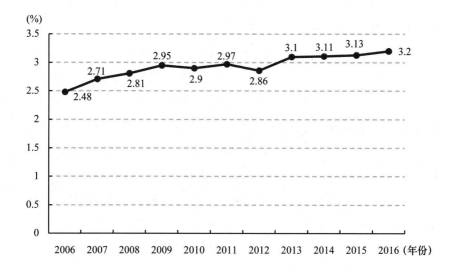

图 4 - 2　欧洲国家员工持股发展趋势

资料来源：作者根据 2016 年欧洲国家员工持股的年度经济调查（Annual Economic
Survey of Employee Share Ownership in European Countries）整理归纳。

药公司）为公司高管和员工提供普通股票作为工资奖金，以提高工作
效率。但是，直到 20 世纪 60 年代末政府的政策行动开始，ESOPs 才
开始广泛使用。在 1968 年，政府建立了资本市场发展法律，其中包
括一项条款，在韩国证券交易所上市的公司必须给员工优先购买的权
利，购买新发行的普通股的 10%。该法律于 1972 年修订，规定上市
公司应向雇员提供购买 10% 的未偿股票和新股的选择权，而被密切
控股的公司必须向雇员提供 10% 的优先购买权。根据现行法律，除
董事会、高级管理人员、在公司工作不满 3 个月的兼职和临时员工
外，员工持股计划对所有人开放。截止到 1997 年底，韩国已有 100
万上市公司的职工参加了职工持股。此外，少数股东在 1998 年 12 月
修订的商业法中规定持有不到 1% 或 3% 的股份。ESOP 的参与者享有
与其他少数股东相同的权利和责任，如在选择董事会和证券持有人的
建议时的累计投票权，以及召开股东大会的权利。

在非洲，埃及、南非等国家也积极探索实施员工持股计划。以埃及的员工持股实践为例。1989 年 5 月，埃及开始首个员工持股计划，亚历山大轮胎公司（Alexandria Tire Company），该公司与意大利倍里利轮胎公司（Pirelli Tire Company）和其他投资者成立了 1.5 亿美元的合资企业。截至 1996 年 11 月，为了更好地推进员工持股计划，埃及国内已经有 86 家企业成立了员工持股会机制，为企业开展员工持股计划实践做出了突出的贡献；当年，在实施员工持股计划实践的企业中，有将近 30 家（29 家）的员工股占据了公司的多数股权。之后，埃及企业实施员工持股计划的数量不断增加，到了 1999 年 11 月，埃及实施员工持股计划并得到埃及政府官方批准的企业数量已经达到了 270 家，实施员工持股计划的企业的数量猛增了三倍多。

第二节　中国员工持股的历史沿革与发展现状

中国企业的员工持股计划实践，始于 20 世纪 80 年代中期启动的公司制股份制改革。近 40 年来，我国的员工持股实践一直处于摸索阶段。既有过成功的经验，也有过失利的教训。本节将对中国员工持股的历史沿革进行回顾，并对中国员工持股的发展现状进行统计分析。

一　中国员工持股的历史沿革

转轨经济的基本制度背景、社会主义市场经济的核心目标导向决定了我国员工持股计划自始至终具有特色鲜明的中国模式。我国的员工持股计划同我国国有企业改革相伴而生、相随而行，在近 40 年的发展历程中，员工持股的政策发生了数次变动，企业员工持股的实践也经历了数次变动。本书基于中国推进员工持股计划的不同特点，将中国员工持股的发展历程分为四个阶段，分别为 1984—1992 年的股份制改造与初步探索阶段、1993—2001 年的调整反复与政策多变阶段，2002—2011 年的紧急叫停与缓慢发展阶段，以及 2012 年至今的重新启动与规范发展阶段，这四个阶段每个阶段的时期大致为 10 年。

（一）股份制改造与初步探索阶段（1984—1992 年）

20 世纪 80 年代，随着我国改革开放的开启以及探索推进，我国商品经济的发展也不断取得进展；作为我国改革开放政策和实践推进的重要结果之一，在我国新涌现出来的一系列的股份合作制企业中，员工持股计划得到一定的兴起。我国改革开放进程开启于农村经济，随着我国农村经济的发展以及基于我国农村经济基础的乡镇企业改革改制的不断推进，采用广大农民集资入股的形式，由广大农民自发成立的新型组织不断涌现，这成为广大合作经济不断发展的典范。在此背景之下，对于我国广大的城市经济产生了积极的影响，作为这种影响的重要组成部分之一，不仅我国国有企业承受了极大的竞争压力，而且我国广大集体企业也承受了极大的竞争压力，这从间接的层面推动了我国国有企业和民营企业改革、改制的探索。为此，在总结我国农村改革经验的基础上，作为推进我国国有企业股份制改革的重要手段，我国国有企业也开始尝试以员工持股为基本特征的员工持股计划。1984 年，我国经济体制改革委员会在《城市经济体制改革试点工作座谈会纪要》中明确指出"允许职工投资入股，年终分红"。在该政策导向的推动下，我国各地的国有企业纷纷响应，不断探索开启员工持股计划实践的进程。比如，1984 年 7 月，我国第一家经由国有企业改革而形成的股份制企业——北京市天桥百货股份有限公司成立，作为该公司推进股份制企业改革的创新，公司设置了个人股，标志着我国国有企业员工持股计划实践的开始，开启了我国国有企业实施员工持股计划的进程。三年之后的 11 月，党的十三大召开，明确提出"改革中出现的股份制形式，包括国家控股和部门、地区、企业间参股以及个人入股，是社会主义企业财产的一种组织方式，可以继续试行。一些小型全民所有制企业的产权，可以有偿转让给集体或个人"。这不仅是对我国国有企业改革过程中积极推进股份制改革的肯定，更强烈地推进了我国各地国有企业股份制改革的深入发展，作为我国股份制改革的重要组成部分之一，引入员工持股计划、通过员工持股计划进一步推进国有企业股份制改革成为普遍的做法。1992 年，国家经济体制改革委员会、财政部等部门联合下发了《股份制企业试点办法》，国家经济体制改革委员会发布了《股份有限公司规范意见》，这两个文件是我国政策领域聚焦于员工持股计划领域的最早的专门文件，在对我国员工持股计划实践经验和教训进行探索和总结的基础上，对企业更好地开展员工持股计划提出了明确的规定和规范，比如，两个规范性文件要求非上市公司推进员工持股计划不仅要"采用记名式股权证形式"，而且还要"严格限制在本企业内部"；对于那些由非公开发行股票转变为公开发行股票的进程中，那些原来通过实施员工持股计划所持有的员工股份应当做好"内部职工股的股权证应换发成股票，并按规定进行转让和交易，转化为有限责任公司的内部职工持有的股份可转为职工合股基金"。两个文件对于那些通过定向募集资金的方式设立的股份制有限公司推进员工持股计划也做出了明确的规范，在经过相关部门批准的情况之下，不仅那些通过定向募集资金的方式设立的股份有限公司被允许"向本公司内部职工发行部分股份"，而且那些采用社会募集资金的方式所设立的股份公司，也允许"本公司职工认购"股份，从而为采用定向募集资金方式和社会募集资金方式成立的股份有限公司实施员工持股计划创造了法律依据。不过，需要特别说明的是，无论是采用定向募集资金的方式，还是采用社会募集资金的方式，员工通过员工持股计划募集资金的比例依然受到一定的限制，其中，在采用前一种形式设立的股份有限公司中，员工通过员工持股计划所持有的股份不得超过股本总额 20% 的红线；在采用后一种形式设立的股份有限公司中，员工通过员工持股计划所持有的股份不得超过股本总额 10% 的红线。在两项政策文件的推动下，我国实施员工持股计划的企业数量又进一步增加，各地的企业开展或扩大试点员工持股计划的范围进一步扩大，从而带来我国员工持股计划实施企业数量增加的高潮。截至 1992 年，在我国，实行股份制的企业数量超过 11000 家，其中，采用股份有限公司形式的股份制企业超过 3200 家，占比将近 30%；从企业股本规模的角度来看，采用股份有限公司形式的股份制企业股本额度占比超过八成，其中，约三分之一是当年成立的。

表 4-6　　　　　　　　　　企业改革的基本情况统计

分类	单位	数量
股份制企业（不包括"三资"企业和乡镇企业）	个	3200
其中：		
内部职工持股企业	个	2751
法人持股企业	个	380
向社会发行股票的企业	个	69

资料来源：《中国经济体制改革年鉴 1992》，改革出版社 1992 年版，第 792 页。

（二）调整反复与政策多变阶段（1993—2001 年）

不过，随着股份制企业实施员工持股计划的不断推进，因员工持股计划的实施而产生的一系列问题也不断涌现，同上一时期员工持股计划实践取得诸多实践案例的状态"相伴而生"，形如关系股和权力股不断出现、员工通过员工持股计划持有股份的非法交易以及内部职工股的超比例和超范围发行成为典型的代表。在此背景之下，1993 年和 1994 年，两个文件的出台对我国员工持股计划的实践进行了进一步的规范，这两个文件分别为《关于立即停止发行内部职工股不规范做法意见的紧急通知》和《关于立即停止审批定向募集股份有限公司并重申停止审批和发行内部职工股的通知》。其中，前者由国家经济体制改革委员会等于 1993 年发布，明确提出对前期实施员工持股计划过程中所出现的各类问题进行清理；后者由国家经济体制改革委员会于 1994 年 6 月份发布，不仅对员工持股计划的审批做出喊停的决定，而且还直接对员工持股计划喊停。显而易见，随着上述两项政策的出台，推进我国员工持股计划实践走向低谷。

尽管1994年7月我国所实施的《公司法》为国有企业股份制改革做出了新一轮的规定，也为国有企业在股份制改革过程中实施员工持股计划奠定了基础和前提，但是，在该阶段，我国在中央政策层面却没有出台设计员工持股计划的相关专项性政策规定。不过，在我国地方层面，无论是对于员工持股计划的政策举措，还是对于员工持股计划的实践工作，所进行的探索依然没有停滞。比如，深圳市于1994年发布了《关于内部员工持股制度的若干规定（试行）》，三年之后的1997年，又发布了《深圳市国有企业内部员工持股试点暂行规定》，对于深圳市国有企业实施员工持股计划做出了详细的安排。

以深圳市为代表的我国地方政府对于员工持股计划政策举措的出台，并没有从根本上解决我国员工持股计划推进过程中所涌现出来的问题，鉴于同一个公司的股票价格在一级市场上和在二级市场上存在极大的差异，实施员工持股计划的企业在上市之后所面临的持股员工抛售股票的现象依然屡见不鲜，这不仅为我国员工持股计划的可持续性带来了挑战，而且为我国股票市场造成了相应的冲击。为此，证券监督管理委员会于1998年底发布了《关于停止发行公司职工股的通知》，我国员工持股计划的实践基本暂停。

（三）紧急叫停与缓慢发展阶段（2002—2011年）

2002年底，我国出台《上市公司收购管理办法》，为上市公司开展收购活动提供了基本的规范，显著地推动了以管理层收购为主要特征的我国上市公司员工持股计划的实践进程。然而，由于经验的缺乏，该时期的管理层收购却导致了国有资产流失的恶劣现象，对我国资本市场的发展和资本市场的正常秩序产生了巨大的负面影响。为此，2003年3月，不仅对于上市公司，而且对于非上市公司的管理层收购实践而言，我国财政部门均做出了喊停的决定。作为国有企业监督管理部门的国资委和证券市场监督管理部门的证监会发布了《关于规范国有企业改制工作的意见》和《关于规范上市公司实际控制权转移行为有关问题的通知》等政策文件，对公司的管理层收购实践做出了极大的遏制。2005 年 4 月、2006 年 1 月、2006 年 9 月、2008 年 9 月、2008 年 10 月，我国出台了一系列的政策举措，分别为《企业国有产权向管理层转让暂行规定》、《上市公司股权激励管理办法》、《国有控股上市公司（境外）实施股权激励试行办法》、《国有控股上市公司（境内）实施股权激励试行办法》、《关于规范国有控股上市公司实施股权激励制度相关问题的通知》和《关于规范国有企业职工持股、投资的意见》，对我国企业尤其是上市公司设计包括员工持股计划在内的股权激励机制做出了传统的规范。一系列限制政策的出台以及规范性文件的发布，使得我国企业员工持股计划的实践缓慢发展。

（四）重新启动与规范发展阶段（2012 年至今）

2012 年党的十八大顺利召开，标志着我国的经济体制改革进入一个新时期，员工持股计划也进入了一个新的发展机遇期。中国证监会于 2012 年推出《上市公司员工持股计划管理暂行办法（征求意见稿）》，特别是 2013 年 11 月 12 日，党的十八届三中全会通过《中共中央关于全面深化改革若干重大问题的决定》，强调"允许混合所有制经济实行企业员工持股，形成资本所有者和劳动者利益共同体"。① 这是新时期党中央和国务院涉及员工持股意见的顶层设计，表明员工持股计划作为混合所有制经济改革的重要内容所占据的地位不断引起党和国家最高层的注意和重视，拉开了推进员工持股的序幕。

2014 年 5 月 9 日，国务院发布《国务院关于进一步促进资本市场健康发展的若干意见》（国发〔2014〕17 号），提出"完善上市公

---

① 中国共产党第十八届中央委员会第三次全体会议：《中共中央关于全面深化改革若干重大问题的决定》，载于《新华社》，http://news.xinhuanet.com/2013—11/15/c_118164235.htm〔EB/OL〕，2012—11—15/2017—12—25。

司股权激励制度，允许上市公司按规定通过多种形式开展员工持股计划"①。通过发展混合所有制企业员工持股计划，推进上市公司完善现代企业制度、建立现代化的经营机制、规范经营决策、形成完善的股权激励制度等必将成为我国上市混合所有制企业推进员工持股计划的重要目标或立足点。

为了贯彻和落实《中共中央关于全面深化改革若干重大问题的决定》、《国务院关于进一步促进资本市场健康发展的若干意见》中有关员工持股问题的精神和要求，2014 年 6 月 20 日，证券会发布《关于上市公司实施员工持股计划试点的指导意见》，提出"在上市公司中开展员工持股计划实施试点"，为规范、引导上市公司实施员工持股计划及其相关活动提出了具体可行的指导意见。② 该文件对于我国上市公司开展员工持股计划试点也提供了直接的指导，划分为员工持股计划的基本原则、员工持股计划的主要内容、员工持股计划的实施程序和员工持股计划的信息披露要求及员工持股计划的监管等四部分，共计 20 条。

表 4 - 7　　　　　　　关于上市公司员工持股计划的主要规定

主要项目	重点内容
实施原则	依法合规、自愿参加、风险自担。
资金来源	（1）员工的合法薪酬；（2）法律、行政法规允许的其他方式。
股票来源	（1）上市公司回购本公司股票；（2）二级市场购买；（3）认购非公开发行股票；（4）股东自愿赠予；（5）法律、行政法规允许的其他方式。

① 《国务院关于进一步促进资本市场健康发展的若干意见》，载于《中国政府网》，ht-tp：//www. gov. cn/zhengce/content/2014—05/09/content_ 8798. htm ［EB/OL］，2014—05—09/2017—12—25。

② 中国证券监督管理委员会：《关于上市公司实施员工持股计划试点的指导意见》，载于《法律图书馆》，http：//www. law-lib. com/law/law_ view. asp？id = 457118 ［EB/OL］，2014—06—20/2017—12—25。

续表

主要项目	重点内容
持股期限	每期员工持股计划的持股期限不得低于 12 个月，以非公开发行方式实施员工持股计划的。持股期限不得低于 36 个月，自上市公司公告标的股票过户至本期持股计划名下时起算；上市公司应当在员工持股计划届满前 6 个月公告到期计划持有的股票数量。
持股规模	上市公司全部有效的员工持股计划所持有的股票总数累计不得超过公司股权本总额的 10%，单个员工所获股份权益对应的股票总数累计不得超过公司股权本总额的 1%。
管理方式	上市公司可以自行管理本公司的员工持股计划，也可以将本公司员工持股计划委托给下列具有资产管理资质的机构管理：信托、保险资产管理公司、证券公司、基金管理公司等。
监督方式	除非公开发行方式外，中国证监会对员工持股计划的实施不设行政许可，上市公司根据自身实际情况决定实施。

资料来源：作者根据证券会《关于上市公司实施员工持股计划试点的指导意见》整理归纳。

　　与此同时，2014 年 9 月，上海证券交易所颁布了《上海证券交易所上市公司员工持股计划信息披露工作指引》。2014 年 11 月 21日，深交所中小板公司管理部制定《中小企业板信息披露业务备忘录第 7 号：员工持股计划》。

　　2015 年 8 月 24 日，中共中央、国务院印发了《中共中央、国务院关于深化国有企业改革的指导意见》[①]（中发〔2015〕22 号）（以下简称《指导意见》），要求"探索实行混合所有制企业员工持股"。从实行的路径来看，《指导意见》要求坚持"试点先行"，通过试点取得开展混合所有制企业员工持股计划的经验，之后再稳妥有序地推进员工持股计划的实施；从实行员工持股计划的目标来看，《指导意见》认为，实行员工持股的基本目标是"建立激励约束长效机制"，

[①] 《中共中央、国务院关于深化国有企业改革的指导意见》，载于《新华社》，ht-tp：//www.sh.xinhuanet.com/2015-09/14/c＿134620921.htm〔EB/OL〕，2015—09—14/2017—12—25。

可见"激励约束"成为我国推进混合所有制企业员工持股计划的基本目标导向；从试点员工持股计划企业来看，《指导意见》将"人力资本和技术要素贡献占比较高"的单位作为此次试点的重点企业，这些单位包括"转制科研院所、高新技术企业、科技服务型企业"等；从试点员工持股计划的目标群体来看，《指导意见》将那些对于企业的经营业绩和可持续发展具有直接影响或较大影响的"科研人员、经营管理人员和业务骨干等"作为推进混合所有制企业员工持股计划的重点人群；从股份来源来看，《指导意见》建议主要采取"增资扩股、出资新设"等方式。除此之外，《指导意见》还对混合所有制企业推进员工持股计划的"审核程序""操作流程""资产评估""股权流转""退出机制"等提出了相关的要求；比如，"审核程序"要不断健全、"相关政策"要不断完善、"操作流程"要求规范、"资产评估"要力求严格、"股权流转"和"退出机制"也要相应地建立和健全；并且，混合所有制企业员工持股计划的推行还要做到"公开透明"。

2016 年 8 月，国务院国资委印发《关于国有控股混合所有制企业开展员工持股试点的指导意见》①（国资发改革〔2016〕133 号），为各省、自治区、直辖市人民政府、国务院各部委、各直属机构，推进国有控股混合所有制企业开展员工持股试点提出指导意见。整体来看，该文件对国有控股混合所有制企业推进员工持股计划的原则、国有控股混合所有制企业推进员工持股计划涉及的员工范围、国有控股混合所有制企业推进员工持股计划的员工出资、国有控股混合所有制企业推进员工持股计划的购股价格、国有控股混合所有制企业推进员工持股计划额持股比例、国有控股混合所有制企业推进员工持股计划的股权结构、国有控股混合所有制企业推进员工持股计划的持股方

---

① 国务院国资委：《关于国有控股混合所有制企业开展员工持股试点的意见》，载于《中国政府网》，http：//www. gov. cn/xinwen/2016—08/19/content_ 5100563. htm ［EB/OL］，2016—08—19/2017—12—25。

式、国有控股混合所有制企业推进员工持股计划的股权管理主体和方
式、国有控股混合所有制企业推进员工持股计划的股权流转、国有控
股混合所有制企业推进员工持股计划的股权分红、国有控股混合所有
制企业推进员工持股计划的破产重整和清算、国有控股混合所有制企
业推进员工持股计划的持股方案制定和审批等问题进行了全面的说
明。11 月份选定试点以后，试点方案陆续完成。2017 年 7 月份试点
进入了具体的操作实施阶段，完成员工入资工商变更登记，进入正式
的运转阶段。

表 4 - 8 员工持股计划的"1 + N"政策文件

文件类别	发布时间	文件名称
"1"	2013 年 11 月 12 日	《中共中央关于全面深化改革若干重大问题的决定》
"N"	2014 年 5 月 9 日	《国务院关于进一步促进资本市场健康发展的若干意见》
	2014 年 6 月 20 日	《关于上市公司实施员工持股计划试点的指导意见》
	2014 年 9 月	《上海证券交易所上市公司员工持股计划信息披露工作指引》
	2014 年 11 月 21 日	《中小企业板信息披露业务备忘录第 7 号：员工持股计划》
	2015 年 8 月 24 日	《中共中央、国务院关于深化国有企业改革的指导意见》
	2016 年 8 月	《关于国有控股混合所有制企业开展员工持股试点的指导意见》

资料来源：作者归纳整理。

二 中国员工持股的发展现状

自 2014 年 6 月《关于上市公司实施员工持股计划试点的指导意
见》正式发布以来，截止到 2017 年 9 月 30 日，我国上市公司所积极
推进的新一轮员工持股计划在 A 股已经落地超过三年时间；三年来，

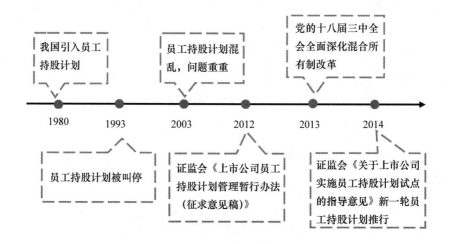

图 4 - 3   中国员工持股计划发展时间轴

资料来源：作者绘制。

员工持股计划取得了有目共睹的成绩，从 2014 年 7 月海普瑞
（002399. SZ）发布首份员工持股计划，到 2017 年 9 月 30 日沪深两市
共有 621 家公司发布了 770 个员工持股计划（草案），资金规模达到
1235. 39 亿元。这意味着在 A 股总数 3347 家上市公司的情况下，近
1/5 的上市公司推出了员工持股计划。

剔除 7 家 ST、 ∗ ST 企业（8 个公告），包括 ∗ ST 中安
（600654. SH）、 ∗ ST 弘高（002504. SZ）、ST 云维（600725. SH）、
∗ ST 三泰（002312. SZ）、 ∗ ST 紫学（000526. SZ）、 ∗ ST 智慧
（601519. SH）、 ∗ ST 中富（000659. SZ），对剩余 762 个上市公司员
工持股计划（草案）作进一步统计分析。

（一）从板块分布来看，中小板、创业板更积极

从员工持股计划实施的上市企业板块分布情况来看，如表 4 - 9
所示，沪市主板市场约占 24. 28%，深市主板、中小板、创业板市场
合计约占 75. 73%，意味着深市上市公司实施员工持股计划的企业约
为深市上市公司的 3 倍多。另外，中小板和创业板企业更倾向于实施

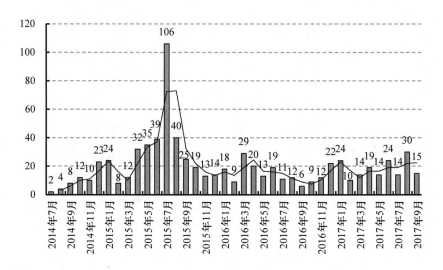

图 4 - 4　新时期上市公司每月员工持股计划（草案）公告数

资料来源：Wind 资讯，并经作者手动整理绘制。

员工持股计划，两者合计占比约 66.54%，这在一定程度上说明比较小的企业更倾向于实施员工持股计划。

表 4 - 9　　　　　　　　　　2011 年员工持股计划的板块分布

所在板块	公司数量（个）	占比（%）
沪市 A 股主板	185	24.28
深市 A 股主板	70	9.19
中小板	290	38.06
创业板	217	28.48

资料来源：Wind 资讯，并经作者手动整理归纳。

（二）从行业分布来看，实施员工持股计划的上市公司集中分布在制造业行业

根据证监会《上市公司行业分类指引（2012 年修订）》，将上市

公司的经济活动分为门类、大类两级。① 此处以门类为标准，实施员工持股计划的上市公司行业分布情况如图 4-5 所示。从整体上看，实施员工持股计划的企业涉及 18 个行业门类，涉及行业范围广泛。具体来看，首先，制造业行业实施员工持股的企业数量远远超过其他行业，达到 491 家，占比 64.44%。其次，信息传输、软件和信息技术服务业实施员工持股计划的企业数量次之，达到 77 家，占比 10.10%，说明科技创新企业积极开展员工持股计划。实施员工持股计划超过 10 家的行业有 7 个，包括农、林、牧、渔业，采矿业，电力、热力、燃气及水生产和供应业，建筑业，批发和零售业，房地产，以及租赁和商务服务业，占比分别为 2.10%、1.57%、1.44%、4.07%、4.59%、3.15%，以及 1.97%。另外，其余 9 个行业合计占比 6.56%。

本书进一步对制造业行业中实施员工持股计划的企业作进一步分析。通过分析，本书发现，在制造业企业所属的 31 个行业大类中，实施员工持股计划的企业行业所属行业类别共占 27 个大类。实施员工持股计划的企业多分布在战略性新兴行业，且多为《中国制造 2025》十大重点领域。其中，104 家计算机、通信和其他电子设备制造业、48 家电气机械及器材制造业实施员工持股计划，属于电子类战略性新兴产业；48 家医药制造业、42 家化学原料及化学制品制造业实施员工持股计划，属于医药生物类战略性新兴产业；33 家通用设备制造业、38 家专用设备制造业实施员工持股计划，属于机械设备类战略性新兴产业。以上 6 个行业合计占比 63.75%，相比之下，农副食品加工业等其余 21 个行业合计占比仅为 36.25%（见图 4-6）。

（三）从资金来源来看，员工薪酬及自筹资金为主要资金来源渠道

企业的员工持股计划能否合理、有效实施，资金来源是一个关键

---

① 中国证券监督管理委员会：《上市公司行业分类指引（2012 年修订）》，载于证监会官网，http://www.csrc.gov.cn/pub/newsite/flb/flfg/bmgf/zh/gfxwjtj/201310/t20131016 _ 236281.html，2013—10—16/2018—04—11。

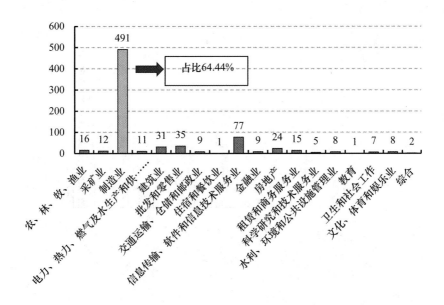

图 4 – 5　员工持股计划的行业分布

资料来源：Wind 资讯，并经作者手动整理绘制。

的因素。从新时期我国企业的实践来看，主要有五种形式的资金来源，一是净利润提取的持股计划奖励金；二是股东或实际控制人借款；三是员工薪酬及自筹资金；四是向第三方融资；五是综合利用以上几种方式。

如表 4 – 10 所示，我国员工持股的最主要资金来源是员工薪酬及自筹资金，在样本企业中有 562 家企业，占比 73.75%。其次，员工持股计划奖励金合计占比 1.57% 左右，奖励金是员工持股计划实施过程中购买股份的资金来源，制度设计要求员工奖励金的来源必须是在相关员工当年完成绩效指标之后方能落实，只有员工完成一定的绩效指标，相应的员工才具有获取奖励金的资格，只有当员工获取了奖励金，员工才能在员工持股计划中购买股票。显而易见，奖励金形式的资金来源为企业创造了经济效益，实现了企业和员工的激励相容结果。再次，股东或实际控制人借款合计占比 18.90% 左右，采取的方

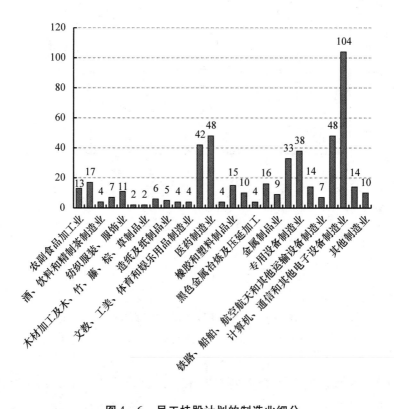

图 4 - 6　员工持股计划的制造业细分

资料来源：Wind 资讯，并经作者手动整理绘制。

式包括自有资金借款和以所持股份向金融公司质押两种方式。如果股东采取自有资金借款给员工持股，则自有资金借款多为提供无息借款支持，这是对员工权益的一种保障。最后，还有企业股东采取无偿赠予的方式或向第三方融资。总体来看，在新时期，致力于实施员工持股计划的企业不仅正在采用更加丰富的途径创造员工持股计划推行过程中各种资金来源，而且还采用更加多样的途径来获取实施员工持股的资金，而且在入资的过程中，原则上是现金出资。

表 4 - 10　　　　　　　　　　　**员工持股的资金来源**

资金来源	企业数量（个）	占比（%）	企业列举
持股计划奖励金	14	1.84	伊利股份（600887.SH）
股东或实际控制人借款	10	1.31	三诺生物（300298.SZ）
向第三方融资	1	0.13	海普瑞（002399.SZ）
员工薪酬及自筹资金	562	73.75	欧菲光（002456.SZ）
员工薪酬及自筹资金，持股计划奖励金	12	1.57	星宇股份（601799.SH）
员工薪酬及自筹资金，持股计划奖励金，股东或实际控制人借款	3	0.39	塔牌集团（002233.SZ）
员工薪酬及自筹资金，股东或实际控制人借款	144	18.90	苏宁云商（002024.SZ）
员工薪酬及自筹资金，向第三方融资	11	1.44	美亚光电（002690.SZ）
其他	5	0.66	大富科技（300134.SZ）
总计	762	100.00	—

资料来源：Wind 资讯，并经作者手动整理归纳。

（四）从股票来源来看，竞价转让和认购非公开发行是主流方式

如前所言，2014 年，我国发布了推进企业更好地实施员工持股计划的指导意见，直接拓宽了员工持股计划的股票来源渠道；根据该指导意见的安排，企业实施员工持股计划的股票来源既可以是股东赠与的途径，也可以是竞价转让的方式，既可以是定向受让的方法，也可以是认购非公开发行形式，既可以是采用上市公司回购的方式，也可以是采用认购信托计划的方式。从表 4 - 11 来看，在 762 家样本企业中，竞价转让和认购非公开发行的企业数量最多，其中，竞价转让的企业有 266 家，占比 34.91%，认购非公开发行的企业有 180 家，占比 23.62%。通过股东无偿赠予作为员工持股计划的股份来源的上市公司有 5 家。

表 4 - 11   员工持股的股票来源

股票来源	企业数量（个）	占比（%）	企业列举
定向受让	15	1.97	苏宁环球（000718.SZ）
股东赠予	5	0.66	大北农（002385.SZ）
竞价转让	266	34.91	海普瑞（002399.SZ）
竞价转让，定向受让	258	33.86	奥康国际（603001.SH）
竞价转让，定向受让，股东赠予	9	1.18	双塔食品（002481.SZ）
竞价转让，定向受让，认购非公开发行	6	0.79	龙净环保（600388.SH）
竞价转让，上市公司回购	3	0.39	德美化工（002054.SZ）
认购非公开发行	180	23.62	特锐德（300001.SZ）
认购信托计划	1	0.13	中信国安（000839.SZ）
上市公司回购	14	1.84	风华高科（000636.SZ）
其他	5	0.66	塔牌集团（002233.SZ）
总计	762	100.00	—

资料来源：Wind 资讯，并经作者手动整理归纳。

（五）从企业性质来看，民营企业积极性更高

目前，上市公司是我国员工持股计划的最主要实践群体。由于中国证监会和证券交易所先后出台了很多文件，上市公司员工持股实践的规范性不断提升。按 Wind 数据库公司属性分类，可以发现，民营企业是实施员工持股计划的主要力量，共计 620 家民营上市企业实施员工持股计划，占比 81.36%。而国有企业（中央国有企业和地方国有企业合计）中仅有 71 家实施员工持股计划，占比 9.31%。其他类型企业合计有 71 家实施员工持股计划，占比 9.33%。在国有企业中，多个地方政府出台的国有企业改革方案中，都把员工持股作为一项重要的改革内容，也是实现混合所有制改革的重要方式之一。因此，地方国有企业对于实施员工持股的积极性相对较高。而中央企业由于受到各种因素的限制，在短时期内仍然较难突破。随着深化国有企业改革的推进，已经有个别中央企业开始在二级、三级公司层面，试点开

展员工持股计划的实践。今后，包括中央企业在内的我国各级、各类国有企业应该在混合所有制改革的背景之下，积极研究竞争性国有企业的员工持股计划实践，从而最终推进包括中央企业在内的国有企业的员工持股计划实践。在非上市企业中，中小民营企业仍然是最积极的实践群体。操作上也坚持公平公正公开的原则，员工入股的价格与投资企业入股的价格完全一致。

表 4 – 12　　　　　　　　　　　员工持股的实施主体

实施主体	企业数量（个）	占比（%）
中央国有企业	12	1.57
地方国有企业	59	7.74
集体企业	6	0.79
公众企业	33	4.33
民营企业	620	81.36
外资企业	27	3.54
其他企业	5	0.66
总计	762	100.00

资料来源：Wind 资讯，并经作者手动整理归纳。

（六）从激励对象来看，持股范围进一步向基层延伸

总体而言，我国员工持股计划的激励对象不断由以高层管理人员为主，朝着既包括高层管理人员又包括基层员工的方向发展，从而不断扩展企业实施员工持股计划的范围。具体来看，在我国实施员工持股计划的企业中，中层及以上的管理人员成为部分公司实施员工持股计划的目标对象，这些中层及以上的管理人员既包括公司及其子公司的董事，也包括公司及其子公司的监事，既包括中层及以上的管理人员中的高级管理人员和部门经理，也包括中层及以上的管理人员中的核心员工或是骨干员工。以中层及以上的管理人员为员工持股计划的激励对象的公司包括欧亚光、龙净环保、联建光电、伊利实业等。在我国实施员工持股计划的员工中，持股对象仅限于骨干员工的实施员

工持股计划的企业不同程度地存在，这些作为员工持股计划的对象既包括公司的监事，也包括公司的董事，不过高级管理人员被排除在了员工持股计划的目标群体之外。以骨干员工为目标对象的实施员工持股计划企业包括民营银行以及国星光电等。实施的员工持股计划涉及较为广泛的员工也不同程度地存在，这些企业实施员工持股计划涉及的员工层面较为广泛，往往惠及较多的正式员工；不过，一般而言，由于涉及的员工较多，为了保障公司的股权结构和治理机制不会因为员工持股计划的推行遭受剧烈的变化，该类型的员工持股计划往往具有一定的人数限制。作为该类企业的代表，形如大北农、苏宁云商、大富科技等均实施了以所有正式员工为基本目标对象的员工持股计划。不仅如此，从总体视角来看，通过对本书中所采用的相关样本企业的数据进行分析，可以看到，在股权结构层面，高层认购的员工持股计划往往占据最多（70%左右），与之相对，通过员工持股计划，普通员工获取的公司股权仅有三成左右。显而易见，纵然普通员工依然是我国当前实施员工持股计划的重要目标群体，但是企业的高层管理人员依然是我国员工持股计划的关键人群。当然，也有少数企业进一步扩大员工持股覆盖范围，使基层员工也能够分享公司的成长收益。在笔者实地调研的中小民营企业中，有些员工持股几乎覆盖了每一位员工，甚至连清洁工阿姨也可以持有少量股份，对激发员工的积极性发挥了明显的效果。但是，这种普遍持股的形式还没有成为一种主流的模式。而针对高管层的员工持股，一般采取股票期权的形式，以期达到留住人才的作用。

（七）从持股比例来看，个体持股不超过1%、持股计划不超过10%

对于上市公司中通过员工持股计划的实施，员工到底应该能够占用多大比例股份的问题，中国证券监督管理委员会做出了明确的规定。但是，令人感到遗憾的是，基于分类视角建立起的员工持股计划实施过程中员工持股比例同国有企业的类别划分之间的联系，将是下一阶段需要做好的政策工作，因为不分类别整齐划一地设定员工持股计划的比例限制已经对初创期的企业发展产生了负面影响。2015 年 7 月，中国证监会发布《关于保险机构开展员工持股计划有关事项的通知》，明确提出了员工持股计划推行过程中员工持股比例的规范，其中，对于创新型企业而言，持股比例相对更高。对于一般企业而言，在员工持股计划的持股比例方面，通过员工持股计划持有的全部股权不仅不能成为公司最大的股权持有者，而且也不能改变企业的控制权，并且单个员工的持有比例也不能超过公司股权或注册资本总额的 1%，10% 是员工持股计划所持有的全部有效股份或累计出资上限。对于保险资产管理公司及专业互联网保险公司等创新型企业而言，通过员工持股计划所持有的员工股权占比也具有严格的限制，其中，单个员工所获得的股权或出资累计的上限是公司股本或注册资本的 5%；全部有限股份或出资的上限是公司股本或注册资本总额的 25%。显而易见，通过员工持股计划所持有的股份占比上限的提高有利于通过员工持股计划更好地服务于创新型企业的发展。

第五章　员工持股计划的市场效应

　　新时期员工持股计划的实施与规范是完善公司治理机制、促进资本市场发展的重要环节，更是推进混合所有制改革、实现国有企业股权多元化的重要组成部分。然而，在资本市场上，由于国内外宏观政治经济社会技术环境的变化，资本市场股票价格往往出现波动变化特点，有时资本市场的波动幅度之大令人印象深刻，这种情况的出现为企业推行员工持股计划造成了极大的影响，不仅员工持股计划的可行性因为资本市场的价格波动而承受各方质疑，而且员工持股计划后期的可行性也"大打折扣"。那么，新时期员工持股计划是否能得到投资者的认可，带来短期的正向市场反应？在不同的资本市场态势下，投资者员工持股计划宣告的反应有何不同？员工持股计划的各项契约要素又如何影响员工持股计划的宣告效应？本章利用事件研究法，通过计算员工持股计划（草案）宣告前后一段时期二级市场的超额收益率来度量员工持股计划事件对公司股价的影响，据此分析员工持股计划宣告事件的短期市场宣告效应。不仅如此，本章进一步对员工持股计划的各契约要素如何影响员工持股计划的宣告效应做更加深入的分析。

第一节　理论分析与研究假设

一　员工持股计划的宣告效应

　　从信号传递理论来分析，员工持股计划宣告是一种比较可信的信号模式。具体来看，在信息不对称理论看来，对于外部投资者而言，做出是否对某家企业进行投资必然基于对相关企业基本信息的判断，然而，作为企业的外部利益相关方，天然具有获取关于相关企业信息的劣势。企业实施员工持股计划可以作为一种对外部的"披露"机制，由于员工作为企业的内部利益相关方，具有掌握信息的优势，所以成功实施员工持股计划必然获得员工的拥护和支持，离开了员工的支持，企业即使制订了员工持股计划，也不能顺利推进员工持股计划，所以，员工持股计划的实施是一种员工作为内部的利益相关方向作为外部的利益相关方的投资者传递信息的"机制"。如此一来，在信息传递机制的作用下，企业实施员工持股计划本身就是在向投资者传递公司未来发展具有更好前景的信号。毋庸置疑，企业实施员工持股计划的信息传递机制最终体现为员工持股计划公告的发布，在现实实践之中，员工持股计划的市场效应一方面表征了投资者对于员工参与公司治理的预期，另一方面更通过员工持股计划向投资者分享或传递了关于公司长期价值增长的预期。市场投资者在收到该信号后将会调整投资决策，促使股价回归到合理水平。所以，一般而言，作为超额收益的来源之一，员工持股计划所反映的关于企业内部信息的交易机制至关重要①②。另外，从管理学经典的激励理论入手分析，员工持股计划从本质上讲是一种激励制度，可以调动员工的积极性，加大员工对企业的组织承诺，因而，员工持股计划作为一项更好的激励安排能得到外部投资者的积极响应。管理学家将激励解释为"持续激发动机的心理过程"，那么通过设计实施科学的员工持股计划，作为一项正向激励，将会持续激发、引导、保持员工的积极行为，最终实现企业的目标，进而得到外部投资者的积极回应。

---

① Cheuk M. Y., Fan D. K., So R. W., "Insider Trading in Hong Kong: Some Stylized Facts", *Pacific-Basin Finance Journal*, Vol. 14, No. 1, 2006, pp. 73–90.

② 曾庆生、张耀中：《信息不对称，交易窗口与上市公司内部人交易回报》，《金融研究》2012 年第 12 期，第 151—164 页。

在关于员工持股计划宣告效应的实证研究方面，无论是西方学者，还是我国学者均开展了一定的工作。西方学者所开展的相关研究方面，比如，Core、Guary，Ittner、Lambert、Larcker 就从信号传递机制的视角研究了员工持股计划的宣告效应，在作者看来，作为一种信息传递机制，员工持股计划的推行以及员工对员工持股计划的参与不仅能够反映出员工所在企业的良好业绩，而员工持股计划的推行和员工对于员工持股计划的参与也体现出关于员工所在企业未来成长性的信息。[1][2] 再如，在 Grullon、Michaely 看来，如果一家企业越倾向于通过实施员工持股计划的方式开展股权激励工作，越反映出相关企业当前的股价和该企业的市场价值之间存在一定的偏离，从而推动投资者更倾向于做出对该公司进行投资的决定。[3] 不仅如此，Jones & Kato 也对员工持股计划的宣告效应进行了实证研究，得出结论认为，员工持股计划的宣告不仅对于提高相关公司的生产效率具有重要的意义，而且本身存在正的宣告效应。在国内学者所开展的相关研究方面，章卫东、罗国民、陶媛媛以我国 A 股上市公司为样本，以 2014 年 6 月到 2015 年 6 月一年间进行员工持股计划宣告的上市公司为研究对象（113 家），采用事件研究的方法，检验了不同股票来源、不同资金来源的员工持股计划对股东财富效应的影响。实证研究得出结果认为：第一，对于股东的短期财富效应而言，上市公司实施员工持股计划的宣告具有较好的积极效应；第二，员工持股计划的股票来源为定向增发方式的宣告效应好于其他股票来源方式；第三，员工持股计划的资

---

[1] Core J. E. , Guay W. R. , "Stock Option Plans for Non-executive Employees", *Journal of Financial Economics*, Vol. 61, No. 2, 2001, pp. 253 – 287.

[2] Ittner C. D. , Lambert R. A. , Larcker D. F. , "The Structure and Performance Consequences of Equity Grants to Employees of New Economy Firms", *Journal of Accounting and Economics*, Vol. 34, No. 1, 2003, pp. 89 – 127.

[3] Grullon G. , Michaely R. , "The Information Content of Share Repurchase Programs", *Journal of Finance*, Vol. 59, No. 2, 2004, pp. 651 – 680.

金来源为员工自有资金的宣告效应要好于其他资金来源方式。① 呼建光、毛志宏以 2014 年 7 月到 2016 年 3 月沪深 A 股上市公司为研究样本，通过事件研究法检验了新时期员工持股计划的公告效应，作者不仅研究和检验了不同持股比例对于员工持股计划宣告效应的影响，而且也研究和检验了非管理层持股对员工持股计划宣告效应的影响以及不同股份来源对员工持股计划宣告效应的影响。实证结果显示，员工持股计划具有正向市场反应，且市场并未对员工持股比例、非管理层持股比例较高的企业给予更高的反应。② 蒋运冰、苏亮瑜以 2014 年 7 月—2016 年 4 月我国上市公司公告的员工持股计划（草案）作为研究样本，一方面对员工持股计划的财富效应进行了考察，另一方面也分析了之于不同合约要素而言，员工持股计划的敏感性。研究的结论认为：第一，从短期来看，员工持股计划具有显著的正向财富效应；第二，员工持股计划的股东财富效应对基础合约要素敏感性不显著，而对创新型合约要素的敏感性显著。③ 孙即、张望军、周易选择 2014 年 7 月 1 日至 2015 年 10 月 31 日期间筹划员工持股计划（草案）的 A 股非金融类上市公司作为研究样本，对员工持股计划宣告的股东财富进行了深入的考察，得出结论认为：员工持股计划公告存在显著的正向股价效应，但市场对其中使用高杠杆的方案给予了相对较低的评价。④

　　与之相对，无论是国内关于员工持股计划的研究，国外关于员工持股计划的研究，纵然相关企业实施了员工持股计划，既没证实员工持股计划实现了股东财富的增加，也没证实员工持股计划对于公司绩

---

① 章卫东、罗国民、陶媛媛：《上市公司员工持股计划的股东财富效应研究——来自我国证券市场的经验数据》，《北京工商大学学报》（社会科学版）2016 年第 2 期。
② 呼建光、毛志宏：《新时期员工持股计划：止步还是前进》，《南方经济》2016 年第 7 期。
③ 蒋运冰、苏亮瑜：《员工持股计划的股东财富效应研究——基于我国上市公司员工持股计划的合约要素视角》，《证券市场导报》2016 年第 11 期。
④ 孙即、张望军、周易：《员工持股计划的实施动机及其效果研究》，《当代财经》2017 年第 9 期。

效的积极影响。具体来看，在 Weitzman 和 Kruse 以及 Kim 和 Ouimet 看来，由于搭便车问题的存在，即使实施了员工持股计划，也不能激励相关员工更好地开展工作，从而也就不能充分发挥员工持股计划的激励效应。[①] 在 Kandel 和 Lazear 看来，个人努力和集体努力之间存在极大的非一致性问题，即在一个需要 N 个员工共同协调完成并取得一定成果的工作中，纵然每个员工都要求从企业的总产出中分享相应的产出，比如 1/N；但是，对每一个特定的员工而言，理性的决策使得该员工付出的努力肯定低于所享受到的产出的比例，从而导致了个人努力和集体努力之后分享努力成果的非一致性。不仅如此，在作者看来，随着参与公司相关产出创造的成员的增加，搭便车的问题也不断涌现，从而导致了更加严重的不一致性。不过，值得庆幸的是，搭便车问题并非是不可解决的，在作者看来，不仅可以通过引入第三方的惩罚机制来应对搭便车问题，还可以通过内部竞争的机制设计来解决搭便车。比如，在引入第三方的惩罚机制的情况之下，如果通过考察一个团队中的员工的产出水平来进行衡量，当相关员工的产出水平低于所设定的目标水平就会受到相应的惩罚，当相关员工的产出水平达到或高于所设定的目标水平就会避免相应的惩罚，那么在第三方惩戒机制的作用下，每一个员工就会承受相应的压力，从而更加积极地努力工作。[②] 不过，需要特别指出的是，通过员工持股计划而实现的员工持股比例也会对员工持股计划的激励造成相应的影响；当员工持股计划所涉及的股权相对较少时，并不能对参与员工施加强有力的激励，从而也就不能提高公司的生产效率，以及实现公司的绩效达到一定的水平。《指导意见》中对员工持股计划所持有的股票总数占比和单个员工持股占比做了 10% 和 1% 的限定，较少的员工持股比例限制

---

① Weitzman, M. L., Kruse D. L., *Profit Sharing and Productivity*, Washingtong D. C.: Brooklings Institution., 1990, pp. 95 - 142.

② Kandel E., Lazear E. P., "Peer Pressure and Partnerships", *Journal of Political Economy*, Vol. 100, No. 4, 1992, pp. 801 - 817.

可能使得改善公司绩效的效应大打折扣。

从我国的制度背景来看，2014 年 6 月 20 日，中国证监会发布了《关于上市公司实施员工持股计划试点的指导意见》，要求企业实施员工持股计划坚持三项基本原则，这三项基本原则既包括"依法合规"和"风险自担"的原则，又包括"自愿参与"的原则。如此一来，就可以说，在新时期，我国所积极鼓励的员工持股计划是在"自愿参与"基础上的员工持股计划，我国参与员工持股计划的员工对相关企业员工持股计划的参与，充分体现了公司员工对于所在企业未来发展前景的高度认同。所以，在某种意义上可以说，员工对员工持股计划的积极参与反映了员工所在公司的股票不仅具有较高的安全边际，而且也反映出相关公司的股票具有较好的投资机会；在宏观环境不良、资本市场表现不佳的情况之下，使得股票的市场价值低于员工持股的成本；在宏观环境扭转、资本市场企稳的背景之下，实施员工持股计划的公司的股票表现必然要好于资本市场的总体表现。除此之外，对于股票二级市场的投资者而言，相关企业所实施的员工持股计划股价可以作为重要的参考指标。具体来看，上市公司之所以能够成功推出员工持股计划，员工之所以要参与相应的员工持股计划，本质的逻辑必然体现为员工参与员工持股计划有利可图，可能造成员工亏损的员工持股计划必然不能成功实施；如此一来，这个基本的思路就成为了投资者决定是否开展相关投资的基本依据，对于这些投资者而言，只要投资者购买相关股份的价格低于员工持股的价格，那么投资者就可能做出投资的决定；反之，对于这些投资者而言，如果投资者购买相关股份的价格高于员工持股的价格，那么投资者就可能做出出售相关股份的决定；事实上，这些投资者是企业推行员工持股计划进程的"搭便车者"。

基于上述对于员工持股计划的宣告所产生的相关效应的分析，总体而言，可以得到上市公司员工持股计划宣告效应为正的结论。为此，在本书中，笔者提出如下关于上市公司员工持股计划的宣告同宣告效应直接的关系。

假设5.1：上市公司员工持股计划的宣告会带来正向的宣告效应。

二　资金来源与员工持股计划的宣告效应

对于员工持股计划的市场效应而言，资金来源无疑扮演着重要的角色。根据《关于上市公司实施员工持股计划试点的指导意见》，员工持股计划的资金来源可以分为多种渠道，既可以是员工所得到的合法薪酬，也可以是法律以及行政法规所允许的其他的资金收入来源方式。在实践中，企业实施员工持股计划的资金来源多种多样，归纳起来大概有如下几个不同的类型，这些资金来源既可以是员工的薪酬，也可以是员工的自筹资金，既可以是企业税收利润的提取，也可以是股东或实际控制人所提供的融资质押担保借口等。不同的资金来源造成不同的激励约束结果，如果员工参与员工持股计划的资金来源为员工的薪酬或者员工的自筹资金，那么说明参与员工持股计划的员工对于行权价格是认可的，也反映出参与员工对于公司发展前景的认可和乐观预期；究其原因，如果员工所在企业的业绩下降，那么参与员工持股计划的员工必然承受因股票价格下降而造成的股票价格下降风险，从而对于员工本身更加积极的工作起到了极大的推动作用。如果员工参与员工持股计划的资金来源为企业税后净利润提取，或者股东或实际控制人所提供的融资质押担保借款等渠道，那么就在一定程度上并不能说明员工对于行权价格是认可的，因为员工并没有因为参与员工持股计划而承担公司的风险，股票市场的反应对于参与员工持股计划的员工的激励和约束作用有限。所以，从理论的推导过程可以基本得到如下关于资金来源对于宣告效应的调节影响，即那些资金来源为员工薪酬或自筹资金的员工持股计划，能够更加充分地体现"利益捆绑、风险共担、收益共享"的宗旨，不仅有利于激励参与员工持股计划的人力资本，而且能够有效地降低委托代理成本，进而带来股东财富的增加；那些资金来源为其他的员工持股计划，并不能充分地体现上述宗旨或原则，也就不能更激励参与员工的人力资本，最终既不能降低委托代理问题，也不能实现股东财富的增加。

基于以上分析，本书提出如下假设：

假设 5.2：在员工持股计划中，资金来源为员工薪酬及自筹资金的员工持股计划宣告效应要好于其他资金来源的员工持股计划宣告效应。

三　股票来源与员工持股计划的宣告效应

员工持股计划的股票来源是整个员工持股计划的核心。根据《关于上市公司实施员工持股计划试点的指导意见》，上市公司回购、二级市场购买、认购非公开发行股票[①]、股东自愿赠予等可以作为员工持股计划的股票来源方式。实践中，员工持股计划的股票来源可以归纳为二级市场购买[②]，认购非公开发行股票，以及股东自愿赠予。根据《关于上市公司实施员工持股计划试点的指导意见》以及《上市公司非公开发行股票实施细则》，如果员工持股计划的股票来源为认购非公开发行股票，员工认购后需要锁定 36 个月才可以转让，如果员工持股计划的股票来源为二级市场购买，则员工认购后只需要锁定 12 个月就可以转让。我们一般认为，锁定期越长，投资者面临的投资风险可能越大。从员工持股计划的股票来源方式来看，认购非公开发行股票方式的员工将会面临更高的风险。我们可以推断，那些通过认购非公开发行股票方式参与员工持股计划的员工会更加关注公司的长远发展，努力提高企业的业绩表现。从另一个角度来看，认购非公开发行股票的发行价可以按照定价基准日公司股票价格的 90% 发行。也就是说，认购非公开发行股票的发行价一般比公司股票的市场价格

[①] 非公开发行股票和定向增发股票，两者的概念和意义是相同的，只是叫法不同，凸显的特点不同。非公开发行股突出非公开性，而定向增发股则是凸显了定向发行的特性。

[②] 还有样本企业采用上市公司回购，这种方式基本采取的是从二级市场回购公司股票，所以归入二级市场购买。二级市场购买，包括但不限于竞价交易、大宗交易、协议转让等。

低一些，员工认购非公开发行股票的股价上涨空间更大一些，员工更愿意采取这种方式购买。不仅如此，非二级市场购买方式中有一部分可能来自大股东无偿赠予，这在一定程度上可以激发员工的工作积极性，从而提高企业的市场价值。

基于以上分析，本书提出如下假设：

假设5.3：在员工持股计划中，股票来源为非二级市场购买的员工持股计划宣告效应要好于二级市场购买的员工持股计划宣告效应。

四　股份占比与员工持股计划的宣告效应

员工持股计划的股份占比其实是比较有限的。《关于上市公司实施员工持股计划试点的指导意见》对员工持股计划的单个员工持股以及员工持股计划合计持股有进一步规定，如"上市公司全部有效的员工持股计划所持有的股票总数累计不得超过公司股本总额的10%，单个员工所获股份权益对应的股票总数累计不得超过公司股本总额的1%"[①]。Wagner、Rosen 以 13 家员工持股股份超 10% 的上市公司市场绩效与同行业进行对比，发现市场绩效高于同行业数据 62% —75%。[②] 从总体上看，新一轮的员工持股计划在一定程度上控制和限制持股总额，可以规避"搭便车"现象的发生。同时，以往的员工持股计划曾出现过类似平均主义的错误倾向，而个人持股限额的规定，可以在尽可能保证公平的基础上，向管理层、科技人员倾斜，是一种更加合理的设定。

基于以上分析，本书提出如下假设：

假设5.4：在员工持股计划中，股份占比越高，员工持股计划的宣告效应程度越大。

---

① 中国证券监督管理委员会：《关于上市公司实施员工持股计划试点的指导意见》，载于《法律图书馆》，http：//www. law-lib. com/law/law_ view. asp？id＝457118 ［EB/OL］，2014—06—20/2017—12—25。

② Wagner I., Rosen C., "Employee Ownership：Its Effects on Corporate Performance"，*Employee Relations Today*，Vol. 12，No. 1，1985，pp. 77－82.

五　参与员工占比与员工持股计划的宣告效应

员工持股计划中参与员工占比也会对上市公司造成影响。一方面，员工持股比例越高，体现了员工作为内部人员对企业未来前景的看好，员工会更加努力提高公司的市场价值，反过来，公司的股票市值越高，员工的个人收入也会相应地提高。另一方面，员工持股计划使员工从劳动供给者的身份转变成公司的一个产权方，可以逐步加入到企业事务决策的行列，员工可以影响公司的决策以及决策质量[①]。参与员工占比越高，员工左右公司决策的权力也就越大。此外，员工有了股份除了在激励以及决策两个方面的改善之外，还能够促使员工监督管理层的行为，以减少管理者的高监督成本[②]。

基于以上分析，本书提出如下假设：

假设 5.5：在员工持股计划中，参与员工占比越高，员工持股计划的宣告效应程度越大。

六　高管认购比例与员工持股计划的宣告效应

高层管理者、中层管理者、普通员工都是参与员工持股计划的员工一方。由于不同岗位、不同职能的员工对企业业绩的影响不同，因此，对员工持股计划的宣告影响理论上是不同的。一般来说，管理者能够影响企业未来的发展走向，能够对企业决策产生重大影响，而普通员工对企业决策的影响作用不大。因此，文献中的研究有三种代表性观点：第一，Kim、Quimet 的研究发现，大范围的普通员工持股可

---

① Jones D. C., Kato T., "The Productivity Effects of Employee Stock-ownership Plans and Bonuses: Evidence From Japanese Panel Data", *The American Economic Review*, Vol. 85, No. 3, 1995, pp. 391 – 414.

② FitzRoy F. R., Kraft K., "Cooperation, Productivity, and Profit Sharing", *The Quarterly Journal of Economics*, Vol. 102, No. 1, 1987, pp. 23 – 35.

能会产生"搭便车"问题，对企业业绩的影响反而不佳。[①] 第二，Welz、Fernández-Macías 的研究发现，管理层参加员工持股计划的比例是普通员工参加员工持股计划的 4 倍，因为高管持股比例高有助于降低代理成本。[②] 第三，高管比普通员工拥有更加明显的信息优势。Brandes、Dharwadkar、Lemesis 调查发现，20 世纪 80 年代开始的员工持股计划呈现出一种中层管理者、核心技术人员持股更多的基本特征，这更加有利于传递积极的投资信号。[③]

基于以上分析，本书提出如下假设：

假设 5.6：在员工持股计划中，高管认购比例高的员工持股计划宣告效应强于高管认购比例低的员工持股计划宣告效应。

第二节　研究设计

一　样本选择与数据来源

本章以 2014 年 7 月 1 日—2017 年 9 月 30 日期间上海证交所 A 股主板，以及深圳证交所 A 股主板、中小板、创业板中实施员工持股计划的上市公司作为研究样本。2014 年 6 月新时期中国上市公司员工持股计划重启，因此，本书选择 2014 年 7 月 1 日作为考察期间的起点。

本书共收集到沪深 A 股上市公司首次公告员工持股计划（草案）770 个，即 770 个事件。为确保数据的准确与可靠，本章执行了以下筛选程序：（1）剔除 ST、＊ST、PT 类股票波动较为异常的样本企业。（2）剔除上市不久就宣告实施员工持股计划的样本企业，以避

① Kim E., Ouimet P., "Broad-based Employee Stock Ownership: Motives and Outcomes", *Journal of Finance*, Vol. 69, No. 3, 2014, pp. 1273 – 1319.

② Welz C., Fernández-Macías E., "Financial Participation of Employees in the European Union Much Ado About nothing", *European Journal of Industrial Relations*, Vol. 14, No. 4, 2008, pp. 479 – 496.

③ Brandes P., Dharwadkar R., Lemesis G. V., "Effective Employee Stock Option Design: Reconciling Stakeholder, Strategic, and Motivational Factors", *The Academy of Management Executive*, Vol. 17, No. 1, 2003, pp. 77 – 93.

免估计窗口时间不足的情况。（3）剔除因重大资产重组、非公开发行等事件而长期处于停牌的上市公司。经过这一处理，剩余 762 个事件。（4）在整个研究期间内，有很多上市公司发行了多期员工持股计划，如发行期数最多的欧菲光（002456.SZ），共发行 6 期员工持股计划，属于同一个企业、同一类事件。那么，本书按照同一个企业考察期内只保留第一次公告员工持股计划（草案）的基本原则，剔除掉多余事件，以保证估计窗口的清洁，剩余 614 个事件。最后，本章共获得了 614 个有效样本，其中，2014 年 35 个，2015 年 271 个，2016 年 150 个，2017 年 158 个。本章对样本企业中的所有数据进行 1% 和 99% 分位数的缩尾处理（Winsorize），剔除异常数据，使数据平滑。

本章所需员工持股计划数据主要来源于 Wind 资讯，并手工查阅巨潮资讯网各上市公司的员工持股计划（草案）公告作为补充，样本公司的其他会计业绩指标数据来源于 CSMAR 数据库。另外，为尽量避免人工处理数据带来的误差，本书对所有数据处理过程进行了二次验证。

二　事件研究与模型构建

本章采用事件研究法来衡量员工持股计划的市场反应。这里需要指出的是，事件研究法的前提是满足市场有效性假说，上市公司的特质信息市场能够快速反映到股价中去。2005 年 5 月 9 日股权分置改革开始之前，中国的资本市场并不能符合这一假定，而我国证券市场在完成股权分置改革后，我国法律制度与公司治理环境的不断改善[1]，基本符合半强势有效的前提假设。本章考察期间的起始点为 2014 年，因此采用事件研究法具有合理性。

（一）事件研究

1. 事件日的界定

本章将员工持股计划（草案）公告日定义为事件日。具体操作

---

① Conyon M. J., He L., "CEO Compensation and Corporate Governance in China", *Corporate Governance: An International Review*, Vol. 20, No. 6, 2012, pp. 575 – 592.

时，以员工持股计划（草案）董事会预案日为准。一般来讲，董事会预案日后会公布经董事会决议的员工持股计划（草案），此份员工持股计划尚未经过股东大会或证监会的修改，不仅是公司员工持股计划首次向公众披露，而且还可以真实反映公司设计员工持股计划的初衷。因此，本章考察员工持股计划（草案）的宣告，并进一步分析草案设计本身的特性，来考察我国实施员工持股计划的市场效应。

2. 窗口的选取

在研究员工持股计划宣告的市场效应中，窗口期的长短选择直接关系到研究结论的准确性。而窗口的选取主要涉及事件窗口的选取和估计窗口的选取两个方面。

第一，事件窗口的选取。事件窗口的选取一般需要考虑到市场有效性假说的问题。根据有效市场假说，员工持股计划宣告与股票市场反应理论上应近乎同时发生。然而，由于我国资本市场尚未达到强势有效，股价对员工持股计划公告日的反应速度会比预想的要慢，所以在时间窗口的选择上并没有形成统一的标准。事件窗口选择过短，可能会造成信息含量不够，股票价格变动不能反映所有公告的信息；事件窗口选择过长，则可能会产生"噪音"，即窗口期内出现多因素交叉影响的现象。因此，本书将事件窗口分别定义为 $[-1, 1]$，$[-5, +5]$，以及 $[-10, +10]$。

第二，估计窗口的选取。Campbell、Lo、MacKinlay 在研究中提出，事件窗口为 $[-30, +30]$ 以内的，估计窗口可以选择 120 天及以上。本书的事件窗口最长仅为 $[-10, +10]$，同时，为尽量减少时间日期间相关消息的干扰，估计窗口的长度定义为 $[-101, -11]$，即事件窗口前 11 天到 101 天共 90 个交易日。[①]

3. 正常收益率的估计

正常收益率的估计方法主要包括资本资产定价模型（Capital As-

---

① Campbell J. Y., Lo A. W. C., MacKinlay A. C., *The Econometrics of Financial Markets*, Princeton: Princeton University Press, 1997.

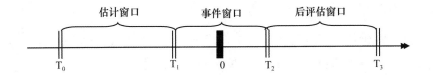

图 5 - 1 事件研究的时间顺序

set Pricing Model，CAPM）、市场模型（Market Model）、均值调整模型
（Constant Mean Return Model），以及市场调整模型（Market-Adjusted
Returns Model）等。Campbell、Lo、MacKinlay 认为，最简单的市场模
型与其他复杂的市场模型一样好[1]，且本书借鉴姜付秀、黄继承、李
丰也、任梦杰的做法，采用市场模型预测股票正常收益率。[2]

市场模型的基本设定如下：

$$R_{it} = \alpha_i + \beta_i R_{mt} + \varepsilon_{it} \qquad (5-1)$$

其中，R_{it} 和 R_{mt} 分别表示企业 i 和证券市场组合 m 在第 t 时点的回报
率，ε_{it} 为误差项，α_i、β_i 为待估参数。R_{it} 以考虑现金红利再投资的日个股
回报率来代替。由于本书的研究对象同时涉及沪市和深市上市公司，因
此，R_{mt} 以考虑现金红利再投资的日市场回报率（等权平均法）来代替。

在估计窗口 [-60，-30] 内，针对每一个样本企业，采用 OLS
估计市场模型，获得参数 α_i 和 β_i 的估计值 $\hat{\alpha}_i$、$\hat{\beta}_i$、以及残差项 e_{it}，

$$e_{it} = R_{it(est)} - \hat{\alpha}_i - \hat{\beta}_i R_{mt(est)} \qquad (5-2)$$

在事件 [-5，+5] 内，计算样本企业 i 的正常收益率（期望收
益率）ER_{it}，

$$ER_{it} = \hat{\alpha}_i + \hat{\beta}_i R_{mt} \qquad (5-3)$$

① Campbell J. Y.，Lo A. W. C.，MacKinlay A. C.，*The Econometrics of Financial Markets*，
Princeton：Princeton University Press，1997.

② 姜付秀、黄继承、李丰也、任梦杰：《谁选择了财务经历的 CEO?》，《管理世界》
2012 年第 2 期。

4. 超常收益率的估计

为了评价员工持股计划公告事件的影响，需要对超常收益率进行度量。超常收益率（Abnormal Returns，AR）是事件窗口内样本企业 i 的实际收益率与正常收益率之差：

$$AR_{it} = R_{it} - ER_{it} = R_{it} - (\hat{\alpha}_i + \hat{\beta}_i R_{mt}) \qquad (5-4)$$

其中，AR_{it} 是第 i 个证券在第 t 期的异常收益，R_{it} 是第 i 个证券在第 t 期的实际收益，ER_{it} 是估计的正常收益。

5. 累计超额收益率、平均超额收益率和累计平均超额收益率的估计

CAR（Cumulative Abnormal Return）表示第 i 个证券在事件期内的累计超额收益率。

平均超常收益率（Average Abnormal Return，AAR）为在事件期的某一时点 t 上，N 家证券的超常收益率的平均值，即：

$$AAR_t = \frac{1}{N} \sum_{i=1}^{N} CAR_{it} \qquad (5-5)$$

进一步计算这 N 个样本企业在事件窗口期内的累计平均超额收益率 ACAR（Average Cumulative Abnormal Return）：

$$ACAR(-1,1) = \sum_{t=-1}^{1} AAR_t \qquad (5-6)$$

根据以上计算过程，可以分别计算得出 CAR、AAR 和 ACAR，然后运用 T 检验法（参数检验）[1]，分别对 CAR、AAR、ACAR 与 0 的差异性进行检验，判定 CAR、AAR、ACAR 是否显著，从而可以得出员工持股计划公告事件在事件窗口内是否能够给股东带来短期财富增长，据此可以判定股东的短期财富效应。

（二）模型构建

本章的数据属于横截面数据（Cross-sectional data）。本章欲进一步研究员工持股计划的具体契约要素对员工持股计划市场反应的影响。因此，

---

[1] 一般来说，检验方法的选择与样本量大小直接相关。如果使用参数检验（如 T 检验），则需较大的样本，至少 35；如果样本量较小，则考虑非参数检验（Wilcoxon 秩和检验）。

以事件窗口为 [-5, +5] 的员工持股计划超额累计收益率 (car5) 作为被解释变量, 以员工持股计划的具体契约要素 (资金来源、股票来源、股份占比、参与员工占比、高管认购比例) 作为解释变量, 在控制其他变量的基础上, 构建多元线性回归模型, 以考察不同资金来源、不同股票来源、不同股份占比、不同参与员工占比、不同高管认购比例等契约要素是如何影响员工持股计划的市场效应的。具体模型如下:

$$
\begin{aligned}
car5 = {} & \beta_0 + \beta_1 \times fund + \beta_2 \times stock + \beta_3 \times inside + \beta_4 \times \\
& parti + \beta_5 \times mana + \beta_6 \times size + \beta_7 \times lev1 + \beta_8 \times \\
& lev2 + \beta_9 \times rtr1 + \beta_{10} \times rtr2 + \beta_{11} \times roe + \beta_{12} \times \\
& grow + \beta_{13} \times cr10 + \varepsilon
\end{aligned}
$$

$$(5-7)$$

上述模型中, $car5$ 为被解释变量, 表示事件窗口为 [-5, +5] 时的累计超额收益率。$fund$ 为解释变量, 代表样本企业员工持股计划 (草案) 中的资金来源; $stock$ 为解释变量, 代表样本员工持股计划 (草案) 中的股票来源; $inside$ 为解释变量, 表示参与员工占比, 代表员工持股计划所持有的股票总数占总股本的比例; $parti$ 为解释变量, 表示员工持股计划涉及的员工占员工总数的比例; $mana$ 为解释变量, 表示员工持股计划中高管认购的比例。此外, 本书还选取了 $size$ (公司规模)、$lev1$ (短期偿债能力)、$lev2$ (长期偿债能力)、$rtr1$ (人力资源运营能力)、$rtr2$ (生产资料运营能力)、roe (企业盈利能力)、$grow$ (企业发展能力)、$cr10$ (股权集中度) 作为控制变量。ε 为随机误差项, β_0 为常数项, β_1—β_{13} 为各对应变量的参数估计。

三 变量选择

(一) 被解释变量

在本章构建的多元线性回归模型中, 主要选取 [-5, +5] 时间窗口内的超额累计收益率 $car5$ 作为被解释变量。为谨慎起见, 在稳健性检验中也对 [-1, +1]、[-10, +10] 两个时间窗口分别进行了考察。

（二）解释变量

本章主要研究员工持股计划的五个合约要素对员工持股计划市场反应的影响，包括资金来源、股票来源、股份占比、参与员工占比以及高管认购比例，具体定义如下。

1. 资金来源（fund）

员工薪酬及自筹资金、企业税后净利润提取、股东提供融资质押贷款等为员工持股计划的主要资金来源方式。此处定义，员工持股计划的资金来源为员工薪酬及自筹资金的取 1，其他资金来源的取 0。

2. 股票来源（stock）

员工持股计划的股票来源可以归纳为二级市场购买，认购非公开发行股票，以及股东自愿赠予。此处定义，员工持股计划的股票来源为非二级市场购买（股东赠予、上市公司回购、定向增发）的取 1，二级市场购买的取 0。

3. 股份占比（inside）

员工持股计划的股份占比定义为员工持股计划涉及的股票数量/上一年末总股本。

4. 参与员工占比（parti）

参与员工占比定义为参与员工持股计划的员工人数/员工总数。

5. 高管认购比例（mana）

高管认购比例定义为员工持股计划中管理层持股占总股本比例。

（三）控制变量

借鉴已有文献，本章设定的控制变量包括两类：公司特征类变量以及公司治理水平变量。详细的变量说明如下。

1. 企业规模（size）

根据 Kandel、Lazear 的研究，企业规模影响员工持股，规模大的企业更难观察到员工的努力水平，因此大公司中搭便车行为的可能性更大。[1] 本

---

[1] Kandel E., Lazear E. P., "Peer Pressure and Partnerships", *Journal of Political Economy*, Vol. 100, No. 4, 1992, pp. 801 – 817.

章以年末上市公司合并财务报表总资产的自然对数来衡量企业规模。

2. 企业偿债能力

（1）短期偿债能力（lev1）。本章以事件日所属年度或半年度流动比率来衡量，流动比率＝（流动资产/流动负债）×100%。（2）长期偿债能力（lev2）。以事件日所属年度资产负债率来衡量，资产负债率＝（负债总额/资产总额）×100%。其值越大说明公司获取利润的能力越强，但值过高，说明企业财务风险过大。

3. 企业运营能力

（1）人力资源运营能力（rtr1）。本章以事件日所属年度劳动效率来衡量，劳动效率＝（主营业务收入净额/员工人数）×100%。（2）生产资料运营能力（rtr2）。本章以事件日所属年度应收账款周转率来衡量，应收账款周转率＝（赊销收入/应收账款平均余额）×100%。

4. 企业盈利能力（roe）

根据 Aggarwal、Samwick[1] 的做法，本章以事件日所属年度净资产收益率来衡量企业盈利能力，净资产收益率可反映公司所有者权益的投资报酬率，净资产收益率＝（净利润/所有者权益）×100%。

5. 企业发展能力（grow）

本章以事件日所属年度净利润同比增长率来衡量，净利润同比增长率＝［（本期净利润－上期净利润）/上期净利润］×100%。

6. 股权集中度（cr10）

根据 La Porta、Lopez-de-Silanes、Shleifer、Vishney[2]、Jiang、Lee、Yue[3] 的做法，本章以事件日所属年度前十大股东持股比例合计作为

---

[1]　Aggarwal R. K., Samwick A. A., "Empire-builders and Shirkers: Investment, Firm Performance, and Managerial Incentives", *Journal of Corporate Finance*, Vol. 12, No. 3, 2006, pp. 489–515.

[2]　La Porta R., Lopez-de-Silanes F., Shleifer A. R. Vishney., "Corporate Ownership Around the World", *Journal of Finance*, Vol. 54, No. 2, 1999, pp. 471–517.

[3]　Jiang G., Lee C. M. C., Yue H., "Tunneling Through Intercorporate Loans: The China Experience", *Journal of Financial Economics*, Vol. 98, No. 1, 2010, pp. 1–20.

股权集中度的代理变量。

相关变量的具体定义见表 5 - 1。

表 5 - 1　　　　　　　　　　　　主要变量一览表

变量符号	变量名称	变量定义
		被解释变量
car	员工持股计划（草案）引起的市场反应	使用市场模型估计的样本公司的累积超常收益率，car1、car5 以及 car10 分别表示事件期为 [- 1, + 1]、[- 5, + 5] 以及 [- 10, + 10]
		解释变量
fund	资金来源	员工持股计划的资金来源为员工薪酬及自筹资金的取 1，其他资金来源的取 0
stock	股票来源	员工持股计划的股票来源为非二级市场购买（股东赠予、上市公司回购、定向增发）的取 1，二级市场购买的取 0
inside	股份占比	员工持股计划涉及的股票数量/上一年末总股本
parti	参与员工占比	参与员工持股计划的员工人数/员工总数
mana	高管认购比例	员工持股计划中管理层持股占总股本比例
		控制变量
size	公司规模	以事件日所属年度或半年度上市公司合并财务报表总资产的自然对数
lev1	短期偿债能力	以事件日所属年度或半年度流动比率来衡量
lev2	长期偿债能力	以事件日所属年度资产负债率来衡量
rtr1	人力资源运营能力	以事件日所属年度劳动效率来衡量
rtr2	生产资料运营能力	以事件日所属年度应收账款周转率来衡量
roe	一般盈利能力	以事件日所属年度净资产收益率来衡量
grow	企业发展能力	以事件日所属年度净利润同比增长率来衡量
cr10	股权集中度	以事件日所属年度前十大股东持股比例合计来衡量

备注：本章中所有涉及比例计算的变量单位均为"％"。

资料来源：作者整理。

第三节　事件研究结果

一　全样本事件研究结果

在 Stata 处理数据的过程中，在原始 614 个员工持股计划事件日的基础上，剔除由于当天没有交易、无法获得正常收益率的 180 个事件公告日，剩余 434 个事件，再剔除估计窗口不足 90 天的 11 家企业，最后剩余实际可获得数据的事件为 423 个观测值。首先，计算事件窗口 [-10, +10] 的超额收益率（AR）。其次，计算平均超额收益率（AAR）和累计平均超额收益率（ACAR）。最后，进行显著性检验。全样本事件研究的具体结果如表 5-2 所示。

通过表 5-2 可知，从整体上看，423 个全样本企业在公告日当天（t=0）的平均超额收益率（AAR）为 0.0238、累计平均超额收益率（ACAR）为 1.8455，在 1%（T=8.1800）的显著性水平上通过了单样本 T 检验；423 个全样本企业在公告日后一天（t=1）的平均超额收益率（AAR）为 0.0109、累计平均超额收益率（ACAR）为 1.8564，在 1%（T=5.7700）的显著性水平上通过了单样本 T 检验，表明投资者对员工持股计划公告产生了积极的反应，基本验证了本章的假设 5.1。进一步讲，公告日前 10 天平均超额收益率（AAR）和累计平均超额收益率（ACAR）没有通过单样本 T 检验，说明资本市场的信息泄露问题不严重；而且，事件日后 10 天的平均超额收益率（AAR）和累计平均超额收益率（ACAR）也没有通过单样本 T 检验，表明员工持股计划只能带来非常显著的短期市场反应。故假设 5.1 成立，上市公司员工持股计划的宣告会带来正向的市场反应。当上市公司宣告实施员工持股计划时，股东在 [-1, +1] 的时间窗口内能获得约 1.86% 的累计超额收益率。

表 5-2 事件窗口期内员工持股计划公告的市场反应（全样本）

事件窗口	AAR	ACAR	T 值
-10	0.0004	0.0004	0.2300
-9	-0.0007	-0.0003	-0.4700
-8	0.0013	0.0010	0.8600
-7	-0.0004	0.0006	-0.3100
-6	-0.0014	-0.0008	-0.9000
-5	-0.0006	-0.0013	-0.4000

续表

事件窗口	AAR	ACAR	T 值
−4	0.0012	−0.0002	0.8000
−3	−0.0009	−0.0010	−0.6400
−2	0.0026 *	0.0016	1.8200
−1	1.8200 ***	1.8216 ***	5.7700
0	0.0238 ***	1.8455 ***	8.1800
1	0.0109 ***	1.8564 ***	5.1400
2	0.0033	1.8596	1.5700
3	0.0035 *	1.8631 *	1.7500
4	0.0037 **	1.8668 **	2.1400
5	0.0019	1.8687	1.1100
6	0.0022	1.8709	0.1490
7	−0.0005	1.8705	−0.3000
8	0.0004	1.8708	0.2400
9	0.0018	1.8726	1.2400
10	0.0013	1.8739	0.9200

备注：①***、** 和 * 分别表示在1%、5%和10%水平上显著；②AAR 表示超额收益率，ACAR 表示平均累积超额收益率。

资料来源：作者根据 Stata 14.0 计算所得。

二　分区间事件研究结果

（一）区间划分

在考察期间，我国的资本市场经历了三个明显不同的市场状态。以沪深 300 指数来衡量，如图 5−2 所示，可以将 2014 年 7 月—2017 年 9 月的资本市场走势归纳为三个区间：第一，牛市区间，时间跨度为 2014 年 7 月—2015 年 6 月。此区间股指持续上扬，表现出牛市特征。第二，熊市区间，时间跨度为 2015 年 7 月—2016 年 1 月。此区间股指出现阶段性反弹走低，表现出熊市特征。第三，震荡区间，时间跨度为 2016 年 2 月—2017 年 9 月。经历过 2016 年 1 月的熔断后，股指走出凹槽，随后在 3000 点左右震荡，并微微上扬。因此，为避免资本市场本身的走势对研究结果的影响，本章进一步对三个区间分别展开研究。

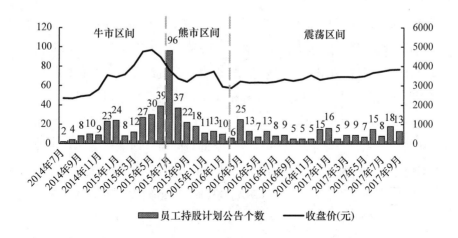

图 5 - 2　ESOPs 公告的时间分布与沪深 300 指数走势

资料来源：作者整理。

（二）分区间结果

如表 5 - 3 所示，从分区间员工持股计划公告的市场反应结果来看，牛市区间、熊市区间以及震荡区间员工持股计划公告数量分别为 196 件、207 件以及 211 件，公告数差别不大，说明资本市场状态对上市公司是否实施员工持股计划的影响作用不大。

在同样剔除事件日当天没有交易数据和估计窗口不足 90 天的样本后，分别对牛市区间、熊市区间以及震荡区间展开分析。第一，牛市区间内，142 个样本企业在公告日当天（t = 0）的平均超额收益率为 0.0367、累计平均超额收益率为 0.0619，在 1%（T = 7.2500）的显著性水平上通过了单样本 T 检验；142 个样本企业在公告日后一天（t = 1）的平均超额收益率为 0.0202、累计平均超额收益率为 0.0821，在 1%（T = 4.6000）的显著性水平上通过了单样本 T 检验；142 个样本企业在公告日后一天（t = 2）的平均超额收益率为 0.0092、累计平均超额收益率为 0.0913，在 1%（T = 2.2200）的显著性水平上通过了单样本 T 检验；142 个样本企业在公告日后一天（t = 3）的平均超额收益率为 0.0093、累计平均超额收益率为 0.1006，在 5%（T = 2.3900）的显著性水平上通过了单样本 T 检验；142 个样本企业在公告日后一天（t = 4）的平均超额收益率为 0.0058、累计平均超额收益率为 0.1064，在 10%（T = 1.7000）的显著性水平上通过了单样本 T 检验。以上事件研究结果表明牛市期间投资者对员工持股计划公告产生了积极的反应，而且市场反应好于全考察期的情况，验证了本章的假设 5.1。且在牛市区间内，当上市公司宣告实施员工持股计划时，股东在 [-1，+1] 的时间窗口内能获得约 0.08% 的累计超额收益率。第二，熊市区间内，139 个样本企业在公告日当天（t = 0）的平均超额收益率为 0.0242、累计平均超额收益率为 0.0264，在 1%（T = 3.6900）的显著性水平上通过了单样本 T 检验；139 个样本企业在公告日后一天（t = 1）的平均超额收益率为 0.0118、累计平均超额收益率为 0.0382，在 1%（T = 2.8300）的显著性水平上通过了单样本 T 检验。以上事件研究结果表明熊市期间投资者对员工持股计划公告产生了积极的反应，与全考察期的情况持平，验证了本章的假设 5.1。且在熊市区间内，当上市公司宣告实施员工持股计划时，股东在 [-1，+1] 的时间窗口内能获得约 0.04% 的累计超额收益率。第三，震荡区间内，142 个样本企业在公告日后的平均超额收益率和累计平均超额收益率均不显著，但为正值，部分验证了本章的假设 5.1。且在震荡区间内，当上市公司宣告实施员工持股计划时，股东在 [-1，+1] 的时间窗口内能获得约 0.02% 的累计超额收益率。

从以上结果我们发现，牛市区间、熊市区间、震荡区间员工持股计划均能带来积极的市场反应。其中，牛市期间投资者对员工持股计划公告产生了积极的反应，而且市场反应好于全考察期的情况；熊市期间投资者对员工持股计划公告产生了积极的反应，且市场反应与全考察期的情况持平，窗口期内，员工持股计划（草案）公告前，样本公司的资本市场表现持续不佳，而笔者发现员工持股计划（草案）的公告在一定程度上扭转了样本公司的连续负面估值，对样本公司的资本市场价值起到了修正作用；在震荡区间内，投资者出于对资本市场预期的不明确，而对员工持股计划的反应并不强烈。

表 5 - 3　事件窗口期内员工持股计划公告的市场反应（分区间）

事件窗口	牛市区间（2014 年 7 月—2015 年 6 月）共 142 个样本			熊市区间（2015 年 7 月—2016 年 1 月）共 139 个样本			震荡区间（2016 年 2 月—2017 年 9 月）共 142 个样本		
	AAR	ACAR	T 值	AAR	ACAR	T 值	AAR	ACAR	T 值
-10	-0.0009	-0.0009	-0.3600	0.0008	0.0008	0.2100	0.0012	0.0012	0.5500
-9	-0.0005	-0.0014	-0.2500	-0.0008	0.0000	-0.2400	-0.0006	0.0006	-0.3900
-8	0.0011	-0.0003	0.4500	0.0027	0.0026	0.7800	0.0002	0.0008	0.1000
-7	0.0045*	0.0042*	1.9100	-0.0052*	-0.0026*	-1.7600	-0.0007	0.0001	-0.5500
-6	-0.0012	0.0030	-0.4900	-0.0025	-0.0051	-0.7300	-0.0004	-0.0003	-0.2400
-5	-0.0019	0.0011	-0.8600	-0.0009	-0.0060	-0.2700	0.0011	0.0008	0.7700
-4	0.0011	0.0022	0.4100	-0.0001	-0.0061	-0.0300	0.0024	0.0032	1.2600
-3	0.0042*	0.0064*	1.8800	-0.0045	-0.0105	-1.5100	-0.0024	0.0008	-1.4900
-2	0.0048**	0.0112**	1.9900	0.0002	-0.0103	0.0500	0.0029*	0.0037*	1.6900
-1	0.0140***	0.0252***	4.9800	0.0125***	0.0022***	3.6900	0.0010	0.0047	0.5900
0	0.0367***	0.0619***	7.2500	0.0242***	0.0264***	3.8000	0.0107	0.0154	3.5800
1	0.0202***	0.0821***	4.6000	0.0118***	0.0382***	2.8300	0.0007	0.0161	0.4300
2	0.0092**	0.0913**	2.2200	-0.0006	0.0376	-0.1400	0.0012	0.0173	0.5500
3	0.0093**	0.1006**	2.3900	0.0033	0.0409	0.7900	-0.0022	0.0151	-1.5000
4	0.0058*	0.1064*	1.7000	0.0039	0.0447	1.1000	0.0015	0.0166	0.8200
5	-0.0023	0.1041	-0.7200	0.0057	0.0505	1.5900	0.0022	0.0188	1.4800
6	0.0035	0.1076	1.1600	0.0009	0.0514	0.2800	0.0024	0.0212	1.3200
7	0.0020	0.1096	0.7100	-0.0027	0.0486	-0.8800	-0.0007	0.0205	-0.4400
8	0.0022	0.1118	0.7300	-0.0014	0.0473	-0.4600	0.0002	0.0207	0.1500
9	0.0050*	0.1168*	1.7000	-0.0011	0.0462	-0.3700	0.0014	0.0221	0.8700
10	0.0043	0.1211	1.6100	0.0005	0.0467	0.1700	-0.0010	0.0211	-0.8300

备注：①***、**和*分别表示在 1%、5% 和 10% 水平上显著；②AAR 表示超额收益率，ACAR 表示平均累计超额收益率。

资料来源：作者根据 Stata 14.0 计算所得。

第四节 实证检验结果

一 描述性统计

本章所涉及的主要变量描述性统计结果见表 5 - 4。由表 5 - 4 Panel A 的连续性变量描述性统计结果可知，［- 5，+ 5］事件窗口期内的累计超额收益率均值为 0.0586，说明员工持股计划的短期市场反应一般为正。从流动比率以及资产负债率来看，流动比率的均值为 2.3234，资产负债率的均值为 41.8080，说明员工持股计划的上市公司负债率不高。

由表 5 - 4 Panel B 的虚拟变量描述性统计结果可知，423 个样本企业中，308 个（72.81%）员工持股计划的资金来源为员工薪酬及自筹资金，115 个（27.19%）员工持股计划为其他资金来源，员工薪酬或自筹资金的企业数量远远超过其他资金来源的企业。此外，423 个样本企业中，132 个（31.21%）员工持股计划的股票来源为非二级市场购买（股东赠予、上市公司回购、定向增发），291 个（68.79%）员工持股计划的股票来源为二级市场购买。

表 5 - 4   **主要变量的描述性统计**

Panel A：连续性变量							
变量名	样本量	均值	标准差	最大值	75 分位数	中位数	25 分位数	最小值
car5	423	0.0586	0.1736	0.6656	0.1325	0.0305	- 0.0342	- 0.5494
inside	423	2.1503	1.7706	9.3000	3.0300	1.6976	0.7600	0
parti	423	0.1416	0.1757	1.2000	0.1897	0.0799	0.0239	0
mana	423	26.7588	22.4950	100.0000	39.5900	22.0000	8.3750	0
size	423	21.8290	1.1243	25.2667	22.4341	21.6294	21.0327	19.8262
lev1	423	2.3234	1.9879	12.0438	2.5280	1.7013	1.2329	0.2062
lev2	423	41.8080	20.1008	92.8360	55.6395	39.9606	26.3300	6.8741
rtr1	423	11.7535	1.0875	14.6883	12.3710	11.7348	11.1219	8.8101

续表

Panel A：连续性变量

变量名	样本量	均值	标准差	最大值	75 分位数	中位数	25 分位数	最小值
rtr2	423	30. 2860	113. 6930	868. 3262	11. 1604	4. 6486	2. 7114	0. 0000
roe	423	7. 1027	11. 4159	40. 1709	12. 7342	7. 3479	2. 8505	− 52. 4283
grow	423	− 20. 0848	333. 8408	842. 9969	61. 2801	16. 5778	− 16. 5292	− 1795. 4800
cr10	423	58. 0457	13. 3187	87. 1700	67. 8600	59. 4900	48. 8700	24. 7800

Panel B：虚拟变量

变量名	样本量	X = 0	X = 1
fund	423 （100%）	115 （27. 19%）	308 （72. 81%）
stock	423 （100%）	291 （68. 79%）	132 （31. 21%）

资料来源：作者根据 Stata 14. 0 计算所得。

二 相关性分析

文章首先对主要变量分别进行了 Spearman 相关系数检验和 Pearson 相关系数检验，具体结果见表 5 – 5。表 5 – 5 结果显示，第一，被解释变量与部分解释变量（资金来源、股票来源）之间的相关系数显著，而与部分解释变量（股份占比、参与员工占比、高管认购比例）之间的相关系数不显著，说明被解释变量与部分解释变量之间可能存在相关关系，需要进一步实证分析。第二，解释变量与控制变量之间的相关系数均明显小于 0. 5，说明解释变量与控制变量之间的相关性比较弱。相关系数检验表明不存在严重的多重共线性问题。

接着进行了方差膨胀因子（VIF）检验，一般来说，如果 VIF 大于 10，则认为变量存在多重共线性。如表 5 – 6 所示，检验发现 VIF 最大值为 2. 02，平均的 VIF 值为 1. 37，远小于 10，排除了多重共线性对模型回归结果的影响。

表 5-5

主要变量的相关系数矩阵

	car5	fund	stock	inside	parti	mana	size	lev1	lev2	rtr1	rtr2	roe	grow	cr10
car5	1	0.042*	0.172***	0.033	-0.058	-0.038	-0.078	0.003	-0.049	-0.081*	-0.074	0.050	-0.053	-0.028
fund	0.084*	1	0.136***	0.068	0.033	0.026	0.048	0.050	-0.002	-0.039	-0.083*	-0.029	-0.013	-0.018
stock	0.243***	0.136***	1	0.288***	-0.089*	-0.107**	0.090*	-0.028	0.027	0.034	0.013	0.051	-0.012	0.056
inside	0.038	0.087*	0.348***	1	0.097**	0.023	-0.035	-0.045	0.004	0.059	0.018	0.014	0.007	0.016
parti	-0.039	0.078	-0.052	0.053	1	0.083*	-0.022	0.165***	-0.186***	0.163***	0.049	-0.088*	-0.032	0.017
mana	-0.018	0.035	-0.101**	-0.017	-0.017	1	-0.201***	0.108**	-0.127***	-0.119**	-0.056	-0.044	0.012	-0.038
size	-0.060	0.051	0.103**	-0.018	0.012	-0.207***	1	-0.016	0.089*	0.008	0.058	0.091*	0.022	-0.011
lev1	-0.007	-0.034	-0.003	-0.070	0.121**	0.088*	-0.038	1	-0.775***	-0.201***	-0.208***	0.056	-0.069	-0.016
lev2	-0.021	0.021	0.025	0.014	-0.095*	-0.123**	0.092*	-0.643***	1	0.310***	0.126***	0.029	0.022	-0.032
rtr1	-0.056	-0.020	0.051	0.050	0.179***	-0.077	0.018	-0.098***	0.285***	1	0.338***	-0.003	-0.135***	0.053
rtr2	-0.106**	0.002	-0.015	0.035	0.032	-0.022	0.097**	-0.109***	0.180***	0.263***	1	0.001	-0.127***	0.067
roe	0.023	0.039	0.054	0.036	-0.055	0.005	0.072	0.026	-0.097**	-0.01	0.025	1	0.408***	0.158***
grow	-0.014	0.033	0.079	0.035	-0.077	0.025	0.061	0.032	-0.178***	-0.063	-0.049	0.692***	1	0.055
cr10	-0.004	-0.019	0.047	0.013	0.005	-0.035	0.003	0.052	-0.033	0.050	0.028	0.090*	0.079	1

备注：① *、**和***分别表示在1%、5%和10%水平上显著；②上三角部分为Spearman相关系数检验结果，下三角部分为Pearson相关系数检验结果。

资料来源：作者据Stata 14.0计算所得。

表 5 - 6 　　　　　　　　　　方差膨胀因子检验结果

变量名称	VIF	1/VIF
grow	2.02	0.50
lev2	2.00	0.50
roe	1.95	0.51
lev1	1.78	0.56
rtr1	1.23	0.81
stock	1.20	0.83
inside	1.16	0.86
rtr2	1.11	0.90
parti	1.09	0.91
size	1.08	0.92
mana	1.07	0.93
fund	1.04	0.96
cr10	1.02	0.98
平均 VIF 值	1.37	

资料来源：作者根据 Stata 14.0 计算所得。

三　回归分析

根据模型，以事件窗口为 [-5， +5] 的累计超额收益率 car5 作为被解释变量，检验资金来源、股票来源、股份占比、参与员工占比、高管认购比例与员工持股计划的市场效应之间的关系，参数估计回归结果如表 5 -7 所示。

表 5 -7 　　　　　　事件窗口为 [-5， +5] 的回归模型结果

变量名称	预期符号	car5
fund	+	0.0223 * (1.79)
stock	+	0.0997 *** (5.15)
inside	+	0.0056 * (1.13)

续表

变量名称	预期符号	car5
parti	+	-0.0161 (-0.33)
mana	+	-0.0001 (-0.30)
size		-0.0128* (-1.69)
lev1		-0.0037 (-0.67)
lev2		-0.0003 (-0.51)
rtr1		-0.0063 (-0.75)
rtr2		-0.0001* (-1.75)
roe		0.0012 (1.24)
grow		-0.0001 (-1.46)
cr10		-0.0001 (-0.19)
常数项		0.4046** (2.04)
样本量		423
F 值		3.0700***
调整后 R^2		0.599

备注：①$***$、$**$ 和 $*$ 分别表示在 1%、5% 和 10% 水平上显著；②括号中为 t 值。

资料来源：作者根据 Stata 14.0 计算所得。

（一）模型检验

从拟合优度检验结果来看，多元线性回归模型的调整后可决系数为 0.599，高于 0.500，说明本章所构建的多元线性回归模型对样本的拟合度较好，解释变量可以从总体上解释被解释变量的数量变化关系。

从显著性检验结果来看，多元线性回归模型的 F 值为 3.0700，在 P = 0.01 的水平下显著，说明本章所构建的多元线性回归模型可以联合起来解释被解释变量的显著影响。

以上分析表明，通过拟合优度检验和显著性检验，本章所构建的多元线性回归经济计量模型可以说明员工持股计划的资金来源、股票来源、股份占比、参与员工占比、高管认购比例等各契约要素对于员工持股计划市场反应影响的具体程度，且能够实现各契约要素对于员工持股计划市场反应影响的显著性和方向的探讨。

（二）回归结果

第一，在 p = 10% 的显著性水平下，资金来源对员工持股计划的市场效应显著为正，系数为 0.0223，假设 5.2 成立。这表明，在员工持股计划中，资金来源为员工薪酬及自筹资金的员工持股计划宣告效应要好于其他资金来源的员工持股计划宣告效应。当员工以员工薪酬及自筹资金参与员工持股计划时，股东获得的超额收益率要比其他资金来源方式高 2.23%。

第二，在 p = 1% 的显著性水平下，股票来源对员工持股计划的市场效应显著为正，系数为 0.0997，假设 5.3 成立。这说明，在员工持股计划中，股票来源为非二级市场购买的员工持股计划宣告效应要好于二级市场购买的员工持股计划宣告效应。当员工通过非二级市场购买的方式参与员工持股计划时，股东获得的超额收益率要比其他股票来源方式高 9.97%。

第三，在 p = 10% 的显著性水平下，股份占比对员工持股计划的宣告效应显著为正，系数为 0.0056，假设 5.4 成立。这说明，在员工持股计划中，股份占比越高，员工持股计划的宣告效应程度越大。

第四，参与员工占比对员工持股计划的宣告效应为负，系数为 -0.0161，且不显著，假设 5.5 不成立。实证结果没有发现参与员工占比较高时能带来正向宣告效应的经验证据。这说明，在员工持股计划中，参与员工占比越高，员工持股计划的宣告效应程度反而越小。

第五，高管认购比例对员工持股计划的宣告效应为负，系数为 -0.0001，但不显著，假设 5.6 不成立。实证结果没有发现高管认购比例较高时能带来正向宣告效应的经验证据。这表明，在员工持股计划中，高管认购比例低的员工持股计划宣告效应反而强于高管认购比例高的员工持股计划宣告效应。

本书认为，资本市场对于资金来源不同、股票来源不同的员工持股计划认知较为理性，资金来源为员工薪酬及自筹资金的员工持股计划宣告效应要好于其他资金来源的员工持股计划宣告效应，非二级市场购买类员工持股计划的宣告效应普遍高于二级市场购买类员工持股计划的宣告效应。同时，本书认为造成股份占比、参与人员占比、高管认购比例对员工持股计划宣告效应敏感性不足的原因可能在于《关于上市公司实施员工持股计划试点的指导意见》对于个人持股总额、员工持股计划持股总额进行了限制，因此，员工持股计划涉及的股份数量比较少，从而限制了其本应有的激励约束作用。

四　稳健性检验

为了保证研究结论的可靠性，试以事件窗口为 [-1, +1]、[-10, +10] 两个时间窗口的累计超额收益率作为被解释变量，重复前述的多元线性回归模型，结果如表 5-8 所示。当被解释变量为 car1 时，资金来源对员工持股计划的宣告效应为正，但不显著，系数为 0.0106，假设 5.2 部分成立；在 p = 1% 的显著性水平下，股票来源对员工持股计划的宣告效应显著为正，系数为 0.0437，假设 5.3 成立；股份占比对员工持股计划的宣告效应为正，但不显著，系数为 0.0044，假设 5.4 部分成立；参与员工占比对员工持股计划的宣告效应为负，系数为 -0.0224，且不显著，假设 5.5 不成立；高管认购比例对员工持股计划的宣告效应为负，系数为 -0.0002，但不显著，假设 5.6 不成立。当被解释变量为 car10 时，资金来源对员工持股计划的宣告效应为正，但不显著，系数为 0. 0253，假设 5. 2 部分成立；在 p = 1% 的显著性水平下，股票来源对员工持股计划的宣告效应显著为正，系数为 0. 1074，假设 5. 3 成立；股份占比对员工持股计划的宣告效应为正，但不显著，系数为 0. 0067，假设 5. 4 部分成立；参与员工占比对员工持股计划的宣告效应为负，系数为 - 0. 0451，且不显著，假设 5. 5 不成立；高管认购比例对员工持股计划的宣告效应为负，系数为 - 0. 0004，但不显著，假设 5. 6 不成立。改变被解释变量数值，稳健性检验结果显示本书的研究结果基本保持不变，说明本章研究仍然对评价结果保持一个比较一致、稳定的解释能力。

表 5 - 8　事件窗口为 [- 1，+ 1]、[- 10，+ 10] 的回归分析结果

变量名称	预期符号	car1	car10
fund	+	0. 0106 （1. 01）	0. 0253 （1. 04）
stock	+	0. 0437 *** （4. 05）	0. 1074 *** （4. 26）
inside	+	0. 0044 （1. 59）	0. 0067 （1. 03）
parti	+	- 0. 0224 （ - 0. 82）	- 0. 0451 （ - 0. 71）
mana	+	- 0. 0002 （ - 0. 92）	- 0. 0004 （ - 0. 73）
size		- 0. 0055 （ - 1. 29）	- 0. 0216 ** （ - 2. 18）
lev1		- 0. 0056 （ - 1. 82）	- 0. 0038 （ - 0. 53）
lev2		- 0. 0004 （ - 1. 31）	- 0. 0001 （ - 0. 17）
rtr1		- 0. 003 （ - 0. 64）	0. 0005 （0. 04）
rtr2		- 0. 0001 （ - 0. 45）	- 0. 0002 ** （ - 2. 09）
roe		- 0. 0001 （ - 0. 22）	0. 0015 （1. 15）

续表

变量名称	预期符号	carl	carl0
grow		0. 0000 (−0. 06)	−0. 0000 (−0. 73)
cr10		0. 0001 (0. 22)	−0. 0000 (−0. 06)
常数项		0. 2223 ** (2. 01)	0. 5193 ** (2. 01)
样本量		423	423
F 值		2. 0600 ***	2. 5400 ***
调整后 R^2		0. 0315	0. 0453

备注：① ***、** 和 * 分别表示在 1% 、5% 和 10% 水平上显著；②括号中为 t 值。

资料来源：作者根据 Stata 14.0 计算所得。

第六章 员工持股计划的财务效应

在中国特殊的制度背景之下，从中长期[①]来看，员工持股是否能提高企业的财务业绩？企业性质的不同对员工持股计划的实施效果有无差异？员工持股是否更适合于在高科技行业企业开展？为了回答这些问题，本章将员工持股计划视为准自然实验，创新性地采用PSM + DID的实证研究方法，通过对比配对后的处理组和对照组企业的企业财务业绩变动，以及对2013年前后所有企业进行对比，综合考虑这两种差异的方法，来判别实施员工持股计划的中长期财务效应。

第一节 理论模型

一 模型假定

本书的理论模型主要参考井辉[②]的分析，但与其不同的是，本书聚焦探讨了员工与股东共同持股的模型，以期明确员工持股计划的合理性。在正式的分析开始之前，首先对模型设定进行前提假设：（1）劳动力市场上存在无差异劳动者 N 个；（2）以边际生产率确定的单个员工工资水平为 w；（3）失业或未被雇用的劳动者可获得失业

---

① 一般来讲，中期为 3 年左右，长期为 5 年左右，因此，本书的中长期指的是 3—5 年。

② 井辉：《职工持股计划的合理性与绩效分析》，《上海经济研究》2001 年第 2 期，第 31—37 页。

保险金 u。另外，本书假定企业从劳动力市场雇用 L 个员工（$L \leq N$），员工的努力水平为 e，员工的努力报酬为 $r(e)$。

企业收入 $Y(e, L)$ 由员工努力水平和企业雇佣人数共同决定。股东获得的企业剩余为企业收入与员工工资之间的差值，且企业收入随员工努力水平提高和员工人数增加而呈递增趋势［见式（6-1）］。

$$Y(e, L) - wL, Y' > 0 \tag{6-1}$$

根据预期效用理论，劳动者事前的预期效用可以表示为雇用时和未被雇用时两种情况下预期效用值之和。[①] 因此，当雇佣员工数为 L 时，劳动者事前的预期效用可以表示为式（6-2）：

$$\frac{L}{N} u[w - r(e)] + \left(1 - \frac{L}{N}\right)\underline{u}, u\eta' > 0, r' > 0 \tag{6-2}$$

按照新古典经济学的分析框架，完全市场竞争条件下企业剩余模型可以表示为：

$$\max_{e, L, w}[Y(e, L) - wL] \tag{6-3}$$

约束条件为：

$$\frac{L}{N} u[w - r(e) + \left(1 - \frac{L}{N}\right)\underline{u} \geq \underline{u} \tag{6-4}$$

也就是说，企业至少需要在保证员工获得与失业时相同收入的前提下，追求企业利润最大化的目标。至此，我们将一个理论分析转化为数学中的条件极值问题。我们可以将最优解 e、L、w 看成是以利润最大化为目标的企业向劳动者提出的合同条款。在这种情况下，股东单独享有企业的剩余索取权。

对式（6-3）求约束条件下的极值问题，可以得到：

$$u(w - r(e)) = u \tag{6-5}$$

$$Y'(e, L) = r'(e) \tag{6-6}$$

$$w = eY'(e, L) \tag{6-7}$$

---

① ［美］约翰·D. 海主编：《微观经济学前沿问题》，王询、卢昌崇译，中国税务出版社 1999 年版，第 54—60 页。

二　员工持股模型分析

在存在员工持股计划时，企业剩余模型的最优解是股东与职工持股会双方进行博弈的结果，根据纳什谈判均衡解决定 e、L、w。具体地，利用数学公式来表示，可以将企业剩余模型理解为使股东与职工持股会谈判成功时的效用水平与两者谈判失败时的效用水平之积实现最大化[1]，如式（6-8）所示。

$$\max_{e,L,w}[Y(e,L) - wL] \times [L\{u(w - r(e) - u)\}] \qquad (6-8)$$

对微分方程求极值，即利用式（6-8）对 w 求偏导，可得下式（6-9）：

$$w = \frac{Y(e,L)}{L} - f, f = \frac{u(w - r(e)) - u}{u'(w - r(w))} > 0 \qquad (6-9)$$

利用式（6-8）对 e 求偏导，可得下式（6-10）：

$$Y'(e,L) = r'(e) \qquad (6-10)$$

利用式（6-8）对 L 求偏导，可得下式（6-11）：

$$w = eY'(e,L) + \frac{1}{2}\left\{\frac{Y(e,L)}{L} - eY'(e,L)\right\} \qquad (6-11)$$

在这种情况下，股东和员工共同享有企业的剩余索取权。

三　模型对比

现在，我们可以比较一下新古典经济学分析框架下企业剩余模型与职工持股情况下企业剩余模型的工资水平、努力水平和雇佣人数情况。

第一，式（6-9）决定的是工资水平 w。在存在员工持股的企业里，剩余控制权归股东所有，进而工资水平一般比 $\frac{Y(e,L)}{L}$ 低一些。

---

[1]　［日］青木昌彦、奥野正宽：《经济体制的比较制度分析》，魏加宁译，中国发展出版社 2005 年版，第182—183 页。

公式 $\dfrac{u(w - r(e)) - u}{u'(w - r(w))}$ 表明了降低的程度大小。

第二，式（6-10）决定的是努力水平 e。利用职工持股模型得到的式（6-10）与利用新古典经济学模型得到的式（6-6）完全相同，说明两种模型下努力的边际效用与边际收入一致。

第三，式（6-11）决定的是雇佣人数 L。假定 $Y(0) = 0, Y'' < 0$，则式（6-12）成立：

$$\frac{Y(e,L)}{L} - Y'(e,L) > 0 \qquad (6-12)$$

笔者发现，在工资低于边际成本的情况下，可以扩大劳动者雇佣人数。对比式（6-7）与式（6-12），纳什均衡解比新古典经济学模型更具有扩大劳动者雇佣人数的趋势，这对于员工来说更加有利。

如上所述，在纳什谈判均衡解的情况下（即存在员工持股计划），工资水平将会提高、雇佣人数将会增多。也就是说，此时企业管理层在雇佣以及工资方面，给予员工更强的保障。在努力程度层面，纳什均衡解为努力的边际效用与边际收入相等的努力水平。此时，股东和员工之间达成均衡，形成一个相对稳定的最佳状态，实现帕累托最优。反过来，股东和员工之间不配合，员工不努力将会给股东带来利益损失。因此，可将职工持股计划视作纳什均衡解的制度安排形式。因此，可以说员工持股是实现企业提高绩效的一个有效途径，可以证明实行员工持股计划的价值所在。

第二节　制度背景与研究假设

一　制度背景

2013 年党的十八届三中全会《中共中央关于全面深化改革若干重大问题的决定》的通过、2014 年 6 月 20 日证监会《关于上市公司实施员工持股计划试点的指导意见》的颁布，以及后续以其他政策文件为配套的"1 + N"政策体系，标志着新时期员工持股计划的开启，员工持股计划开始重新进入政策层面。2014 年 7 月 10 日，中小板上市公司海普瑞（002399. SZ）是新时期首个开始实施员工持股计划的企业。随后许多企业相继开始实施员工持股计划。不过，本书也看到，2014 年以后并非所有的企业都（同时）开始实施员工持股计划。因此，新时期企业的员工持股计划实施可能是一个自我选择的过程，即对于我国企业而言，2014 年《关于上市公司实施员工持股计划试点的指导意见》并不完全是外生的，是一个"准自然实验"（Quasi-natural Experiment）。

　　本章所要考察的是员工持股计划对企业中长期财务业绩的影响。西方学者对 ESOPs 的实证分析主要采用了对比的方法（包括企业实施员工持股计划前后的对比，以及实施与未实施员工持股计划的企业之间的对比等）。但直接对比实施员工持股计划的企业与未实施员工持股计划的企业有可能导致结果不准确，主要是因为：第一，企业实施员工持股计划的选择性偏误（Selection Bias）。每个企业是否实施员工持股计划依赖于每个企业的具体情况，容易出现选择性样本偏移。而且，实施员工持股计划的企业与未实施员工持股计划的企业之间的部分差异，可能是由于不可观测的其他因素引起的，直接比较易产生选择性偏差。① 第二，员工持股与企业业绩之间可能存在内生性（Endogeneity）。对于员工持股与企业财务业绩之间的相互关系，有些学者认为员工持股决定企业财务业绩，有些学者认为企业财务业绩决定员工持股，还有学者认为员工持股与企业财务业绩之间存在内生性。也就是说，员工持股与企业业绩之间可能存在互为因果的情况。

　　鉴于以上两点考虑，2013 年开始的员工持股计划政策"1 + N"，可以将员工持股计划视为准自然实验，本章创新性地采用倾向得分匹配（Propensity Score Matching，PSM），将实施员工持股计划的企业视作处理组（Treatment Group），并寻找与实施员工持股计划类似的对

---

　　① 王砾、代昀昊、孔东民：《激励相容：上市公司员工持股计划的公告效应》，《经济学动态》2017 年第 2 期。

照组（Control Group）以消除样本的选择性偏差和内生性问题。通过对比配对后的处理组和对照组企业的企业财务业绩变动，来判别实施员工持股计划的中长期财务效果。但是，在对比时还必须剔除如外部经济环境等其他因素对所有企业在 2013 年前后的影响。因此，本章结合双重差分法（Difference In Difference，DID），对 2013 年前后的所有企业做差分，由此能在很大程度上保证估计结果的准确性。

二 研究假设

（一）员工持股计划的财务效应

共享资本理论认为，与仅获得工资报酬相比，如果员工能够共享企业资本所带来的收益，他们将会因为受到激励而更加努力工作、履行承诺、实现信息共享、减少离职意愿，进而产生更高的劳动生产率、创造更高的企业价值，这是一种员工收入和企业价值之间的共同增长，是一种双赢。2014 年 6 月 20 日，中国证监会发布了《关于上市公司实施员工持股计划试点的指导意见》，本意是为了共享利益、分担风险，提高劳动者收入的同时改善公司的盈利能力。

从另一个角度来看，实施员工持股计划以后，员工成为企业的小股东，他们抗风险能力普遍较低，因此他们会厌恶一些高风险的投资。而公司的大股东往往因为抗风险能力较强，所以投资偏好于一些风险较高的项目，高风险在给股东带来高收益的同时，他们往往忽视了这些风险的存在。因此，员工的加入将会为企业整体风险的降低带来可能性。另外，员工还会起到监督者的作用，对公司的生产经营、风险决策进行监督，减少公司进行盲目投资的可能性，在一定程度上规避风险。

综合前面的理论分析和制度背景，本书提出如下假设：

假设 6.1：员工持股作为一种股权激励，能对企业财务业绩产生正效应。也就是说，实施员工持股可以提高企业的盈利能力，增强企业的偿债能力，提高企业的运营能力，提高企业的发展能力，降低企业的财务风险。

（二）高科技行业企业实施员工持股计划的财务效应相对更好

近年来，我国的"人口红利"正在逐渐消失，而且呈现一种不可逆转的趋势。中国劳动年龄人口减少必然带来劳动力成本的上升，而科技创新是应对劳动力成本上涨的一种有效方式。而无论哪种创新模式都离不开人的作用。任何企业的科技、管理创新都是科技人员、管理人员、普通员工共同努力的结果。不过，高科技行业企业由于高投入、高成长、高风险、高收益、组织扁平化等特点，高科技行业企业对人才，特别是科技人才的重视程度较传统行业企业来讲更高。事实上，人才在高科技行业企业里尤为重要，员工持股计划成为留住人才的重要方式。瞿绍发以私营企业为研究样本、以广东省吉荣空调为案例，对员工持股计划在高科技行业企业的实施情况进行重点研究，研究结论证实高科技行业企业更适合实施员工持股计划。[1] 张望军、孙即、万丽梅提出并实证证实，高科技和创新型的公司更倾向于实施员工持股。[2] Oyer[3]、Chang、Fu、Low、Zhang[4] 的研究发现，员工持股帮助企业吸引和留住核心人才、鼓励企业员工进行创新研发。

综合前面的理论分析和制度背景，本书提出如下假设：

假设 6.2：处于高科技行业的企业实施员工持股计划带来的企业财务绩效的改善高于非高科技行业实施员工持股计划的企业。

（三）国有企业实施员工持股计划的财务效应相对更好

长期以来，国有企业具有比较复杂冗长的委托代理链条，而又缺少科学有效的监督机制。我国的员工持股计划正是在这种背景下，为

---

① 瞿绍发：《员工持股计划与私营企业的发展》，《西安交通大学学报》2001 年第 S1 期。

② 张望军、孙即、万丽梅：《上市公司员工持股计划的效果和问题研究》，《金融监管研究》2016 年第 3 期。

③ Oyer P. , "Why Do Firms Use Incentives That Have No Incentive Effects?", *Journal of Finance*, Vol. 59, No. 4, 2004, pp. 1619 – 1650.

④ Chang X. , Fu K. , Low A. , Zhang W. , "Non-executive Employee Stock Options and Corporate Innovation", *Journal of Financial Economics*, Vol. 115, No. 1, 2015, pp. 168 – 188.

了调整产权结构、拓宽筹资渠道等考量而实施采纳并发展的。鉴于员工持股计划在改革企业产权过程中的重要作用，我国的很多学者将员工持股计划视作一种工具，用以改变国有企业的产权结构，使员工从单纯的劳动者变成企业的所有者，实现公平和效率的统一。①②③④⑤许小年的研究表明，国有企业股权占比越大，企业的总体业绩表现越差，而实施员工持股计划后，管理层、关键技术人员，甚至是普通员工通过持有部分股权，降低国有企业股权占比，可以在一定程度上更高地调整企业的产权结构。⑥ 黄桂田、张悦的实证研究，更加直接地证实国有企业实施员工持股计划对企业业绩的正向影响，而非国有企业实施员工持股计划对企业业绩的影响并不显著。⑦ 黄群慧、余菁、王欣、邵婧婷从理论和逻辑推演的角度上提出，相比于特定功能性国有企业以及公共政策性国有企业而言，一般商业性国有企业实施员工持股计划更为恰当。⑧ 张望军、孙即、万丽梅的实证研究发现，实施员工持股计划对改善国企盈利能力效果较为明显。⑨ 王砾、代昀昊、孔东民通过对企业产权性质考察，认为在国有企业中引入员工持股制

① 杨杜：《企业权力结构再造：经历期权与员工持股》，《经济理论与经济管理》2000年第3期。

② 晓亮：《员工持股与产权制度改革》，《现代经济探讨》2002年第11期。

③ 郭冰、郭泽光：《企业高校运行的制度模式：从财务管理机制到员工持股计划》，《中国农业会计》2003年第5期。

④ 郭世坤：《员工持股计划：应重视的产权制度与激励机制》，《中国金融》2006年第10期。

⑤ Kang H. C. , Anderson R. M. , Eom K. S. , Kang S. K. , "Controlling Shareholder' Value, Long-Run Firm Value and Short-Term Performance", *Journal of Corporate Finance*, Vol. 43, 2017, pp. 340 – 353.

⑥ 许小年：《以法人机构为主体建立公司治理机制和资本市场》，《改革》1997年第5期。

⑦ 黄桂田、张悦：《国有公司员工持股绩效的实证分析——基于1302家公司的样本数据》，《经济科学》2009年第4期。

⑧ 黄群慧、余菁、王欣、邵婧婷：《新时期中国员工持股制度研究》，《中国工业经济》2014年第7期。

⑨ 张望军、孙即、万丽梅：《上市公司员工持股计划的效果和问题研究》，《金融监管研究》2016年第3期。

度，能够更好地推动国企改革，健全企业的激励体系，进一步完善现代企业制度。[①]

综合前面的理论分析和制度背景，本书提出如下假设：

假设 6.3：国有企业实施员工持股计划带来的企业财务绩效的改善高于非国有企业实施员工持股计划。

第三节 研究设计

本节首先说明本章的样本选择与数据来源，然后对倾向得分匹配（PSM）以及双重差分估计（DID）的相关模型构建进行具体说明，并给出模型中涉及的变量界定。

一 样本选择与数据来源

本章选取我国沪深 A 股全部上市公司作为研究样本，研究的考察区间为 2011—2017 年。为构造用于实证研究的面板数据，我们对所有样本企业进行初步筛选，筛选原则包括：（1）为保证样本企业至少有两年的上市经验、经营相对稳定，剔除 2015 年 12 月 31 日之后上市的企业；（2）为保证样本数据连续可得，剔除 2011—2017 年破产或者倒闭的企业；（3）剔除 ST、＊ST、PT 企业；（4）剔除数据缺失或不全的企业。经初步筛选，得到满足条件的样本企业 2438 家。对所有样本中的财务数据进行 1% 和 99% 分位数的缩尾处理（Winsorize），剔除异常数据，使数据平滑。除虚拟变量外，剔除偏离样本均值 10 倍以上的异常数据。同时，为了最大限度地减少人工操作带来的误差，以上筛选过程均设置了二次验证过程。

进一步地，以 2014 年 7 月 1 日—2017 年 9 月 30 日期间上海证交所 A 股主板以及深圳证交所 A 股主板、中小板、创业板中实施员工

---

① 王砾、代昀昊、孔东民：《激励相容：上市公司员工持股计划的公告效应》，《经济学动态》2017 年第 2 期。

持股计划的上市公司为处理组研究样本。本章共收集到沪深 A 股上市公司首次公告员工持股计划（草案）770 个。对这 770 个样本进行筛选，筛选原则包括：首先，剔除 ST、＊ST、PT 类股票波动较为异常的样本企业，剔除 ESOPs 草案公告时因重大资产重组、股权或资产收购/处置事件，以及非公开发行而长期处于停牌的上市公司，剔除上市不久便公告 ESOPs 草案导致估计窗口不足的样本，剩余 762 个。其次，本章在处理样本的过程中发现，在整个研究期间内，有很多上市公司发行了多期员工持股计划，如发行期数最多的欧菲光，共发行 6 期员工持股计划，为保证数据的清洁，同一家上市公司只保留首次公告的员工持股计划。经过这一处理，本书剩余 614 个样本企业。最后，剔除数据缺失或不全的样本企业，最终样本共计 423 家企业，这是本章的处理组样本。

本章的数据主要来自 Wind 资讯和 CSMAR 数据库。其中，员工持股计划数据来源于 Wind 资讯，并手工查阅巨潮资讯网上市公司的员工持股计划（草案）公告，其他样本公司的财务业绩指标数据来源于 CSMAR 数据库，并结合样本企业网站和企业年报对个别缺漏数据进行了补充和验证。这里需要特别说明的是，因研究过程中 2017 年的财务数据还未公布，而本章涉及的并非绝对数值，而是比率值，因此 2017 年的相关财务数据取自 2017 年财务报告中报。

二　模型构建

迄今为止有关员工持股计划的实证研究，大多采用样本企业实施员工持股计划前后的数据建立多元线性回归方程，基于严格的实证视角，仅仅比较企业实施员工持股计划前后的差异最多只能说明企业财务业绩与员工持股计划实施具有相关性，并不能得到两者之间的因果推断，结果导致企业业绩与员工持股计划实施之间的"假相关"。为此，本章先是采用倾向得分匹配，找出与处理组具有相似特征的对照组样本，构造反事实结果。然后在此基础上，运用双重差分模型考察实施员工持股计划对企业财务业绩的净影响效应。

（一）倾向得分匹配（PSM）

倾向得分匹配是以"反事实推断"为前提的，"反事实推断"是指基于同样原因的两组个体产生了不同的结果。未观测到结果的相当于反事实状态，而倾向得分匹配可以用来估计反事实结果。倾向得分匹配是为了从未处理组中找到与处理组特征相似的个体，构造反事实结果，确保干预效应估计是建立在可比个体之间的不同结果的基础上。

第一，PSM 需要满足两个重要的前提假设①。一个是条件独立分布假设。在一组可观测匹配变量的约束下，企业财务业绩独立于企业员工持股计划的行为。也就是说，企业是否实施员工持股计划是不确定的，这样就可以比较基本特征相同的企业在实施员工持股计划和未实施员工持股计划两种状态下，其企业财务业绩的差别程度。另一个是共同支撑假设（Common Support），说的是两组在整体上要有相似的特征。也就是说，处理组和对照组之间有足够大的共同支持域。

第二，选择合适的匹配变量。PSM 的核心是寻找恰当的匹配变量，其逻辑是在未实施员工持股计划的对照组中找到某个企业，使其与实施了员工持股计划的处理组中的企业的匹配变量尽可能一致，此时两个企业实施员工持股计划的概率接近。参考 Iqbal、Hamid②，本章以企业规模（size）、企业年龄（age）、企业销售额（sales）、企业劳动力水平（labor）、平均工资水平（wage）、大股东持股（sh1）几个观测变量对处理组和对照组企业进行匹配，匹配变量选择 2013 年作为时点。

第三，估计倾向得分。其实，只要将处理组和匹配组协变量值相

①　Caliendo M. , Sabine K. , "Some practical guidance for the implementation of propensity score matching", *Journal of Economic Surveys*, Vol. 22, No. 1, 2008, pp. 31 – 72.

②　Iqbal Z. , Hamid S. A. , "Stock Price and Operating Performance of ESOP Firms: A Time-Series Analysis", *Quarterly Journal of Business & Economics*, Vol. 39, No. 3, 2000, pp. 25 – 47.

同的个体进行配对即可。但是，在实际应用中，往往协变量不止一个，而是一组，这时候简单地进行配对就无法满足需求，此时，需要采用倾向得分匹配方式进行匹配。本章利用 Logit 模型估计倾向得分，每个样本企业的倾向得分在 0—1 之间，倾向得分的大小代表企业实施员工持股计划的概率。假设企业实施员工持股计划的概率公式为：

$$P(X) = Pr[D = 1 \mid X] = E[D \mid X] \qquad (6-13)$$

其中，P 为企业实施员工持股计划的概率，D 是一个指数函数，若公司实施员工持股计划则 $D = 1$，未实施则 $D = 0$。

在实证分析中，倾向得分一般利用 Logit 模型或 Probit 模型进行估计：

$$PS(X_i) = P(X_i) = Pr(D_i = 1 \mid X_i) = \exp(\beta X_i)[1 + \exp(\beta X_i)]$$
$$(6-14)$$

其中，$\exp(\beta X_i)/[1 + \exp(\beta X_i)]$ 表示逻辑分布的累积分布函数，X_i 为匹配变量（Covariates），表示影响员工持股实施的因素，β 为相应的参数向量。

第四，选择匹配方法。本章采用卡尺内最近邻匹配（nearest-neighbor matching within caliper），在给定的卡尺 $\varepsilon = 0.01$ 范围内进行一对四匹配。具体地，在匹配过程中将样本企业分为两组：一组为处理组（T），表示 2013 年未实施，2014 年后开始实施员工持股计划的企业，另一组为对照组（C），表示在考察期内（2013—2017 年）从未实施过员工持股计划的企业，令 A = {T，C}，表示全体样本企业。匹配的方法是从对照组（C）中找到与实施员工持股计划概率非常接近的未实施员工持股计划的企业，这样做的目的是消除选择性偏差。

第五，检验匹配质量。在估计出样本企业实施员工持股计划概率的基础上，进一步对匹配后处理组和对照组之间的均衡性进行判断。如果匹配后两组样本之间不存在大的差异，则说明倾向得分匹配取得了比较好的平衡效果，匹配变量的质量比较高。Rosenbaum、Rubin 曾指出，当匹配变量的标准偏差值的绝对值在 20% 以上，匹配效果不好。如果匹配效果不好或无效，则需要重新估计倾向得分，或者采用其他匹配方法进行重新估计。[①]

（二）双重差分模型（DID）

对于经过倾向得分匹配处理后得到的处理组企业，令虚拟变量 $treated = 1$；对于经过倾向得分匹配处理后得到的对照组企业，令 $treated = 0$。另外，设 t 为时间虚拟变量，令实施员工持股计划当年及以后的年份 $t = 1$，其他年份 $t = 0$。

根据上述界定，为了检验假设 6.1，本书将构建双重差分模型如下：

$$FinancialPerformance_{it} = \beta_0 + \beta_1\, treated_{it} + \beta_2\, t_{it} + $$
$$\beta_3\, treated_{it} \times t_{it} + \lambda\, X_{it} + $$
$$c_i + c_t + \varepsilon_{it}$$

$$(6-15)$$

其中，$FinancialPerformance_{it}$ 衡量企业 i 在第 t 期的财务业绩，包括以下五个维度：（1）净资产收益率（roe），是衡量企业的盈利能力的关键指标。（2）资产负债率（lev2），是衡量企业偿债能力的核心指标。（3）应收账款周转率（rtr1），是衡量企业运营能力的关键指标。（4）净利润同比增长率（grow），是衡量企业成长能力的关键指标。（5）Z 分值（zscore），是衡量企业财务风险的重要指标。X 表示一组随时间变化的、可观测的影响企业业绩的控制变量，参考文献中的一般做法，X 包括企业规模（size）、企业年龄（age）、企业销售额（sales）、企业劳动力水平（labor）、平均工资水平（wage）、股权集中度（cr10）、大股东持股（sh1）等变量。c_t 表示年度固定效应。c_i 表

① Rosenbaum P. R., Rubin D. B., "The Central Role of the Propensity Score in Observational Studies for Causal Effects", *Biometrika*, Vol. 70, No. 1, 1983, pp. 41 – 55.

示非观测效应，用以控制不随时间改变的不可观测因素。ε_{it} 表示随机误差项，代表非观测的扰动因素。

从式（6-15）不难看出，对于对照组企业（treated =0），实施员工持股计划年份前后的财务业绩分别是 β_0 和 $\beta_0 + \beta_2$，因此，不受员工持股计划政策影响的企业在员工持股计划实施年份前后的财务业绩差异为 $diff_0 = \beta_2$，这一差异可视为排除了员工持股计划政策影响时企业财务业绩的时间趋势差异。对于处理组企业（treated =1），实施员工持股计划前后的企业财务业绩分别是 $\beta_0 + \beta_1$ 和 $\beta_0 + \beta_1 + \beta_2 + \beta_3$，差异为 $diff_1 = \beta_2 + \beta_3$，这一差异不仅包括了实施员工持股计划的影响 β_3，还包括了上述时间趋势差异 β_2。因此，实施员工持股计划对企业财务业绩的净影响效应为 $diff = diff_1 - diff_0 = \beta_2 + \beta_3 - \beta_2 = \beta_3$。因此，本章关注的系数是式（6-15）中的 β_3，即 DID 估计量，表示实施员工持股计划的政策效应。双重差分模型的原理见表 6-1，处理组在事件年前后的差异减去控制组在事件年前后的差异，即所谓的"双重差分"。如果实施员工持股计划提高了企业财务业绩，那么 β_3 应该为正（被解释变量为 zscore 时，β_3 的系数应该为负）。这里需要指出的是，当利用混合截面数据进行 OLS 时，若非观测效应 c_i 与解释变量相关，则回归是有偏且不一致的。此时，使用面板数据组内差分的方法可以消除非观测效应 c_i，从而获得一致估计。因此，本书采用面板双重差分模型来估计式（6-15）。

表 6-1 双重差分模型基本原理

	政策作用前	政策作用后	时间差分
处理组	$\beta_0 + \beta_1$	$\beta_0 + \beta_1 + \beta_2 + \beta_3$	$\Delta y = \beta_2 + \beta_3$
控制组	$\beta 0$	$\beta 0 + \beta_2$	$\Delta y = \beta_2$
组间差分			$\Delta\Delta y = \beta_3$

资料来源：作者整理归纳所得。

三 变量选择

（一）企业财务业绩

如何准确地估计企业财务业绩是本章的关键问题。参考陈毅[1][2]、Helfert[3] 的做法，本章从企业盈利能力、企业偿债能力、企业运营能力、企业发展能力、企业财务风险五个维度来衡量企业的财务业绩。此处需要说明的是，本章衡量财务业绩的指标都是相对数，排除了企业规模对本书的干扰，方便同一企业不同时期的横向比较以及同一时期不同企业之间的纵向比较。

1. 企业盈利能力（roe）

本章采用文献中广泛使用的净资产收益率来衡量上市公司的财务业绩，具体是以事件日所属年度净资产收益率来衡量的，净资产收益率 =（净利润/所有者权益）×100%。本章没有采用如 TobinQ 等市场类指标，因为我国的资本市场有效性当前还存在争议。

2. 企业偿债能力（lev2）

本章以事件日所属年度资产负债率来衡量，资产负债率 =（负债总额/资产总额）×100%。其值越大说明公司获取利润的能力越强，但值过高，说明企业财务风险过大。企业偿债能力是企业经济实力的重要体现，也是考量企业经营稳健性的重要衡量指标。

3. 企业运营能力（rtr1）

本章以事件日所属年度应收账款周转率来衡量，应收账款周转率 =（赊销收入/应收账款平均余额）×100%。

4. 企业发展能力（grow）

本章以事件日所属年度净利润同比增长率来衡量，净利润同比增

---

① 陈毅：《企业业绩评价系统综述（上）》，《外国经济与管理》2000 年第 4 期。

② 陈毅：《企业业绩评价系统综述（下）》，《外国经济与管理》2000 年第 5 期。

③ Helfert E. A., *Financial Analysis: Tools and Techniques: A Guide for Managers*, New York: McGraw-Hill, 2001, pp. 82 – 97.

长率 = ［（本期净利润 - 上期净利润）／上期净利润］ ×100%。

5. 企业财务风险（zscore）

借鉴 Laeven、Levine[1] 的做法，本书采用 zscore 衡量企业的总体财务稳健性，zscore 值越高，意味着企业经营越稳定。

（二）员工持股虚拟变量

为了进行下面的研究，本章需要对企业是否实施员工持股计划进行准确界定。本章选取 2014—2017 年实施员工持股的 423 家企业作为处理组，即 treated = 1，再采用倾向得分匹配方法从一直未实施员工持股计划的企业集合 C 中找到与处理组相匹配的一组企业作为对照组，即 treated = 0。

（三）匹配变量

借鉴宁向东、高文瑾[2]等研究，以及最大化 R^2 为原则，本书所选的匹配变量包括：（1）企业规模（size）。采用企业总资产的自然对数来衡量。企业规模越大，不良资产占比就越高，那么，企业业绩一般来说也就越差。（2）企业年龄（age）。采用企业成立日期与考察年份时间差的自然对数值来衡量。（3）企业销售额（sales）。采用企业营业总收入的自然对数值来衡量，反映了公司的经营规模。企业的主营业务销售收入越高，企业的业绩一般也就越好。（4）企业劳动力水平（labor），以企业年平均就业人数的自然对数值表示。（5）平均工资水平（wage），以应付工资总额与年平均就业人数的比值取自然对数表示。（6）股权集中度（cr10），以前十大股东持股比例合计来衡量，反映了前十大股东对企业业绩的影响。（7）大股东持股（sh1）。表示公司第一大股东的持股比例，反映了大股东对企业业绩的影响。

---

① Laeven L., Levine R., "Bank Governance, Regulation and Risk Taking", *Journal of Financial Economics*, Vol. 93, No. 2, 2009, pp. 259 – 275.

② 宁向东、高文瑾：《内部职工持股：目的与结果》，《管理世界》2004 年第 1 期。

表6-2　　　　　　　　　　　　　　主要变量一览表

变量符号	变量名称	变量定义
roe	企业盈利能力	以事件日所属年度净资产收益率来衡量
lev2	企业偿债能力	以事件日所属年度资产负债率来衡量
rtr1	企业运营能力	以事件日所属年度应收账款周转率来衡量
grow	企业发展能力	以事件日所属年度净利润同比增长率来衡量
zscore	企业财务风险	zscore衡量企业的总体财务稳健性
size	企业规模	以事件日所属年度或半年度上市公司合并财务报表总资产的自然对数来衡量
age	企业年龄	采用企业成立日期与考察年份时间差的自然对数值来衡量
sales	企业销售额	采用企业营业总收入的自然对数值来衡量
labor	企业劳动力水平	以企业年平均就业人数的自然对数值来表示
wage	平均工资水平	以应付工资总额与年平均就业人数的比值取自然对数表示
cr10	股权集中度	以事件日所属年度前十大股东持股比例合计来衡量
sh1	大股东持股	表示公司第一大股东的持股比例

备注：本章中所有涉及比例计算的变量单位均为"%"。

资料来源：作者整理。

第四节　实证检验

一　倾向得分匹配处理

根据研究设计，本章进行 PSM 的处理组为 2014 年开始实施员工持股计划的 423 家企业，对照组为 2014—2017 年始终未实施员工持股计划的沪深 A 股上市公司，剔除数据缺失的企业，共计 2086 家。基于 Becker、Ichino[①] 对倾向得分匹配方法的介绍，通过 Logit 模型来估计倾向得分，采用卡尺内最近邻匹配（Nearest-neighbor matching within caliper），在给定的卡尺 $\varepsilon = 0.01$ 范围内进行一对四匹配，并加

---

① Becker S. O. , Ichino A. , "Estimation of Average Treatment Effects Based on Propensity Scores", *The Stata Journal*, Vol. 2, No. 4, 2002, pp. 358–377.

入共同支持（Common Support）条件。

倾向得分匹配的有效性要求匹配后处理组和对照组企业在可观测匹配变量上不存在显著差异。一旦二者存在显著差异，则说明匹配方法选择不当或者可观测变量选取有误，则卡尺内最近邻匹配无效。因此，在匹配过程中，为了验证匹配结果的可靠性，本书对倾向得分匹配的平衡性假设进行了检验，这里将检验结果报告于表 6 - 3 中。从表 6 - 3 的检验结果我们可以看出，相比匹配前，所有匹配变量企业规模（size）、企业年龄（age）、企业销售额（sales）、企业劳动力水平（labor）、平均工资水平（wage）、股权集中度（cr10）、大股东持股（sh1）的标准偏差绝对值在匹配后均显著小于 5%，且偏差大幅下降，这说明本书选取的匹配变量和匹配方法是合理的。另外，匹配之后的 t 统计量都不显著，这表明匹配后匹配变量在处理组和对照组之间并不存在显著的差异，确保了本书估计结果的有效性。[①] 这时，处理组和对照组企业在 2013 年的特征基本一致，满足倾向得分匹配的平衡性基本假设，通过平衡性检验，它们在 2014 年实施员工持股计划的概率接近，从而可以相互比较。然后，分别计算两组的 PS 值，考察是否存在显著差异，用以检验是否满足共同支撑假设；计算两组样本企业各特征变量的均值是否存在显著差异，检查是否满足平衡假设检验。

从图 6 - 1 可以直观地看出，绝大多数观测值在共同取值范围内（on support），这意味着在进行倾向得分匹配时只损失了少量样本。

这里需要指出的是，长期以来，Stata 中处理 PSM 的标准工具是 Edwin Leuven 和 Barbara Sianesi 编写的 psmatch2 命令。但是，从 Stata 13.0 开始，引入了一个新的指令——teffects 来估计包括 PSM 在内的多种处理效应。与 psmatch2 相比，teffect psmatch 指令有巨大的优势，因为它考虑到倾向匹配得分在计算标准误差的时候还是未知的。这一

---

① 屈恩义、朱方明：《中国上市公司股权激励效应再评估——来自 PSM + DID 的新证据》，《重庆大学学报》（社会科学版）2017 年第 6 期。

点常常会引起显著差别，而对结果产生很大影响。因此，本章使用 teffect psmatch 指令以使研究结果更加准确。

表 6 - 3　　　　　　　　　倾向得分匹配平衡性检验结果

变量名称	匹配阶段	均值		标准偏差（%）	标准偏差减少幅度（%）	t 检验	
		处理组	参照组			t 值	p 值（p > | t |）
size	匹配前	21.746	22.041	-21.500	95.600	-3.570	0.000
	匹配后	21.750	21.763	-0.900		-0.140	0.893
age	匹配前	15.416	16.392	-18.700	98.300	-3.480	0.001
	匹配后	15.436	15.419	0.300		0.050	0.964
sales	匹配前	21.090	21.324	-15.400	94.400	-2.610	0.009
	匹配后	21.095	21.081	0.900		0.120	0.903
labor	匹配前	7.490	7.635	-11.100	90.700	-1.870	0.061
	匹配后	7.493	7.480	1.000		0.140	0.886
wage	匹配前	8.917	9.087	-13.400	88.600	-2.310	0.021
	匹配后	8.927	8.908	1.500		0.210	0.838
cr10	匹配前	60.308	57.336	19.400	85.200	3.250	0.001
	匹配后	60.249	60.689	-2.900		-0.410	0.685
sh1	匹配前	34.717	36.119	-9.200	73.300	-1.590	0.113
	匹配后	34.759	35.133	-2.500		-0.340	0.731

资料来源：作者根据 Stata 14.0 计算所得。

如图 6 - 2—图 6 - 6 所示，本书绘制了经倾向得分匹配处理后的处理组和对照组的 roe、lev2、rtr1、grow 和 zscore 均值变动趋势图。从图中可以发现，处理组和对照组的 roe、lev2、rtr1、grow 和 zscore 均值，均处于相同的变化趋势之中，这满足了 DID 模型的平行趋势假设。如果直接估算 2014 年（员工持股计划政策实施）以后 roe、lev2、rtr1、grow 和 zscore 的变化，则会简单地认为实施员工持股提高了企业的财务业绩。这种错误的主要原因在于，样本期内对照组的财务业绩呈现相同趋势而被忽略。所以，有必要采用双重差分模型对实施员工持股计划的净影响效应做进一步研究。

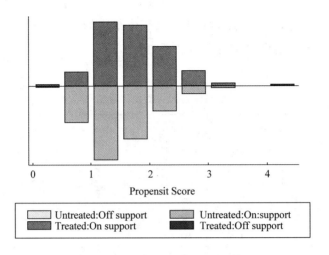

0   1   2   3   4
Propensit Score

| Untreated:Off support | Untreated:On:support |
| Treated:On support | Treated:Off support |

图 6 - 1　倾向得分的共同取值范围

资料来源：作者根据 Stata 14.0 计算所得。

本书对处理组和对照组的 roe、lev2、rtr1、grow 和 zscore 进行组间作差（处理组均值—对照组均值），观察其差值变化趋势。如图 6 -7所示，2013 年之后，roe 的组间均值差呈现先收窄后增大的特征，lev2 的组间均值差呈现逐渐递减的特征，rtr1、grow 和 zscore 的组间均值差有递增的特征，间接反映了实施员工持股对企业盈利能力和企业偿债能力的影响具有及时性，而对企业运营能力、企业发展能力和企业财务风险的影响具有滞后性。

二　双重差分检验

（一）平均处理效应

在 PSM 处理的基础上，本章对式（6 -15）进行 DID 检验。采用固定效应法估计面板双重差分模型，即通过一阶差分法消除变量的时间变化因素，由于员工持股政策虚拟变量 treated 具有时间不变性，因此，在做 DID 固定效应分析时，treated 会被自动删除，但这并不影响估计的结果及其有效性。

表 6 -4 列示了面板 DID 检验结果，其中列（1）、（3）、（5）、

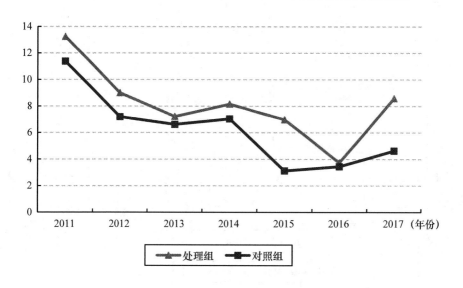

图 6 - 2 roe 均值变动趋势

资料来源：作者根据原始数据整理绘制。

（7）、（9）是没有加入其他控制变量，只加入了虚拟变量员工持股计划的估计结果，列（2）、（4）、（6）、（8）、（10）是加入了其他控制变量的结果，以此检验虚拟变量系数的稳定性。

模型（1）、（2）结果表明，无论是否加入其他控制变量，交互项 txtreated 的系数均为正，且在不加入控制变量时，交互项通过了1%的显著性检验，系数为 2.8526，这说明实施员工持股计划提高了企业的盈利能力，从而证实了假设 6.1。

模型（3）、（4）结果表明，无论是否加入其他控制变量，交互项 txtreated 的系数均显著为正，且在不加入控制变量时，交互项通过了1%的显著性检验，系数为 2.4116，在加入控制变量时，交互项通过了10%的显著性检验，系数为 0.6975，这说明实施员工持股计划提高了企业的偿债能力，从而证实了假设 6.1。

模型（5）、（6）结果表明，无论是否加入其他控制变量，交互项 txtreated 的系数均为正，且在不加入控制变量时，交互项通过了

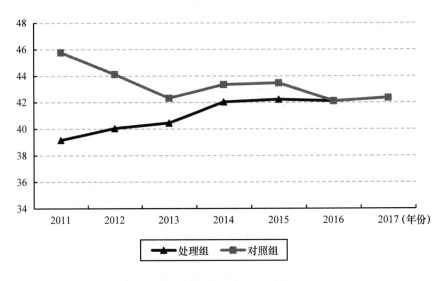

图 6-3 lev2 均值变动趋势

资料来源：作者根据原始数据整理绘制。

1%的显著性检验，系数为 13.3468，这说明实施员工持股计划提高了企业的运营能力，从而证实了假设 6.1。

模型（7）、（8），无论是否加入其他控制变量，交互项 txtreated 的系数均显著为正，且在不加入控制变量时，交互项通过了 5%的显著性检验，系数为 17.5236，在加入控制变量时，交互项通过了 1%的显著性检验，系数为 71.6742，这说明实施员工持股计划提高了企业的发展能力，从而证实了假设 6.1。

模型（9）、（10），无论是否加入其他控制变量，交互项 txtreated 的系数均显著为负，且在不加入控制变量时，交互项通过了 1%的显著性检验，系数为 -1.4672，在加入控制变量时，交互项通过了 1%的显著性检验，系数为 -2.4699，这说明实施员工持股计划降低了企业的财务风险，从而证实了假设 6.1。

综上所述，实施员工持股计划影响企业财务业绩的平均处理效应基本证实了假设 6.1。员工持股作为一种股权激励，能对企业财务业

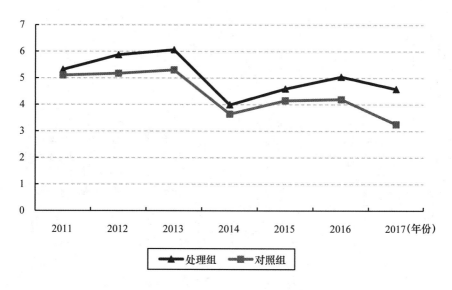

图 6 - 4　rtr1 均值变动趋势

资料来源：作者根据原始数据整理绘制。

绩产生正效应。也就是说，实施员工持股可以提高企业的盈利能力，增强企业的偿债能力，提高企业的运营能力，提高企业的发展能力，降低企业的财务风险。

（二）动态边际影响效应

为了进一步检验员工持股计划对企业财务业绩的动态边际影响，本章在式（6 - 15）中引入时间虚拟变量，如式（6 - 16）所示：

$$
\begin{aligned}
FinancialPerformance_{it} = {} & \alpha_0 + \alpha_1\,treated_{it} + \alpha_2 t\,2014_{it} + \\
& \alpha_3 t\,2015_{it} + \alpha_4 t\,2016_{it} + \\
& \alpha_5 t\,2017_{it} + \alpha_6 t\,2014_{it} \times \\
& treated_{it} + \alpha_7 t\,2015_{it} \times treated_{it} + \\
& \alpha_8 t\,2016_{it} \times treated_{it} + \alpha_9 t\,2017_{it} \times \\
& treated_{it} + \mu\,X_{it} + c_i + \varepsilon_{it}
\end{aligned}
$$

$$（6 - 16）$$

图 6 - 5 grow 均值变动趋势

资料来源：作者根据原始数据整理绘制。

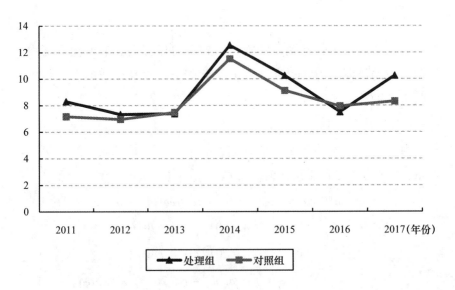

图 6 - 6 zscore 均值变动趋势

资料来源：作者根据原始数据整理绘制。

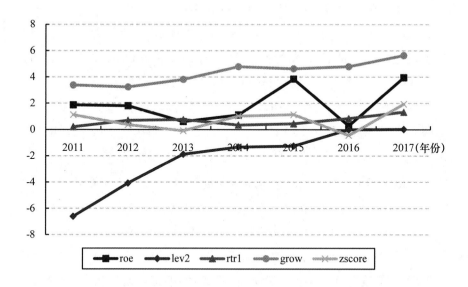

图6-7　企业财务业绩组间均值变动趋势

资料来源：作者根据原始数据整理绘制。

其中，$t2014_{it}$、$t2015_{it}$、$t2016_{it}$ 和 $t2017_{it}$ 分别表示 2014 年、2015 年、2016 年和 2017 年的时间虚拟变量。2014 年时，处理组（treated = 1）和对照组（treated = 0）的企业财务业绩分别为 $\alpha_0 + \alpha_1 + \alpha_2 + \alpha_6$ 和 $\alpha_0 + \alpha_2$，因此，处理组和对照组在 2014 年的企业财务业绩差异为 $\alpha_1 + \alpha_6$；同理，处理组和对照组在 2015 年的企业财务业绩差异为 $\alpha_1 + \alpha_7$，在 2016 年的差异为 $\alpha_1 + \alpha_8$，在 2017 年的业绩差异为 $\alpha_1 + \alpha_9$。显然，四者都有一个共同系数 α_1。因此，本书在考察员工持股计划对企业业绩的动态边际影响时，关心的是交互项 $t2014_{it} \times treated_{it}$、$t2015_{it} \times treated_{it}$、$t2016_{it} \times treated_{it}$ 和 $t2017_{it} \times treated_{it}$ 的系数 α_6、α_7、α_8 和 α_9。

表6-5列示了式（6-16）的回归结果，其中列（1）、（3）、（5）、（7）、（9）是没有加入其他控制变量的估计结果，列（2）、（4）、（6）、（8）、（10）是加入了其他控制变量的结果。

当被解释变量为 roe 时，$t2014_{it} \times treated_{it}$、$t2015_{it} \times treated_{it}$、$t2016_{it} \times treated_{it}$ 和 $t2017_{it} \times treated_{it}$ 的系数均显著为正，且交互项通过了 1% 的显著性检验，系数分别为 2.1152、2.9382 和 1.4067、4.9505。系数的显著性说明实施员工持股对企业盈利能力的影响具有及时性，也就是说，2013 年后实施员工持股计划的企业盈利能力在 2014 年、2015 年、2016 年和 2017 年均显著提高，且其边际效应表现为先增后减再增的趋势。

当被解释变量为 lev2 时，$t2014_{it} \times treated_{it}$、$t2016_{it} \times treated_{it}$ 和 $t2017_{it} \times treated_{it}$ 的系数均显著为正，且交互项通过了 1% 的显著性检验，系数分别为 1.8405、2.9386 和 2.9628。而 $t2015_{it} \times treated_{it}$ 的系数显著为正，交互项通过了 5% 的显著性检验，系数为 1.9046。系数的显著性说明实施员工持股对企业偿债能力的影响具有及时性，也就是说，2013 年后实施员工持股计划的企业偿债能力在 2014 年、2015 年、2016 年和 2017 年均显著提高，且其边际效应呈递增态势。

当被解释变量为 rtr1 时，$t2015_{it} \times treated_{it}$、$t2016_{it} \times treated_{it}$ 和 $t2017_{it} \times treated_{it}$ 的系数均显著为正，且交互项通过了 1% 的显著性检验，系数分别为 9.9481、12.9730 和 26.8091。而 $t2014_{it} \times treated_{it}$ 的系数为正，但不显著，系数为 3.6570。系数的显著性说明实施员工持股对企业运营能力的影响具有滞后性，也就是说，2013 年后实施员工持股计划的企业运营能力在 2014 年、2015 年、2016 年和 2017 年均显著提高，且其边际效应表现为先增加后减少的趋势。

当被解释变量为 grow 时，$t2014_{it} \times treated_{it}$ 的系数均显著为正，且交互项通过了 1% 的显著性检验，系数为 51.9649。$t2015_{it} \times treated_{it}$、$t2016_{it} \times treated_{it}$ 的系数均显著为正，交互项通过了 10% 的显著性检验，系数为 37.2887、38.9685。$t2017_{it} \times treated_{it}$ 的系数为 -6.5935，不显著，且为负。系数的

显著性说明实施员工持股对企业发展能力的影响具有滞后性，也就是说，2013 年后实施员工持股计划的企业发展能力在 2014 年、2015 年、2016 年显著提高，在 2017 年却下降，且其边际效应表现为先降后微升再降的趋势。

当被解释变量为 zscore 时，$t2016_{it} \times treated_{it}$ 和 $t2017_{it} \times treated_{it}$ 的系数均显著为负，且交互项通过了 1% 的显著性检验，系数分别为 -1.8272、-1.4360。$t2014_{it} \times treated_{it}$、$t2015_{it} \times treated_{it}$ 的系数均为负，但不显著，系数分别为 -0.5131、-0.2021。系数的显著性说明实施员工持股对企业财务风险的影响具有滞后性，也就是说，2013 年后实施员工持股计划的企业财务风险在 2014 年、2015 年、2016 年和 2017 年都在比较健康的可控范围内，但其边际效应呈递增态势。

综上所述，实施员工持股计划影响企业财务业绩的动态边际影响效应基本证实了假设 6.1。员工持股作为一种股权激励，能对企业财务业绩产生正效应。也就是说，实施员工持股可以提高企业的盈利能力，增强企业的偿债能力，提高企业的运营能力，提高企业的发展能力，降低企业的财务风险。不仅如此，表 6-5 的结果印证了图 6-7 所示的情形，即实施员工持股对企业盈利能力和企业偿债能力的影响具有及时性，而对企业运营能力、企业发展能力和企业财务风险的影响具有滞后性。

（三）高科技行业与非高科技行业的异质性分析

当前实施员工持股计划的一个争论热点是员工持股计划的重点是否应该放在高科技行业。由此，本书参考张望军、孙即、万丽梅①的做法，将样本企业按申银万国证券股份有限公司的行业分类进行重分类。将申万一级行业分类中的通信、电子、计

---

① 张望军、孙即、万丽梅：《上市公司员工持股计划的效果和问题研究》，《金融监管研究》2016 年第 3 期。

算机以及传媒四类行业，定义为高科技和技术创新型的公司。然后将匹配后的样本企业分为两组分别进行检验，所得结果报告于表 6 - 6—表 6 - 10 中，其中列（1）、（3）、（5）、（7）、（9）、（11）、（13）、（15）、（17）、（19）是没有加入其他控制变量的估计结果，列（2）、（4）、（6）、（8）、（10）、（12）、（14）、（16）、（18）、（20）是加入了其他控制变量的结果。

从表 6 - 6 中可以看出，高科技行业与非高科技行业交叉项系数 txtreated 均通过了 1% 的显著性水平检验，且系数分别为 3.0756 和 1.8193。第（1）列的交叉项系数大于第（3）列该交叉项的系数，说明了处于高科技行业的企业实施员工持股计划带来的企业盈利能力的提升高于非高科技行业实施员工持股计划的企业，这反映了处于高科技行业的企业实施员工持股计划对企业盈利能力的提升作用更强。

从表 6 - 7 中可以看出，高科技行业交叉项系数 txtreated 通过了 1% 的显著性水平检验，且系数为 3.6095，非高科技行业交叉项系数通过了 5% 的显著性水平检验，且系数为 2.1248。不论从交叉项显著性水平还是大小来看，第（5）列的均大于第（7）列，说明了处于高科技行业的企业实施员工持股计划带来的企业偿债能力的提升高于非高科技行业实施员工持股计划的企业，这反映了处于高科技行业的企业实施员工持股计划对企业偿债能力的提升作用更强。

从表 6 - 8 中可以看出，高科技行业交叉项系数 txtreated 通过了 1% 的显著性水平检验，且系数为 17.3443，非高科技行业交叉项系数通过了 5% 的显著性水平检验，且系数为 2.1416。不论从交叉项显著性水平还是大小来看，第（9）列的均大于第（11）列，说明了处于高科技行业的企业实施员工持股计划带来的企业运营能力的提升高于非高科技行业实施员工工持股计划的企业，这反映了处于高科技行业的企业实施员工持股计划对企业运营能力的提升作用更强。

从表6–9中可以看出，高科技行业与非高科技行业交叉项系数 txtreated 均通过了1%的显著性水平检验，且系数分别为69.1308和39.5304。第（13）列的交叉项系数大于第（15）列该交叉项的系数，说明了处于高科技行业的企业实施员工持股计划带来的企业发展能力的提升高于非高科技行业实施员工持股计划的企业，这反映了处于高科技行业的企业实施员工持股计划对企业发展能力的提升作用更强。

从表6–10中可以看出，高科技行业交叉项系数 txtreated 通过了1%的显著性水平检验，且系数为－1.5379，非高科技行业交叉项系数没有通过显著性水平检验，且系数为－0.8363。不论从交叉项显著性水平还是大小来看，第（17）列的均大于第（19）列，说明了处于高科技行业的企业实施员工持股计划带来的企业财务风险的降低高于非高科技行业实施员工持股计划的企业，这反映了处于高科技行业的企业实施员工持股计划对企业财务风险的降低作用更强。

综上所述，基本证实了假设6.2，处于高科技行业的企业实施员工持股计划带来的企业财务绩效的改善高于非高科技行业实施员工持股计划的企业。进一步地，处于高科技行业的企业实施员工持股计划带来的企业盈利能力、企业偿债能力、企业运营能力、企业发展能力的提升高于非高科技行业实施员工持股计划的企业，处于高科技行业的企业实施员工持股计划带来的企业财务风险的降低高于非高科技行业实施员工持股计划的企业。

（四）国有企业与非国有企业的异质性分析

当前实施员工持股计划的一个争论热点是员工持股计划的重点是否应该放在高科技行业。由此，Wind 资讯提供的企业类别，是根据截止到 12 月 31 日上市公司第一大股东（控股股东）的类别划分的，一共将上市公司分为中央国有企业、地方国有企业、民营企业、公众企业、集体企业、外资企业、其他企业七类。本章将中央国有企业、地方国有企业定义为广义的国有企业，将其他几类定义为广义的非国有企业。然后将匹配后的样本企业分为两组分别进行检验，所得结果报告于表 6 - 11—表 6 - 15 中，其中列（1）、（3）、（5）、（7）、（9）、（11）、（13）、（15）、（17）、（19）是没有加入其他控制变量的估计结果，列（2）、（4）、（6）、（8）、（10）、（12）、（14）、（16）、（18）、（20）是加入了其他控制变量的结果。

从表 6 - 11 中可以看出，国有企业与非国有企业交叉项系数 txtreated 均通过了 1% 的显著性水平检验，且系数分别为 3.3394 和 2.5558。第（1）列的交叉项系数大于第（3）列该交叉项的系数，说明了国有企业实施员工持股计划带来的企业盈利能力的提升高于非国有企业，这反映了国有企业实施员工持股计划对企业盈利能力的提升作用更强。

从表 6 - 12 中可以看出，国有企业交叉项系数 txtreated 通过了 5% 的显著性水平检验，且系数为 3.7381，非国有企业交叉项系数通过了 1% 的显著性水平检验，且系数为 2.1512。虽然从显著性水平上非国有企业略好，但第（5）列的交叉项系数大于第（7）列该交叉项的系数，在一定程度上说明国有企业实施员工持股计划带来的企业偿债能力的提升略高于非国有企业，这反映了国有企业实施员工持股计划对企业偿债能力的提升作用更强。

从表 6 - 13 中可以看出，国有企业交叉项系数 txtreated 通过了 5% 的显著性水平检验，且系数为 18.2381，非国有企业交叉项系数通过了 1% 的显著性水平检验，且系数为 11.3165。虽然从显著性水平上非国有企业略好，但第（9）列的交叉项系数大于第（11）列该交叉项的系数，在一定程度上说明国有企业实施员工持股计划带来的企业运营能力的提升略高于非国有企业，这反映了国有企业实施员工持股计划对企业运营能力的提升作用更强。

从表 6 – 14 中可以看出，国有企业交叉项系数 txtreated 没有通过显著性检验，系数为 42.8915，非国有企业交叉项系数通过了 10% 的显著性水平检验，且系数为 22.1588。虽然从显著性水平上非国有企业略好，但第（13）列的交叉项系数大于第（15）列该交叉项的系数，在一定程度上说明国有企业实施员工持股计划带来的企业发展能力的提升略高于非国有企业，这反映了国有企业实施员工持股计划对企业发展能力的提升作用更强。

从表 6 – 15 中可以看出，国有企业交叉项系数 txtreated 通过了 1% 的显著性水平检验，且系数为 – 0.9523，非国有企业交叉项系数通过了 5% 的显著性水平检验，且系数为 – 1.3133。虽然从显著性水平上国有企业略好，但第（17）列的交叉项系数大于第（19）列该交叉项的系数，在一定程度上说明非国有企业实施员工持股计划带来的企业财务风险的降低略高于非国有企业，这反映了非国有企业实施员工持股计划对企业财务风险的降低作用更强。

综上所述，基本证实了假设 6.3，国有企业实施员工持股计划带来的企业财务绩效的改善高于非国有企业。进一步地，国有企业实施员工持股计划带来的企业盈利能力、企业偿债能力、企业运营能力、企业发展能力的提升略高于非国有企业，非国有企业实施员工持股计划带来的企业财务风险的降低略高于国有企业。

表6-4 实施员工持股计划影响企业财务业绩的平均处理效应

变量	roe		lev2		rtr1		grow		zscore	
	(1)	(2)	(3)	(4)	(5)	(6)	(7)	(8)	(9)	(10)
txtreated	2.8526*** (10.73)	0.4637 (1.30)	2.4116*** (3.00)	0.6975* (1.74)	13.3468*** (4.22)	3.8791 (1.04)	17.5236** (2.64)	71.6742*** (5.04)	-1.4672*** (5.84)	-2.4699*** (-8.81)
t	0.0876 (0.17)	0.1296 (0.28)	0.7087* (1.68)	1.7400 (1.00)	2.1738 (0.41)	2.0180 (0.36)	30.4071** (2.41)	26.8252** (2.08)	-0.9946** (-2.41)	-0.3226 (-0.81)
size		-1.9377*** (-3.47)		5.1687*** (5.10)		-20.9939** (-2.56)		-8.0575 (-0.50)		-3.5919*** (-7.67)
age		-0.2989** (-2.41)		-0.7872*** (-4.61)		-0.7640 (-0.55)		27.4839*** (6.33)		0.3248*** (3.31)
sales		5.8675*** (13.80)		1.4049** (2.32)		18.9427*** (3.40)		74.6580*** (5.62)		0.5889** (1.99)
labor		-2.5749*** (-4.77)		1.0713 (1.20)		-4.5640 (-0.87)		-46.25114*** (-3.50)		-1.3771*** (-3.54)
wage		0.0558 (0.28)		1.1392*** (3.14)		0.9379 (0.37)		4.8764 (0.71)		0.1285 (0.82)

续表

变量	roe		lev2		rtr1		grow		zscore	
	(1)	(2)	(3)	(4)	(5)	(6)	(7)	(8)	(9)	(10)
cr10		0.1041*** (4.66)		-0.4143*** (-12.49)		-0.4418*** (-2.68)		2.5906*** (5.14)		0.1505*** (9.11)
sh1		0.0340 (1.15)		0.1482*** (2.86)		0.1575 (0.51)		-1.3793* (-1.87)		-0.0754*** (-3.50)
_cons	8.9688*** (69.32)	-57.5552*** (-6.69)	41.1854*** (200.45)	-87.3161*** (-5.36)	43.4175*** (29.51)	156.7921 (1.36)	-13.3666*** (-3.96)	-1621.261*** (-6.08)	7.1529*** (61.61)	70.6938*** (10.82)
样本量	1335	1335	1335	1335	1335	1335	1335	1335	1335	1335
R-sq	0.0187	0.0961	0.0002	0.206	0.0022	0.0133	0.0033	0.0043	0.0026	0.1667
F值	80.76***	72.96***	11.82***	39.68***	12.34***	5.53***	13.62***	14.37***	18.09***	28.18***

备注：①括号中的值为双尾检验 t 值；②*、**、*** 分别表示在10%、5%、1%水平上显著；③treated 变量由于具有时间不变性，回归时被自动删除。

资料来源：作者利用 Stata14.0 软件计算。

表6-5 实施员工持股计划影响企业财务业绩的动态边际影响效应

变量	roe		lev2		rtr1		grow		zscore	
	(1)	(2)	(3)	(4)	(5)	(6)	(7)	(8)	(9)	(10)
t2014 × treated	2.1152*** (6.45)	0.9217** (2.30)	1.8405*** (2.90)	0.7890 (1.29)	3.6570 (1.24)	3.2825 (0.90)	51.9649*** (2.94)	46.5158** (2.56)	-0.5131 (-1.38)	-0.1223 (-0.34)
t2015 × treated	2.9382*** (7.44)	1.5747*** (2.82)	1.9046** (2.12)	0.3239 (0.38)	9.9481*** (2.77)	7.6955 (1.35)	37.2887* (1.80)	30.5193 (1.48)	-0.2021 (-0.34)	-0.4626 (-0.82)
t2016 × treated	1.4067*** (3.78)	4.1909*** (5.79)	2.9386*** (2.93)	0.9347 (0.98)	12.9730*** (3.42)	9.3624 (1.30)	38.9685* (1.79)	28.1417 (1.31)	-1.8272*** (-3.69)	-0.9095 (-1.91)
t2017 × treated	4.9505*** (16.95)	6.3205*** (6.43)	2.9628*** (2.83)	0.8862 (0.90)	26.8091*** (6.72)	10.9789 (1.19)	-6.5935 (-0.31)	-17.2316 (-0.82)	-1.4360*** (-2.81)	-0.5075 (-1.03)
t2014	0.9618 (1.61)	0.9482* (1.73)	1.1420*** (3.33)	0.8462** (2.20)	1.0007 (0.21)	1.4310 (0.30)	-14.4249 (-1.25)	-9.0847 (-0.55)	0.5347** (2.42)	1.2613*** (4.55)
t2015	0.3833 (0.56)	0.3055 (0.47)	1.2518*** (2.60)	1.8705*** (3.05)	0.5297 (0.08)	0.8474 (0.13)	-29.7827** (-2.20)	-22.1325 (-1.12)	3.3327*** (9.99)	4.6089*** (10.22)
t2016	0.4804 (0.70)	0.7491 (1.16)	0.1008 (0.19)	3.6726*** (4.51)	3.3967 (0.50)	3.3068 (0.47)	32.9408*** (2.67)	37.7289 (1.55)	1.5116*** (4.77)	3.1843*** (5.69)
t2017	1.2150** (2.31)	1.4289*** (2.79)	0.3400 (0.61)	2.0580* (1.85)	6.8288 (0.94)	7.2440 (0.95)	81.3613*** (7.23)	170.9048*** (5.72)	0.4898 (1.60)	2.1339*** (3.00)

续表

变量	roe		lev2		rtr1		grow		zscore	
	(1)	(2)	(3)	(4)	(5)	(6)	(7)	(8)	(9)	(10)
控制变量	否	是	否	是	否	是	否	是	否	是
_cons	8.9688***	-43.7707***	41.1854***	-99.3042***	43.4175***	136.6640***	-13.3666***	-1358.9720***	7.1529***	77.4474***
样本量	1335	1335	1335	1335	1335	1335	1335	1335	1335	1335
R-sq	0.0311	0.0518	0.0003	0.2682	0.0042	0.0206	0.0124	0.0169	0.0110	0.1957
F值	89.66***	62.57***	6.63***	25.95***	11.93***	6.79***	11.70***	11.98***	29.49***	26.01***

备注：①括号中的值为双尾检验 t 值；②*、**、*** 分别表示在10%、5%、1% 水平上显著。

资料来源：作者利用 Stata14.0 软件计算。

表 6 - 6 　　　　高科技行业与非高科技行业实施员工
持股计划企业盈利能力的差异比较

变量	TMT 行业		非 TMT 行业	
roe	（1）	（2）	（3）	（4）
txtreated	3.0756 ***	1.0314 ***	1.8193 ***	1.8654 **
	（10.75）	（2.59）	（2.62）	（2.52）
t	0.0524	0.0699	0.5952	0.6373
	（0.09）	（0.13）	（0.58）	（0.64）
控制变量	否	是	否	是
_ cons	8.9464 ***	58.4792 ***	8.9965 ***	58.0925 ***
	（30.19）	（4.02）	（62.77）	（5.66）
样本量	1757	1725	7586	7472
R - sq	0.0212	0.1031	0.0090	0.1087
F 值	76.01 ***	59.66 ***	8.61 ***	23.19 ***

备注：①括号中的值为双尾检验 t 值；②*、**、***分别表示在 10%、5%、1% 水平上显著。

资料来源：作者利用 Stata14.0 软件计算。

表 6 - 7 　　　高科技行业与非高科技行业实施员工持股计划
企业偿债能力的差异比较

变量	TMT 行业		非 TMT 行业	
lev2	（5）	（6）	（7）	（8）
txtreated	3.6095 ***	0.5304	2.1248 **	0.7045
	（3.06）	（0.35）	（2.29）	（0.81）
t	2.0886	0.7079	0.1437	0.5449
	（1.25）	（0.73）	（0.32）	（1.27）
控制变量	否	是	否	是
_ cons	30.6008 ***	36.673	43.6301 ***	107.8677 ***
	（61.93）	（1.34）	（194.55）	（5.88）
样本量	1757	1725	7586	7472
R - sq	0.0090	0.2235	0.0004	0.1895
F 值	16.21 ***	23.94 ***	3.92 **	26.47 ***

备注：①括号中的值为双尾检验 t 值；②*、**、***分别表示在 10%、5%、1% 水平上显著。

资料来源：作者利用 Stata14.0 软件计算。

表 6 - 8 高科技行业与非高科技行业实施员工持股
计划企业运营能力的差异比较

变量	TMT 行业		非 TMT 行业	
rtrl	(9)	(10)	(11)	(12)
txtreated	17. 3443 ***	2. 0924	2. 1416 ***	0. 1177
	(4. 04)	(0. 25)	(3. 60)	(0. 13)
t	1. 5678	7. 7435	0. 2207	0. 0119
	(0. 20)	(1. 54)	(0. 25)	(0. 02)
控制变量	否	是	否	是
_ cons	6. 8223 ***	10. 7988	54. 6290 ***	257. 0880
	(26. 61)	(0. 77)	(26. 36)	(1. 42)
样本量	1757	1725	7586	7472
R - sq	0. 0101	0. 0121	0. 0027	0. 0150
F 值	10. 66 ***	11. 35 ***	10. 94 ***	4. 39 ***

备注：①括号中的值为双尾检验 t 值；②*、**、***分别表示在10%、5%、1%水平上显著。

资料来源：作者利用 Stata14. 0 软件计算。

表 6 - 9 高科技行业与非高科技行业实施员工
持股计划企业成长能力的差异比较

变量	TMT 行业		非 TMT 行业	
grow	(13)	(14)	(15)	(16)
txtreated	69. 1308 ***	19. 9907	39. 5304 ***	38. 0300 ***
	(4. 32)	(0. 73)	(2. 73)	(2. 59)
t	16. 8984	34. 5119	6. 9777	94. 4530 ***
	(0. 64)	(1. 03)	(0. 89)	(6. 07)
控制变量	否	是	否	是
_ cons	- 19. 3296 ***	- 1955. 0740 ***	- 12. 4437	- 1576. 8170
	(- 2. 66)	(- 3. 82)	(- 3. 28)	(- 5. 04)
样本量	1757	1725	7586	7472
R - sq	0. 0095	0. 0233	0. 0023	0. 0039
F 值	12. 42 ***	5. 07 ***	7. 72 ***	12. 91 ***

备注：①括号中的值为双尾检验 t 值；②*、**、***分别表示在10%、5%、1%水平上显著。

资料来源：作者利用 Stata14. 0 软件计算。

表 6 - 10　　　　高科技行业与非高科技行业实施员工持股
计划企业财务风险的差异比较

变量	TMT 行业		非 TMT 行业	
zscore	（17）	（18）	（19）	（20）
txtreated	- 1.5379 *** （- 5.94）	- 3.9774 *** （- 4.95）	- 0.8363 （- 0.74）	- 2.0623 *** （- 7.12）
t	- 0.9721 ** （- 2.24）	- 0.4415 （- 0.41）	- 1.0389 （- 1.31）	- 0.5068 （- 1.22）
控制变量	否	是	否	是
_ cons	10.9156 *** （32.88）	84.3836 *** （5.65）	6.2968 *** （51.87）	67.6890 *** （8.99）
样本量	1757	1725	7586	7472
R - sq	0.0042	0.1579	0.0009	0.0989
F 值	18.96 ***	19.33 ***	0.89	11.39 ***

备注：①括号中的值为双尾检验 t 值；②*、**、***分别表示在10%、5%、1%水平上显著。

资料来源：作者利用 Stata14.0 软件计算。

表 6 - 11　　　　国有企业与非国有企业实施员工持股
计划企业盈利能力的差异比较

变量	国有企业		非国有企业	
roe	（1）	（2）	（3）	（4）
txtreated	3.3394 *** （7.24）	2.0607 ** （2.53）	2.5558 *** （7.92）	0.4393 （1.17）
t	0.4500 （0.37）	0.7255 （0.63）	0.4519 （0.80）	0.6696 （1.33）
控制变量	否	是	否	是
_ cons	8.2515 *** （33.72）	- 27.7372 （- 1.52）	9.3248 *** （61.67）	- 63.9574 *** （- 6.65）
样本量	2842	2822	6501	6375
R - sq	0.0211	0.0883	0.0174	0.1079
F 值	29.49 ***	22.13 ***	52.66 ***	56.51 ***

备注：①括号中的值为双尾检验 t 值；②*、**、***分别表示在10%、5%、1%水平上显著。

资料来源：作者利用 Stata14.0 软件计算。

表6-12　　　　国有企业与非国有企业实施员工持股计划
企业偿债能力的差异比较

变量	国有企业		非国有企业	
lev2	（5）	（6）	（7）	（8）
txtreated	3.7381 **	1.7792	2.1512 ***	0.2958
	（2.01）	（1.04）	（3.86）	（0.34）
t	1.7447 ***	0.4878	1.1470	0.7076
	（2.83）	（0.92）	（1.24）	（1.27）
控制变量	否	是	否	是
_ cons	53.0357	- 47.0306	36.0232 ***	- 96.2563 ***
	（159.51）	（- 1.65）	（141.45）	（- 5.01）
样本量	2842	2822	6501	6375
R - sq	0.0019	0.0662	0.0053	0.2189
F 值	4.65 **	8.53 ***	17.39 ***	34.43 ***

备注：①括号中的值为双尾检验 t 值；②* 、** 、***分别表示在10% 、5% 、1% 水平上显著。

资料来源：作者利用 Stata14.0 软件计算。

表6-13　　　　国有企业与非国有企业实施员工持股计划
企业运营能力的差异比较

变量	国有企业		非国有企业	
rtrl	（9）	（10）	（11）	（12）
txtreated	18.2381 **	31.1570	11.3165 ***	3.6876
	（2.11）	（0.91）	（4.05）	（0.84）
t	32.4859	10.8682	3.7308	2.7197
	（0.99）	（1.29）	（0.86）	（0.82）
控制变量	否	是	否	是
_ cons	78.3330 ***	481.7527	30.9380	55.2926
	（16.17）	（0.88）	（25.06）	（0.71）
样本量	2842	2822	6501	6375
R - sq	0.0146	0.0198	0.0032	0.0027
F 值	3.51 **	1.38	10.79 ***	7.94 ***

备注：①括号中的值为双尾检验 t 值；②* 、** 、***分别表示在10% 、5% 、1% 水平上显著。

资料来源：作者利用 Stata14.0 软件计算。

表6-14　　　　　　国有企业与非国有企业实施员工持股计划
企业发展能力的差异比较

变量	国有企业		非国有企业	
grow	(13)	(14)	(15)	(16)
txtreated	42.8915 (0.97)	56.3592 (1.25)	22.1588 * (1.70)	16.4812 (1.23)
t	9.0679 (0.59)	-174.3695 (-4.69)	26.2671 *** (3.31)	37.8459 ** (2.51)
控制变量	否	是	否	是
_ cons	-26.7035 *** (-3.23)	-1993.8210 *** (-2.74)	-8.1849 ** (-2.27)	-1572.2860 *** (-5.97)
样本量	2842	2822	6501	6375
R - sq	0.0009	0.0024	0.0047	0.0107
F 值	0.50	6.81 ***	16.46 ***	9.67 ***

备注：①括号中的值为双尾检验 t 值；②*、**、***分别表示在10%、5%、1%水平上显著。

资料来源：作者利用 Stata14.0 软件计算。

表6-15　　　　　国有企业与非国有企业实施员工持股计划
企业财务风险的差异比较

变量	国有企业		非国有企业	
zscore	(17)	(18)	(19)	(20)
txtreated	-0.9523 *** (-3.44)	-0.5199 * (-1.95)	-1.3133 ** (-2.36)	-0.8220 (-1.57)
t	-0.7468 *** (-5.03)	-0.9088 *** (-6.28)	-1.9376 *** (-4.89)	-3.5343 *** (-8.09)
控制变量	否	是	否	是
_ cons	3.6145 *** (47.17)	33.9095 *** (4.59)	8.6793 *** (51.96)	84.2268 *** (10.15)
样本量	2842	2822	6501	6375
R - sq	0.0104	0.1370	0.0059	0.1531
F 值	13.03 ***	11.88 ***	13.22 ***	23.25 ***

备注：①括号中的值为双尾检验 t 值；②*、**、***分别表示在10%、5%、1%水平上显著。

资料来源：作者利用 Stata14.0 软件计算。

第七章　员工持股计划的非财务效应

为了考察员工持股计划对企业非财务业绩的影响，对企业非财务业绩状况进行考察是前提。因此，本章首先基于平衡计分卡理论，构建了企业综合业绩指标体系，形成了企业综合业绩度量指标体系，并对新时期614家实施员工持股计划的上市公司综合业绩展开评价。进一步地，本章对员工持股计划的资金来源、股票来源、股份占比、参与员工占比、高管认购比例等各契约要素与企业财务、客户、内部业务流程、学习与成长等四个方面业绩之间关系的显著性和方向性进行了实证研究。

第一节　企业综合业绩评价

企业综合业绩评价有利于促进企业全面发展。本部分根据平衡计分卡理论构建指标体系，按照科学的评价方法，结合中国实际，从财务、客户、内部业务流程、学习与成长等四个方面评价2014年以来614家实施员工持股计划的沪深上市企业综合业绩，为进一步深入研究中国员工持股计划提供基准性参考。

一　企业综合业绩评价的理论基础

传统的以财务指标为基础的业绩评价主要有以下几个缺陷：第一，评价环节单一。传统的企业业绩评价仅仅考虑在企业会计期末时予以评价，而忽略对企业日常运营的实时跟踪监控。[①] 第二，评价广度不够。传统的企业业绩评价只考虑到企业的内部因素，而忽视企业外部因素的影响。在当代瞬息万变的社会中综合考虑企业内部和外部各种因素是必要的。第三，远度有限。传统的财务指标具有滞后性，且仅依靠财务指标无法对未来企业走向起到充分的导向型作用。因此，企业绩效评价系统在不断演进，从传统的财务指标评价逐步发展衍生出杜邦评价法、沃尔评分法、经济增加值、平衡计分卡、业绩金字塔等方法。[②] 本书采用平衡计分卡来对企业的综合业绩进行评价，对企业业绩进行全面且较为准确的考察。根据美国 Gartner Group 调查结果，《财富》杂志排名前1000 的企业中，约有七成的公司采用了平衡计分卡评价体系。《哈佛商业评论》更将它评为 20 世纪最具有影响力的 75 个观点之一。

20 世纪 90 年代，罗伯特·卡普兰（Rober S. Kaplan）和大卫·诺顿（David P. Norton）调研了业绩评价领域处于领先地位的 12 家企业，提炼总结理论观点，在《哈佛商业评论》上先后发表了三篇论文，分别为 1992 年第 5 期发表的《平衡计分卡：驱动业绩的评价指标体系》[③]、1993 年第 5 期发表的《平衡计分卡的实际应用》[④]、1996 年第一期发表的《平衡计分卡在战略管理系统中的应用》[⑤]，平衡计分卡理论（the Balanced Score Card，BSC）正式问世。1996 年，两人合作出版著作《平衡计分卡：化战略为行动》[⑥]，标志着平衡计分卡理论走向成熟。

---

① 严颂兵、马江红：《我国企业业绩评价方法探讨——平衡计分卡的应用及策略》，《财会研究》2012 年第 19 期。

② 王化成、刘俊勇：《企业业绩评价模式研究——兼论中国企业业绩评价模式选择》，《管理世界》2004 年第 4 期。

③ Kaplan R. S., Norton D. P., "The Balanced Scorecard—Measures that Drive Performance", *Harvard Business Review*, No. 1, 1992, pp. 71 – 79.

④ Norton D., Kaplan R., "Putting the Balanced Scorecard to Work", *Harvard Business Review*, Vol. 71, No. 5, 1993, pp. 134 – 140.

⑤ Kaplan R. S., Norton D. P., "Using the Balanced Scorecard As A Strategic Management System", *Harvard Business Review*, No. 1, 1996, pp. 71 – 79.

⑥ Kaplan R. S., Norton D. P., *The Balanced Scorecard: Translating Strategy into Action*, Cambridge: Harvard Business Press, 1996.

如图 7-1 所示，平衡计分卡从财务（Financial）、客户（Customer）、内部业务流程（Internal business processes）、学习与创新（Learning and growth）四个角度来评价企业的业绩，可普遍适用于几乎任何一种类型的组织。平衡计分卡是一个全面的框架，它帮助企业管理层将企业虚渺的战略转变为一套可落实的业绩衡量指标。卡普兰和诺顿指出，财务指标和非财务指标并不是非此即彼的一种关系，财务指标具有基础而重要的作用，将其保留在平衡计分卡体系之中，而非财务指标作为一种有益的补充，使其成为一套更全面和更具包容性的衡量方法，把客户、内部业务流程、学习与成长业绩连同财务状况统筹在一个框架之中，形成一个整体。[①]

因此，本书创新性地使用平衡计分卡理论，作为企业综合业绩评价的理论基础，尝试构建企业综合业绩指标体系，以期对包括财务指标在内的更加全面的企业综合业绩进行全面度量。

二　企业综合业绩指标体系

本书的企业综合业绩指标体系是建立在平衡计分卡理论的基础之上的，包括一级指标、二级指标和三级指标三个层次。其中，一级指标依据财务、客户、内部业务流程、学习与成长四个平衡视角确立，二级指标是在每一个平衡视角之下根据理论研究结果确立，三级指标是结合理论成果具体的可度量性来确定。

（一）一级指标

在平衡计分卡的语言中，平衡视角（perspective）指的是一类衡量指标。[②] 根据 Kaplan、Norton（1992）的阐述，平衡计分卡包括财务、客户、内部业务流程、学习与成长四个方面。虽然绝大多数组织选择了

---

① 王化成、刘俊勇：《企业业绩评价研究回顾及卡普兰和诺顿的理论贡献》，《财会通讯》2003 年第 12 期。

② ［美］Paul R. Nivem：《平衡计分卡演进——一种动态的战略执行办法》，林清怡译，人民邮电出版社 2016 年版，第 23 页。

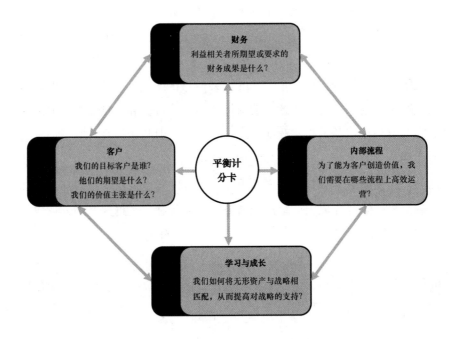

图 7 - 1 平衡计分卡理论框架

资料来源：《哈佛商业评论》1996 年第 1 期《平衡计分卡在战略管理系统中的应用》。

标准的四个视角，但是平衡计分卡代表了一种动态框架，必要的时候可以加入更多的视角，以充分转化和描述组织的战略。

第一，财务层面。财务层面是平衡计分卡最基础也是最重要的一个部分。平衡计分卡保留财务层面的业绩评价就是因为财务指标是对企业获利能力的一个直观的反映，是对企业战略执行情况的一个有效反馈，是对企业日常经营是否有所改善的衡量。另外，企业的财务层面并不仅限于财务的短期层面，也包括在企业生命周期的不同阶段所应该具有的不同的财务目标。

第二，客户层面。客户层面是平衡计分卡理论非常重要的一个方面。客户层面要求企业将眼光从内部转向外部，重视企业的客户。在当代激烈的市场竞争环境中，所有企业都知道客户对于企业生死存亡的重要意义，在企业标语中也常常看到诸如"客户至上""顾客就是上帝"等说法。因此，企业想要获得良好且持续的业绩，提供客户满意的产品和服务，获得、保持、留住客户资源是企业的必修之课。因此，平衡计分卡的客户层面考量可以将企业的口号转变为目标行业、目标群体之中，并将这些策略传递给整个企业。

第三，内部业务流程层面。内部业务流程层面揭示了传统企业业绩评价体系与以平衡计分卡理论为基础的企业业绩评价体系之间的基本差异。内部业务流程层面关注的是与客户满意度以及企业财务层面目标最为密切的那些关键内部流程。改变企业现有流程是超出企业财务指标范围的内容，而平衡计分卡将其视作很重要的一个方面，通过改善现有流程，使得企业内部的整个流程程序按照客户、财务目标等重要性差别来设定。[1]

第四，学习与成长。学习与成长层面是平衡计分卡第四个层面的内容。财务层面、客户层面、内部业务流程层面是企业为获得卓越业绩所必须要关注的领域，而学习与成长层面是驱动其他三个层面目标实现的重要因素。企业欲实现长远的发展是需要与时俱进的，依靠现有的技术、客户、流程无法支撑企业长期可持续发展。因此，学习与成长层面要求企业具备不断学习、不断成长能力，持续向客户和股东提供回报，持续改善不恰当的内部业务流程。

（二）二级指标

1. 财务层面

本章延续第六章对企业财务业绩的计量方法，仍然从以下五个维度来衡量企业的财务业绩，分别为企业盈利能力、企业偿债能力、企业运营能力、企业发展能力以及企业财务风险。

---

[1] Collis D. J., Montgomery C. A., "Competing on Resources: Strategy in the 1990s", *Harvard Business Review*, Vol. 4, 1995, pp. 118 – 128.

2. 客户层面

由于日趋激烈的市场竞争，企业管理者越来越重视客户权益问题。[①] 从客户角度来评价企业业绩，是非常重要的一方面。本书提出三个方面的二级指标，分别为产品/服务权益、权益保护、客户反馈等。比如，客户满意度反映了客户对企业战略、企业产品和服务是否满意，客户满意度提高才能带来市场占有率的提高。客户层面的指标实现的是消费者和企业双方的互利共赢，一方面从基本层面保护了消费者的基本权益，另一方面也通过对消费者的保护而保障了企业的产品和服务水平，为企业带来了竞争力的提高。

3. 内部业务流程层面

从企业内部流程角度出发，企业应该思考的问题是如何改进和完善内部业务流程以适应外部多变的环境。主要包括合规运营、安全生产经营、信息披露、沟通参与等流程。比如，企业应该在遵守各项法律、法规以及更广义上的公平交易原则等前提下进行合规运营，这样可以形成企业和政府之间的积极互动[②]，为企业带来业绩的提升。

4. 学习与成长层面

平衡计分卡强调对未来进行投资的必要性和重要性，认为企业不能只投资那些传统领域（如新厂房、新设备、新产品的研发），还必须对企业的基础框架——员工、伙伴、社区进行投资。

（1）员工权益保护和发展

员工是企业重要利益相关方，只有企业重视保护员工的权益，员工才能受到激励进而积极地为股东创造价值。本章主要关注劳动合同签订率、员工工资与福利、五险一金覆盖率、公平雇佣政策、职业安全健康体系、员工体检率、员工培训人均投入、职业发展通道、员工关爱、员

---

① 岳金燕、金水英：《基于平衡计分卡的企业绩效评价体系的构建》，《黑龙江对外经贸》2011 年第 9 期。

② 张兆国、陈天骥、余伦：《平衡计分卡：一种革命性的企业经营业绩评价方法》，《中国软科学》2002 年第 5 期。

工满意度等方面。

（2）伙伴权益保护

政府、供应商、银行、学校等合作伙伴对企业业绩的影响相对较大，反过来，企业的活动也会对这些合作伙伴产生相应的影响。本章主要考察公平竞争的理念与政策、合同履约率、供应商合作、银企合作等方面。比如，企业与其供应商之间的良好合作可以形成相对稳定的供应链条，使企业与供应商之间共享价值增值，打造互相支撑的产业合力。

（3）社区发展贡献

企业的良性发展不仅可以为社区提供产品和服务、带来就业、创造消费，企业的运营也为地区发展注入动力，提供社区经济发展水平。反过来讲，社区为企业提供资源与人力要素投入，支持企业的正常运营。因此，社区与企业之间的良性互动可以促进企业业绩的提升。因此，本章关注促进社区发展的政策、社区关系管理两个方面的社区发展贡献。

（三）三级指标

显而易见，明确了评价企业综合业绩的四个领域以及开展每个领域的关注对象之后，企业并不知道究竟应该以哪些指标来衡量这些领域和对象。为此，还需要进一步细化企业综合业绩指标体系，在二级指标的基础上，设计出计量这些关键成果要素的关键业绩指标（KPI）。

表 7－1   企业综合业绩指标体系

一级指标	二级指标	三级指标
财务	盈利能力	净资产收益率
	偿债能力	资产负债率
	运营能力	应收账款周转率
	发展能力	净利润同比增长率
	财务风险	Z 值
客户	产品/服务权益	产品质量
		客户服务
	权益保护	消费者权益保护（隐私保护）
	客户反馈	客户满意度（包括投诉处理）

续表

一级指标	二级指标	三级指标
内部业务流程	合规运营	合规管理体系
		合规培训（包括反腐倡廉会议）
	安全生产运营	安全生产管理体系
		安全应急管理机制
		安全生产投入（资金、人员）
	信息披露	信息披露机制
		信息披露渠道（官网、微博、微信、新闻发布会）
		发布财务报告
		发布社会责任报告
	沟通参与	股东关系管理
		组织举办的重大公开活动
学习与成长	员工权益保护和发展	劳动合同签订率
		员工工资与福利
		五险一金覆盖率
		公平雇佣政策
		职业安全健康体系
		员工体检率
		员工培训人均投入
		职业发展通道
		员工关爱（包括工作与生活平衡和困难员工帮扶）
		员工满意度
	伙伴权益保护	公平竞争的理念与政策
		合同履约率
		供应商合作（支付给供应商的金额）
		银企合作（利息支出）
		其他合作伙伴（政府、产学研）
	社区发展贡献	促进社区发展的政策
		社区关系管理（在社区开展的各类活动）

资料来源：作者整理。

三　企业综合业绩度量指标体系

企业综合业绩度量指标体系是在企业综合业绩指标体系的基础上，对一级指标、二级指标、三级指标赋予权重，并规定三级指标的评分标准，从而形成企业综合业绩度量指标体系。因此，本部分将阐述企业综合业绩度量体系的权重设置方法以及三级指标的评分标准。

（一）权重设置

权重设置是企业综合业绩度量过程中的关键一环。为保证权重设置的科学性和准确性，本书分别利用层次分析法（Analytic Hierarchy Process，AHP）设置一级指标权重以及二级指标权重，使用专家法设置三级指标权重，最大限度地避免主观因素对企业综合业绩评价的影响。

1. 一级指标权重设置

首先需要对平衡视角四个方面的相对重要性进行排序。也就是说，通过专家对财务层面、客户层面、内部业务流程层面对四个层面两两之间的相对重要性进行比较打分，得到判断矩阵。这里需要说明的是，评价尺度划分为九个标度，极端重要得9分，强烈重要得7分，较强重要得5分，稍微重要得3分，重要性相同得1分，中间值2、4、6、8介于各评分值中间。当一指标与自身相比时，重要性相同，所以判断矩阵主对角线均为1，且与矩阵主对角线相对称的数值互为倒数。

表7-2　　　　　　　判断矩阵评价尺度含义一览表

评价描述	评分
同等重要	1
稍微重要	3
较强重要	5
强烈重要	7
极端重要	9
两相邻判断的中间值	2、4、6、8

资料来源：作者根据 yaahp 11.2 软件计算整理所得。

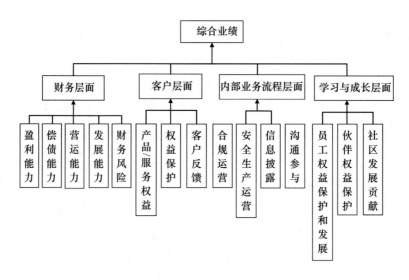

图 7 - 2　企业综合业绩评价树状图

资料来源：作者根据 yaahp 11.2 软件计算整理所得。

　　具体来看，分别让 10 名管理学科专家选择他所认为的四个视角两两比较重要性。然后对 10 名专家的评价进行汇总，本书就得到了相对于企业综合业绩来讲，四个视角两两比较的重要性判断矩阵。根据专家意见，相对于企业综合业绩来讲，财务层面比客户层面稍微重要，内部业务流程层面比财务层面稍微重要，学习与成长层面比财务层面稍微重要，内部业务流程层面比客户层面稍微重要，学习与成长层面比客户层面稍微重要，学习与成长层面比内部业务流程层面稍微重要。

　　基于此，本章利用 yaahp 11.2 统计分析软件分别得出了财务层面、客户层面、内部业务流程层面以及学习与成长层面四个平衡视角的判断矩阵及权重，判断矩阵的一致性比例为 0.0266，远低于 0.05，符合一致性要求（详见表 7 - 3）。

表 7 - 3　　　　　　　　　企业综合业绩判断矩阵和权重

综合业绩	财务层面	客户层面	内部业务流程层面	学习与成长层面	一级指标权重
财务层面	1	2	1/2	1/2	0.1906
客户层面	1/2	1	1/2	1/3	0.1205
内部业务流程层面	2	2	1	1/2	0.2707
学习与成长层面	2	3	2	1	0.4182

资料来源：作者根据 yaahp 11.2 软件计算整理所得。

2. 二级指标权重设置

类似地，根据二级指标的重要性两两排序，本章分别构建了四个二级指标的判断矩阵。根据专家意见，相对于财务层面来说，盈利能力比偿债能力明显重要，盈利能力比运营能力明显重要，运营能力与发展能力重要性相同，盈利能力比财务风险明显重要，运营能力比偿债能力明显重要，发展能力与偿债能力相比很重要，财务风险比偿债能力稍微重要，发展能力比运营能力稍微重要，运营能力比财务风险稍微重要，发展能力比财务风险明显重要；相对于客户层面来说，产品/服务权益比权益保护稍微重要，产品/服务权益比客户反馈明显重要，权益保护比客户反馈稍微重要；相对于内部业务流程层面，合规运营比安全生产运营稍微重要，合规运营比信息披露稍微重要，合规运营比沟通参与稍微重要，安全生产运营比信息披露稍微重要，安全生产运营比沟通参与明显重要，信息披露比沟通参与稍微重要；相对于学习与成长层面，员工权益保护和发展比伙伴权益保护稍微重要，员工权益保护和发展比社区发展贡献稍微重要，社区发展贡献比伙伴权益保护稍微重要。

利用 yaahp 11.2 统计分析软件，本章分别得出了财务层面、客户层面、内部业务流程层面以及学习与成长层面四个平衡视角之下相应的二级指标判断矩阵及权重（详见表 7 - 4—表 7 - 7）。其中，财务层面之下二级指标判断矩阵的一致性比例为 0.0363；客户层面之下二级指标判断矩阵的一致性比例为 0.0176；内部业务流程层面之下二级指标判断矩阵的一致性比例为 0.0363；学习与成长层面之下二级指标判断矩阵的一致性比例为 0.0176。显而易见，四个平衡视角之下二级指标的判断矩阵均低于 0.05，均符合一致性要求。

表 7 - 4　　　　　　二级指标——财务层面判断矩阵和权重

一级指标	二级指标	盈利能力	偿债能力	运营能力	发展能力	财务风险	二级指标权重
财务层面	盈利能力	1	5	5	1	5	0.3924
	偿债能力	1/5	1	1/4	1/6	1/2	0.0499
	运营能力	1/5	4	1	1/3	2	0.1311
	发展能力	1	6	3	1	5	0.3512
	财务风险	1/5	2	1/2	1/5	1	0.0754

资料来源：作者根据 yaahp 11.2 软件计算整理所得。

表 7 - 5　　　　　二级指标——客户层面判断矩阵和权重

一级指标	二级指标	产品/服务权益	权益保护	客户反馈	二级指标权重
客户层面	产品/服务权益	1	3	4	0.6250
	权益保护	1/3	1	2	0.2385
	客户反馈	1/4	1/2	1	0.1365

资料来源：作者根据 yaahp 11.2 软件计算整理所得。

表 7 - 6　　　二级指标——内部业务流程层面判断矩阵和权重

一级指标	二级指标	合规运营	安全生产运营	信息披露	沟通参与	二级指标权重
内部业务流程业绩	合规运营	1	2	3	3	0.4428
	安全生产运营	1/2	1	2	4	0.3004
	信息披露	1/3	1/2	1	2	0.1592
	沟通参与	1/3	1/4	1/2	1	0.0976

资料来源：作者根据 yaahp 11.2 软件计算整理所得。

表 7 - 7　　　　　二级指标——学习与成长层面判断矩阵和权重

一级指标	二级指标	员工权益保护和发展	伙伴权益保护	社区发展贡献	二级指标权重
学习与成长业绩	员工权益保护和发展	1	5/3	5/4	0.4098
	伙伴权益保护	3/5	1	1/2	0.2148
	社区发展贡献	4/5	2	1	0.3753

资料来源：作者根据 yaahp 11.2 软件计算整理所得。

3. 三级指标权重设置

企业综合业绩指标体系三级指标权重设置需要考虑两个方面：第一，三级指标是最末一级指标，因此，除了赋权，还需要对其进行打分。而对三级指标的打分要对其进行无量纲化处理，保证三级指标之间的量纲一致，然后在此基础上计算出二级指标的得分、一级指标的得分以及企业综合业绩的得分。第二，为保证赋权过程的科学性和准确性，三级指标的赋权仍然需要采取层次分析法。

利用 yaahp 11.2 统计分析软件，本章分别得出了三级指标判断矩阵及权重（详见表 7 - 8—表 7 - 11）。在财务层面，由于盈利能力、偿债能力、运营能力、发展能力、财务风险之下的三级指标均为单一指标，因此，一致性比例均为 0.0000，明显小于 0.05；在客户层面，产品/服务权益之下三级指标判断矩阵的一致性比例为 0.0000，明显小于 0.05，权益保护和客户反馈之下的三级指标均为单一指标，因此，一致性比例均为 0.0000，明显小于 0.05；在内部业务流程层面，合规运营之下的三级指标判断矩阵的一致性比例为 0.0000，安全生产运营之下的三级指标判断矩阵的一致性比例为 0.0424，信息披露之下的三级指标判断矩阵的一致性比例为 0.0254，沟通参与之下的三级指标判断矩阵的一致性比例为 0.0000，均明显小于 0.05；在学习与成长层面，员工权益保护和发展之下的三级指标判断矩阵的一致性比例为 0.0497，伙伴权益保护之下的三级指标判断矩阵的一致性比例为 0.0235，社区发展贡献之下的三级指标判断矩阵的一致性比例为 0.0000，均明显小于 0.05。显而易见，三级指标的判断矩阵均低于 0.05，均符合一致性要求。

表 7 - 8 　　　　　　　三级指标——财务层面判断矩阵和权重

一级指标	二级指标	三级指标	净资产收益率	三级指标权重
财务层面	盈利能力	净资产收益率	1	1.000
	二级指标	三级指标	资产负债率	三级指标权重
	偿债能力	资产负债率	1	1.000
	二级指标	三级指标	应收账款周转率	三级指标权重
	运营能力	应收账款周转率	1	1.000
	二级指标	三级指标	净利润同比增长率	三级指标权重
	发展能力	净利润同比增长率	1	1.000
	二级指标	三级指标	Z 值	三级指标权重
	财务风险	Z 值	1	1.000

资料来源：作者根据 yaahp 11.2 软件计算整理所得。

表 7 - 9 　　　　　　　三级指标——客户层面判断矩阵和权重

一级指标	二级指标	三级指标	产品质量	客户服务	三级指标权重
客户层面	产品/服务权益	产品质量	1	1	0.500
	二级指标	客户服务	1	1	0.500
	权益保护	三级指标	消费者权益保护		三级指标权重
	二级指标	消费者权益保护	1		1.000
	客户反馈	三级指标	客户满意度		三级指标权重
		客户满意度	1		1.000

资料来源：作者根据 yaahp 11.2 软件计算整理所得。

表7-10 三级指标——内部业务流程层面判断矩阵和权重

一级指标	二级指标	三级指标	合规管理体系		合规培训		三级指标权重
	合规运营	合规管理体系	1		2		0.6667
		合规培训	1/2		1		0.3333
	二级指标	三级指标	安全生产管理体系	安全应急管理机制	安全生产投入		三级指标权重
	安全生产运营	安全生产管理体系	1	3	2		0.5505
		安全应急管理机制	1/3	1	1.25		0.2263
		安全生产投入	0.5	0.8	1		0.2232
	二级指标	三级指标	信息披露机制	信息披露渠道	发布财务报告	发布社会责任报告	三级指标权重
内部业务流程	信息披露	信息披露机制	1	3	2	2	0.4339
		信息披露渠道	1/3	1	1.1667	1.4	0.1990
		发布财务报告	1/2	0.8571	1	1.5	0.2054
		发布社会责任报告	1/2	0.7143	0.6667	1	0.1617
	二级指标	三级指标	股东关系管理		组织举办的重大公开活动		三级指标权重
	沟通参与	股东关系管理	1		3		0.7500
		组织举办的重大公开活动	0.3333		1		0.2500

资料来源：作者根据 yaahp 11.2 软件计算整理所得。

表7-11　三级指标——学习与成长层面判断矩阵和权重

一级指标	二级指标	三级指标	劳动合同签订率	员工工资与福利	五险一金覆盖率	公平雇佣政策	职业安全健康体系	员工体检率	员工培训人均投入	职业发展通道	员工关爱	员工满意度	三级指标权重
学习与成长	员工权益保护和发展	劳动合同签订率	1	1/3	1/3	4	3	1	3	2	3	3	0.1351
		员工工资与福利	3	1	1	3	4	1	2	2	3	3	0.181
		五险一金覆盖率	3	1	1	4	3	1	2	2	2	3	0.1734
		公平雇佣政策	1/4	1/3	1/4	1	1/2	1/4	1/2	1/2	2	1	0.0432
		职业安全健康体系	1/3	1/4	1/3	2	1	1	2	1	2	3	0.0835
		员工体检率	1	1	1	4	1	1	3	2	3	4	0.1459
		员工培训人均投入	1/3	1/2	1/2	2	1/2	1/3	1	1/3	2	1	0.0575
		职业发展通道	1/2	1/2	1/2	2	1	1/2	3	1	3	3	0.0948
		员工关爱	1/3	1/3	1/2	1/2	1/2	1/3	1/2	1/3	1	1/2	0.0401
		员工满意度	1/3	1/3	1/3	1	1/3	1/4	1	1/3	2	1	0.0455

二级指标	三级指标	公平竞争的理念与政策	合同履约率	供应商合作	银企合作	其他合作伙伴	三级指标权重
伙伴权益保护	公平竞争的理念与政策	1	1/3	2	2	1	0.1914
	合同履约率	3	1	3	2	2	0.3766
	供应商合作	1/2	1/3	1	1	1/2	0.108
	银企合作	1/2	1/2	1	1	1/2	0.1203
	其他合作伙伴	1	2	2	2	1	0.2037

二级指标	三级指标	促进社区发展的政策	社区关系管理	三级指标权重
社区发展贡献	促进社区发展的政策	1	1/2	0.3333
	社区关系管理	2	1	0.6667

资料来源：作者根据 yaahp 11.2 软件计算整理所得。

（二）赋分原则

在三级指标的赋分原则方面，由于企业综合业绩指标体系所包含的指标较多，考虑到不同指标的不同特性，本书根据指标特性分别设置赋分原则。本部分参考肖红军、许英杰[①]的做法，将三级指标划分为定性指标和定量指标两大类。定性指标进一步划分为单因素定性指标和多因素定性指标两类，而定量指标则进一步划分为绝对数据型定量指标、标准数据型定量指标、占比型数据定量指标三类。在对企业综合业绩度量指标体系三级指标进行赋分的过程中，对三级指标进行再分类，进而根据不同类型得到相应赋分。在本书所构建的综合业绩指标体系中，一级指标有 4 个，二级指标有 15 个，三级指标有 37 个，37 个三级指标的打分原则如表 7 - 12 所示。

表 7 - 12　　　　　　　　　　三级指标打分原则

一级指标	二级指标	三级指标	指标类别	指标类型
财务	盈利能力	净资产收益率	定量指标	占比型数据
	偿债能力	资产负债率	定量指标	占比型数据
	运营能力	应收账款周转率	定量指标	占比型数据
	发展能力	净利润同比增长率	定量指标	占比型数据
	财务风险	Z 值	定量指标	占比型数据
客户	产品/服务权益	产品质量	定性指标	多因素定性数据
		客户服务	定性指标	多因素定性数据
	权益保护	消费者权益保护（隐私保护）	定性指标	多因素定性数据
	客户反馈	客户满意度（包括投诉处理）	定量指标	占比型数据

---

① 肖红军、许英杰：《企业社会责任评价模式的反思与重构》，《经济管理》2014 年第 9 期。

续表

一级指标	二级指标	三级指标	指标类别	指标类型
内部业务流程	合规运营	合规管理体系	定性指标	单因素定性数据
		合规培训（包括反腐倡廉会议）	定性指标	多因素定性数据
	安全生产运营	安全生产管理体系	定性指标	单因素定性数据
		安全应急管理机制	定性指标	单因素定性数据
		安全生产投入（资金、人员）	定量指标	绝对数据
	信息披露	信息披露机制	定性指标	单因素定性数据
		信息披露渠道（官网、微博、微信、新闻发布会）	定性指标	多因素定性数据
		发布财务报告	定性指标	单因素定性数据
		发布社会责任报告	定性指标	多因素定性数据
	沟通参与	股东关系管理	定性指标	多因素定性数据
		组织举办的重大公开活动	定性指标	多因素定性数据
学习与成长	员工权益保护和发展	劳动合同签订率	定量指标	占比型数据
		员工工资与福利	定性指标	多因素定性数据
		五险一金覆盖率	定量指标	占比型数据
		公平雇佣政策	定性指标	单因素定性数据
		职业安全健康体系	定性指标	单因素定性数据
		员工体检率	定量指标	绝对数据
		职业发展通道	定性指标	多因素定性数据
		员工关爱（包括工作与生活平衡和困难员工帮扶）	定性指标	单因素定性数据
		员工满意度	定量指标	占比型数据
	伙伴权益保护	公平竞争的理念与政策	定性指标	单因素定性数据
		合同履约率	定量指标	占比型数据
		供应商合作（支付给供应商的金额）	定性指标	多因素定性数据
		银企合作（利息支出）	定性指标	多因素定性数据
		其他合作伙伴（政府、产学研）	定性指标	多因素定性数据
	社区发展贡献	促进社区发展的政策	定性指标	单因素定性数据
		社区关系管理（在社区开展的各类活动）	定性指标	多因素定性数据

资料来源：作者编制。

四 企业综合业绩度量指标体系应用

基于本章所构建的企业综合业绩指标体系以及企业综合业绩度量指标体系，本书进而对 2014 年 7 月—2017 年 9 月实施员工持股计划的上市公司企业综合业绩状况展开度量。本部分首先收集 614 家实施员工持股计划的上市公司业绩信息，然后根据专家法对三级指标进行了无量纲化处理，得到三级指标权重和三级指标得分，从而进一步得到二级指标权重和二级指标得分，并最终得到一级指标以及企业综合业绩状况的得分。

（一）样本选择

为了考察员工持股计划的非财务效应，首先需要选择样本，并对样本的企业综合业绩状况进行度量。在本章中，选择 2014 年 7 月—2017 年 9 月实施员工持股计划的 614 家沪深两市上市公司作为研究样本，对这些上市公司的企业综合业绩状况进行考察。

（二）信息收集

企业综合业绩信息收集包括两个组成部分，分别为企业财务信息的收集以及企业非财务信息的收集。企业财务信息是企业经营的晴雨表，包括企业盈利能力、企业偿债能力、企业运营能力、企业发展能力、企业财务分析等方面的信息。财务信息是企业的基础信息，通过对企业财务信息的分析，可以为开展财务业绩的实证研究提供数据支持，为企业非财务业绩的实证研究奠定基础。本章的主要数据来自 Wind 咨询数据库，并以企业年度财务报告以及官网信息作为补充。

企业非财务信息包括客户、内部业务流程、学习与成长三个视角。对于企业非财务信息的收集，本章主要以上市公司的年度财务报告、年度社会责任报告以及官网为主要的信息来源渠道。我国上交所和深交所对上市公司信息披露有明确的要求，因此，这三个信息来源可以作为企业非财务信息的主要获取渠道。

表 7 - 13　　　　　　　　企业综合业绩评价信息来源

信息类别	信息举例	信息来源	收集信息时间阶段
企业财务信息	企业盈利能力信息、企业偿债能力信息、企业运营能力信息、企业发展能力信息、企业财务分析信息	Wind 资讯数据库；企业年度财务报告	2014—2017 年
企业非财务信息	标识客户层面的信息、标识内部业务流程层面的信息、标识学习与成长层面的信息	企业社会责任报告；企业年度报告；企业官方网站	2014—2017 年

资料来源：作者归纳整理。

（三）度量结果

1. 企业综合业绩整体结果

基于企业综合业绩度量指标体系，本章对 614 家实施员工持股计划企业的综合业绩信息进行了收集，通过计算得出了 614 家实施员工持股计划企业的综合业绩状况数据。研究发现，614 家实施员工持股计划的企业综合业绩水平均值为 38.01，标准差为 10.51，最大值为最小值的 10 倍左右。在四个平衡视角中，财务层面的业绩水平均值最高，为 43.88，然后依次为客户业绩、内部业务流程以及学习与成长，均分别为 38.69、36.81 以及 35.93。但是，与此相对应的是，客户层面的离散程度最大，标准差为 21.11，财务、学习与成长、内部业务流程三个层面的离散程度依次降低，标准差分别为 15.85、14.62、13.40。另外，从最大值与最小值来看，四个层面的最大值与最小值之间差别明显，其中差别最大的为客户层面，最大值为 94.99，而最小值为 0。614 家实施员工持股计划的企业综合业绩整体结果详见表 7 - 14。

表 7 - 14　　　　614 家实施员工持股计划企业综合业绩状况

	均值	标准差	最大值	75 分位数	中位数	25 分位数	最小值	个数
综合业绩	38.01	10.51	76.66	43.59	36.67	30.28	7.87	614
财务	43.88	15.85	71.42	55.29	52.61	31.82	2.49	614
客户	38.69	21.11	94.99	54.01	39.12	23.44	0.00	614
内部业务流程	36.81	13.40	75.85	44.20	35.04	28.20	0.00	614
学习与成长	35.93	14.62	88.07	43.56	33.50	26.78	0.00	614

资料来源：作者根据 Stata 14.0 计算所得。

2. 客户业绩结果

从 614 家实施员工持股计划的沪深上市公司客户业绩来看，614 家实施员工持股计划的企业客户业绩水平均值为 38.69 分。在各二级指标中，产品/服务权益平均水平最好，得分为 46.17 分；客户反馈、权益保护平均水平均低于客户业绩水平，得分分别为 28.94 分、24.65 分。

表 7 - 15　　　　614 家实施员工持股计划企业客户业绩状况

	均值	标准差	最大值	75 分位数	中位数	25 分位数	最小值	个数
客户	38.69	21.11	94.99	54.01	39.12	23.44	0.00	614
产品/服务权益	46.17	24.29	100.00	65.00	47.50	32.50	0.00	614
权益保护	24.65	28.54	98.00	50.00	20.00	0.00	0.00	614
客户反馈	28.94	29.44	99.00	50.00	25.00	0.00	0.00	614

资料来源：作者根据 Stata 14.0 计算所得。

3. 内部业务流程业绩结果

从 614 家实施员工持股计划的沪深上市公司内部业务流程业绩来看，614 家实施员工持股计划的企业内部业务流程水平均值为 36.81 分。在各二级指标中，信息披露、沟通参与平均水平明显高于内部业务流程水平，得分分别为 53.57 分、55.63 分；合规运营平均水平略低于内部业务流程平均水平，得分为 35.93 分；安全生产运营平均水平相对较弱，得分仅为 36.81 分。

表 7-16　　614 家实施员工持股计划企业内部业务流程业绩状况

	均值	标准差	最大值	75 分位数	中位数	25 分位数	最小值	个数
内部业务流程	36.81	13.40	75.85	44.20	35.04	28.20	0.00	614
合规运营	35.93	15.74	75.45	45.14	38.54	27.53	0.00	614
安全生产运营	23.11	26.21	95.49	42.83	13.49	0.00	0.00	614
信息披露	53.57	15.92	97.13	63.50	54.62	44.44	0.00	614
沟通参与	55.63	19.37	98.25	69.75	56.25	45.00	0.00	614

资料来源：作者根据 Stata 14.0 计算所得。

4. 学习与成长业绩结果

从 614 家实施员工持股计划的沪深上市公司学习与成长业绩来看，614 家实施员工持股计划的企业学习与成长水平均值为 35.93 分。在各二级指标中，员工权益保护和发展平均水平最好，得分为 51.77 分；伙伴权益保护平均水平高于学习与成长平均水平，得分为 43.86 分；社区发展水平相对较弱，在三个二级指标中得分最低，为 14.10 分。

表 7-17　　614 家实施员工持股计划企业学习与成长业绩状况

	均值	标准差	最大值	75 分位数	中位数	25 分位数	最小值	个数
学习与成长	35.93	14.62	88.07	43.56	33.50	26.78	0.00	614
员工权益保护和发展	51.77	16.32	93.12	63.33	52.04	41.14	0.00	614
伙伴权益保护	43.86	19.25	94.99	55.54	45.42	33.01	0.00	614
社区发展贡献	14.10	21.70	96.00	23.33	0.00	0.00	0.00	614

资料来源：作者根据 Stata 14.0 计算所得。

第二节　理论分析与研究假设

在构建企业综合业绩评价指标体系，并应用该指标体系对新时期

614 家实施员工持股计划的上市公司企业综合业绩、财务业绩、客户业绩、内部业务流程业绩、学习与成长业绩进行度量的基础上，本节对员工持股计划与企业综合业绩、财务业绩、客户业绩、内部业务流程业绩、学习与成长业绩之间的关系进行理论分析并提出研究假设。

陈艳艳以 2005—2012 年间发布员工股权激励计划的 410 个上市公司作为研究对象，根据激励理论、吸引和留住员工理论、融资约束理论三个理论，实证研究发现，员工股权激励能够提升企业的整体表现。[①] 因此，我们有理由相信，无论是财务层面、客户层面、内部业务流程层面，还是学习与成长层面，科学合理的员工持股计划均能对其产生正向的影响。Bova、Kolev、Thomas、Zhang 发现，企业员工的持股能够显著增加企业对其利益相关者的信息披露程度。一方面，当管理层提出战略决策时，员工会更加仔细地执行决策。另一方面，由于持有公司的部分股权，企业员工可能能够确实地影响到公司的战略决策（如帮助管理者筛选投资项目等）。[②] Babenko、Lemmon、Tserlukevich 认为员工持股计划的实施能够给企业带来大量的现金流，这些现金流入能够替代成本较高的外部融资，以满足企业较高的投资需求。[③] Hall、Murphy 认为员工持股模式的选择对企业成长性有影响。[④] 沈家超认为，员工持股可以营造一种所有权文化，促进员工之间正式与非正式的沟通，使员工认同组织战略，在为企业整体利益服务和个人利益之间平衡。[⑤] Chang、Fu、Low、Zhang 认为员工持股对企业创新有正面影响，能够增强员工之间的合作以及相互监督，有利于创新

[①] 陈艳艳：《员工股权激励的实施动机与经济后果研究》，《管理评论》2015 年第 9 期。

[②] Bova F. , Kolev K. , Thomas J. K. , Zhang X. F. , "Non – executive Employee Ownership and Corporate Risk", *The Accounting Review*, Vol. 90, No. 1, 2014, pp. 115 – 145.

[③] Babenko I. , Lemmon M. , Tserlukevich Y. , "Employee Stock Options and Investment", *Journal of Finance*, Vol. 66, No. 3, 2011, pp. 981 – 1009.

[④] Hall B. J. , Murphy K. J. , "The Trouble With Stock Options", *Journal of Economic Perspectives*, Vol. 17, No. 3, 2003, pp. 49 – 70.

[⑤] 沈家超：《基于 EVA 虚拟股票期权的企业所有权文化》，《商业研究》2005 年第 14 期，第 114—117 页。

成果。[1] Ittner、Lambert、Larcker 发现保留员工是新经济公司授予股票的主要目标。[2] Oyer 同样也认为保留员工是企业授予员工股票期权的主要因素之一。[3] 对于企业而言，其核心员工是企业持续发展的关键，同时在竞争日益激烈的市场环境中，有效吸引具有专业知识的高技术人才才能使企业在未来的发展中取得竞争优势。反过来，如果企业流失核心人才，那么未来的生产效率可能会进一步下降。此外，通过享有企业利润的分享权能够带来员工对企业满意度上的提升，也会对公司的股票价格产生正面影响。

这里需要指出的是，在"第六章 员工持股计划的财务效应"分析中，本书已经利用 PSM + DID 研究方法验证了员工持股计划对财务业绩具有正向影响，本章利用构建多元线性回归模型，用另外一种实证方法再次考察员工持股计划对企业财务业绩的影响，可以视作是第六章结论的稳健性检验。

综合以上理论分析，本章提出如下假设：

假设7.1：员工持股作为一种股权激励，能对企业综合业绩产生正效应。也就是说，员工持股计划为自筹资金、非二级市场购买、股份占比越高、参与员工占比越高、高管认购比例高的企业，其企业综合业绩相对较好。

假设7.2：实施员工持股计划能对企业财务业绩产生正效应。也就是说，员工持股计划为自筹资金、非二级市场购买、股份占比越高、参与员工占比越高、高管认购比例高的企业，其企业财务业绩相对较好。

---

① Chang X., Fu K., Low A., Zhang W., "Non-executive Employee Stock Options and Corporate Innovation", *Journal of Financial Economics*, Vol. 115, No. 1, 2015, pp. 168 – 188.

② Ittner C. D., Lambert R. A., Larcker D. F., "The Structure and Performance Consequences of Equity Grants to Employees of New Economy Firms", *Journal of Accounting and Economics*, Vol. 34, No. 1, 2003, pp. 89 – 127.

③ Oyer P., "Why Do Firms Use Incentives That Have No Incentive Effects?", *Journal of Finance*, Vol. 59, No. 4, 2004, pp. 1619 – 1650.

假设7.3：实施员工持股计划能对企业客户业绩产生正效应。也就是说，员工持股计划为自筹资金、非二级市场购买、股份占比越高、参与员工占比越高、高管认购比例高的企业，其企业客户业绩相对较好。

假设7.4：实施员工持股计划能对企业内部业务流程业绩产生正效应。也就是说，员工持股计划为自筹资金、非二级市场购买、股份占比越高、参与员工占比越高、高管认购比例高的企业，其企业内部业务流程业绩相对较好。

假设7.5：实施员工持股计划能对企业学习与成长业绩产生正效应。也就是说，员工持股计划为自筹资金、非二级市场购买、股份占比越高、参与员工占比越高、高管认购比例高的企业，其企业学习与成长业绩相对较好。

第三节　模型构建与变量选择

一　模型构建

本章的数据属于混合截面数据（Pool data）。本章欲研究员工持股计划对企业非财务业绩的影响效应。因此，以企业综合业绩、财务业绩、客户业绩、内部业务流程业绩、学习与成长业绩作为被解释变量，以员工持股计划作为解释变量，在控制其他变量的基础上，构建多元线性回归模型。具体模型如下：

$$Performance_i = \beta_{i0} + \beta_{i1} \times fund + \beta_{i2} \times stock + \beta_{i3} \times inside +$$
$$\beta_{i4} \times parti + \beta_{i5} \times mana + \beta_{i6} \times size + \beta_{i7} \times$$
$$lev1 + \beta_{i8} \times lev2 + \beta_{i9} \times rtr1 + \beta_{i10} \times rtr2 +$$
$$\beta_{i11} \times roe + \beta_{i12} \times grow + \beta_{i13} \times cr10 + \varepsilon_i$$

$$(7-1)$$

上述模型中，$i \in [0,5]$，当 $i = 0$ 时，$Performance_0$ 表示企业综合业绩（comprehensive），β_{0k}（$k \in [0,13]$）分别表示相关解释变量的

系数；当 $i = 1$ 时，$Performance_1$ 表示财务业绩（financial），β_{1k}（$k \in [0,13]$）分别表示相关解释变量的系数；当 $i = 2$ 时，$Performance_2$ 表示客户业绩（customer），β_{2k}（$k \in [0,13]$）分别表示相关解释变量的系数；当 $i = 3$ 时，$Performance_3$ 表示内部业务流程业绩（process），β_{3k}（$k \in [0,13]$）分别表示相关解释变量的系数；当 $i = 4$ 时，$Performance_4$ 表示学习与成长业绩（learning），β_{4k}（$k \in [0,13]$）分别表示相关解释变量的系数。fund 为解释变量，代表样本企业员工持股计划（草案）中的资金来源；stock 为解释变量，代表样本员工持股计划（草案）中的股票来源；inside 为解释变量，表示参与员工占比，代表员工持股计划所持有的股票总数占总股本的比例；parti 为解释变量，表示员工持股计划涉及的员工占员工总数的比例；mana 为解释变量，表示员工持股计划中高管认购的比例。此外，本书还选取了 size（公司规模）、lev1（短期偿债能力）、lev2（长期偿债能力）、rtr1（人力资源运营能力）、rtr2（生产资料运营能力）、roe（企业盈利能力）、grow（企业发展能力）、cr10（股权集中度）作为控制变量。ε 为随机误差项。

二 变量选择

（一）被解释变量

以企业综合业绩（Comprehensive）、财务业绩（financial）、客户业绩（customer）、内部业务流程业绩（process）、学习与成长业绩（learning）作为被解释变量，具体数值来自企业综合业绩指标体系的度量结果。

（二）解释变量

本章主要研究员工持股计划的五个合约要素，包括资金来源、股票来源、股份占比、参与员工占比以及高管认购比例，具体定义如下。

1. 资金来源（fund）

企业员工持股计划资金来源的主要方式可以归纳为员工薪酬及自筹资金、员工用企业税后净利润提取、股东或实际控制人提供融资质押担保借款等。此处定义，员工持股计划的资金来源为员工薪酬及自筹资金的取1，其他资金来源的取0。

2. 股票来源（stock）

员工持股计划的股票来源可以归纳为二级市场购买，认购非公开发行股票，以及股东自愿赠予。此处定义，员工持股计划的股票来源为非二级市场购买（股东赠予、上市公司回购、定向增发）的取1，二级市场购买的取0。

3. 股份占比（inside）

员工持股计划的股份占比定义为员工持股计划涉及的股票数量/上一年末总股本。

4. 参与员工占比（parti）

参与员工占比定义为参与员工持股计划的员工人数/员工总数。

5. 高管认购比例（mana）

高管认购比例定义为员工持股计划中管理层持股占总股本比例。

（三）控制变量

借鉴已有文献，本章设定的控制变量包括两类：公司特征类变量以及公司治理水平变量。详细的变量说明如下。

1. 企业规模（size）

以年末上市公司合并财务报表总资产的自然对数来衡量。

2. 企业偿债能力

（1）短期偿债能力（lev1）。以事件日所属年度或半年度流动比率来衡量，流动比率 =（流动资产/流动负债）×100%。（2）长期偿债能力（lev2）。以事件日所属年度资产负债率来衡量，资产负债率 =（负债总额/资产总额）×100%。其值越大说明公司获取利润的能力越强，但值过高，说明企业财务风险过大。

3. 企业运营能力

（1）人力资源运营能力（rtr1）。以事件日所属年度劳动效率来衡量，劳动效率 = （主营业务收入净额/员工人数）×100%。（2）生产资料运营能力（rtr2）。以事件日所属年度应收账款周转率来衡量，应收账款周转率 = （赊销收入/应收账款平均余额）×100%。

4. 企业盈利能力（roe）

根据 Aggarwal、Samwick[①] 的做法，以事件日所属年度净资产收益率来衡量，净资产收益率 = （净利润/所有者权益）×100%。可反映公司所有者权益的投资报酬率。

5. 企业发展能力（grow）

以事件日所属年度净利润同比增长率来衡量，净利润同比增长率 = ［（本期净利润 – 上期净利润）/上期净利润］×100%。

6. 股权集中度（cr10）

根据 La Porta et al.[②] 的做法，本章以事件日所属年度前十大股东持股比例合计作为股权集中度的代理变量。

表 7–18　　　　　　　　　主要变量一览表

变量符号	变量名称	变量定义
被解释变量		
comprehensive	企业综合业绩	以应用企业综合业绩指标体系评价的新时期 614 家实施员工持股计划上市公司综合业绩得分衡量
financial	财务业绩	以应用企业综合业绩指标体系评价的新时期 614 家实施员工持股计划上市公司财务业绩得分衡量

① Aggarwal R. K., Samwick A. A., "Empire-builders and Shirkers: Investment, Firm Performance, and Managerial Incentives", *Journal of Corporate Finance*, Vol. 12, No. 3, 2006, pp. 489 – 515.

② La Porta R., Lopez-de-Silanes F., Shleifer A., R. Vishney., "Corporate Ownership Around the World", *Journal of Finance*, Vol. 54, No. 2, 1999, pp. 471 – 517.

续表

变量符号	变量名称	变量定义
customer	客户业绩	以应用企业综合业绩指标体系评价的新时期614家实施员工持股计划上市公司客户业绩得分衡量
process	内部业务流程业绩	以应用企业综合业绩指标体系评价的新时期614家实施员工持股计划上市公司内部业务流程业绩得分衡量
learning	学习与成长业绩	以应用企业综合业绩指标体系评价的新时期614家实施员工持股计划上市公司学习与成长业绩得分衡量
		解释变量
fund	资金来源	员工持股计划的资金来源为员工薪酬及自筹资金的取1，其他资金来源的取0
stock	股票来源	员工持股计划的股票来源为非二级市场购买（股东赠予、上市公司回购、定向增发）的取1，二级市场购买的取0
inside	股份占比	员工持股计划涉及的股票数量/上一年末总股本
parti	参与员工占比	参与员工持股计划的员工人数/员工总数
mana	高管认购比例	员工持股计划中管理层持股占总股本比例
		控制变量
size	公司规模	以事件日所属年度或半年度上市公司合并财务报表总资产的自然对数来衡量
lev1	短期偿债能力	以事件日所属年度或半年度流动比率来衡量，流动比率=流动资产/流动负债
lev2	长期偿债能力	以事件日所属年度资产负债率来衡量，资产负债率=负债总额/资产总额
rtr1	人力资源运营能力	以事件日所属年度劳动效率的自然对数来衡量，劳动效率=营业总收入/员工人数
rtr2	生产资料运营能力	以事件日所属年度应收账款周转率来衡量，应收账款周转率=赊销收入/应收账款平均余额
roe	企业盈利能力	以事件日所属年度净资产收益率来衡量，净资产收益率=净利润/所有者权益
grow	企业发展能力	以事件日所属年度净利润同比增长率来衡量
cr10	股权集中度	以事件日所属年度前十大股东持股比例合计来衡量

备注：本章中所有涉及比例计算的变量单位均为"%"。

资料来源：作者整理。

第四节　实证检验

一　描述性统计

主要变量的描述性统计结果见表 7－19。表 7－19 Panel A 的连续性变量描述性统计结果，被解释变量的分析见表 7－19。从被解释变量的统计结果来看，614 家实施员工持股计划的上市公司股份占比的平均水平为 0.20%，参与员工占比的平均水平约为 4.24%，高管认购比例的平均水平为 26.79%。

由表 7－19 Panel B 的虚拟变量描述性统计结果可知，614 个实施员工持股计划的样本企业中，405 个（65.96%）员工持股计划的资金来源为员工薪酬及自筹资金，209 个（34.04%）员工持股计划为其他资金来源，员工薪酬或自筹资金的企业数量远远超过其他资金来源的企业。此外，614 个样本企业中，257 个（41.85%）员工持股计划的股票来源为非二级市场购买（股东赠予、上市公司回购、定向增发），357 个（58.14%）员工持股计划的股票来源为二级市场购买。

表 7－19　　　　　　　　主要变量的描述性统计

Panel A：连续型变量							
变量名	样本量	均值	标准差	最大值	75 分位数	中位数	25 分位数	最小值
Comprehensive	614	38.06	10.33	70.64	43.59	36.67	30.28	18.70
Financial	614	43.90	15.73	67.15	55.29	52.61	31.82	9.08
Customer	614	38.62	20.96	83.20	54.01	39.12	23.44	0.00
Process	614	36.83	13.14	68.62	44.20	35.03	28.20	8.91
Learning	614	35.94	14.40	80.01	43.56	33.50	26.78	7.82
inside	614	0.20	0.22	1.04	0.26	0.14	0.05	0.00
parti	614	4.24	1.90	8.58	5.47	4.34	3.25	0.00
mana	614	26.79	23.42	97.48	40.80	21.04	7.47	0.00
size	614	22.14	1.15	25.93	22.69	21.98	21.35	19.97
lev1	614	2.38	1.99	11.78	2.69	1.76	1.25	0.32
lev2	614	41.33	20.25	90.51	55.64	39.88	25.18	25.18

续表

Panel A：连续型变量

变量名	样本量	均值	标准差	最大值	75 分位数	中位数	25 分位数	最小值
rtr1	614	13.52	0.92	16.60	14.06	13.43	12.87	11.62
rtr2	614	25.14	95.20	721.10	8.68	3.97	2.21	0.00
roe	614	7.05	9.65	38.53	11.28	6.75	2.73	−40.54
grow	614	2.43	312.24	1120.91	57.12	16.61	−15.52	−1746.03
cr10	614	58.71	13.35	88.75	68.18	60.02	49.69	25.94

Panel B：虚拟变量

变量名	样本量	X = 0	X = 1
fund	614（100%）	209（34.04%）	405（65.96%）
stock	614（100%）	357（58.14%）	257（41.85%）

资料来源：作者根据 Stata 14.0 计算所得。

二　相关性分析

文章首先对主要变量分别进行了 Spearman 相关系数检验和 Pearson 相关系数检验，具体结果见表 7 - 20。表 7 - 20 结果显示，第一，被解释变量与部分解释变量（资金来源、股票来源）之间的相关系数显著，而与部分解释变量（股份占比、参与员工占比、高管认购比例）之间的相关系数不显著，说明被解释变量与部分解释变量之间可能存在相关关系，需要进一步实证分析。第二，解释变量与控制变量之间的相关系数均明显小于 0.5，说明解释变量与控制变量之间的相关性较弱。相关系数检验表明不存在严重的多重共线性问题。

接着进行了方差膨胀因子（VIF）检验，一般来说，如果 VIF 大于 10，则认为变量存在多重共线性。如表 7 - 21 所示，检验发现 VIF 最大值为 2.71，平均的 VIF 值为 1.22，远小于 10，排除了多重共线性对模型回归结果的影响。

表 7 - 20

主要变量的相关系数矩阵

	Comprehensive	Financial	Customer	Process	Learning	fund	stock	inside	parti	mana	size	lev1	lev2	rrt1	rrt2	roe	grow	crt10
Comprehensive	1	0.333***	0.605***	0.709***	0.819***	0.003	0.152***	0.001	0.115***	0.067*	0.146***	-0.106***	0.094***	0.05	0.105***	0.135***	-0.017	-0.096***
Financial	0.316***	1	0.144***	0.056	-0.005	0.065	0.149***	0.024	0.025	0.172***	0.074**	-0.042	0.059	0.142***	0.199***	0.560***	0.216***	0.004
Customer	0.613***	0.051	1	0.364***	0.347***	0.066	0.088***	0.041	0.002	0.065	0.047	0.011	0.008	-0.036	0.012	0.067*	0.019	-0.024
Process	0.760***	0.058	0.388***	1	0.477***	0.021	0.067*	0.024	0.100***	0.055	0.136***	-0.073*	0.056	0.033	0.007	-0.032	-0.043	-0.073*
Learning	0.852***	-0.011	0.382***	0.523***	1	0.062	0.110***	0.048	0.124***	0.012	0.152***	-0.122***	0.113***	0.033	0.047	0.022	-0.062	-0.049
fund	0.007	0.034*	0.06*	0.035*	0.051*	1	-0.018	0.122***	0.003	0.083***	-0.097***	0.016	0.001	-0.008	-0.025	-0.120***	-0.02	-0.035
stock	0.160***	0.183***	0.092***	0.075*	0.103***	-0.018	1	0.001	-0.034	-0.015	-0.045	0.101***	-0.121***	-0.102***	-0.104***	-0.018	0.031	0.108***
inside	0.004	0.006	0.014	0.007	0.017	0.071*	0.003	1	0.034	0.046	-0.091***	-0.05	0.044	-0.095***	0.02	-0.061	0.032	-0.044
parti	0.095***	0.016	0.003	0.082**	0.119***	0.001	-0.028	0.019	1	-0.253***	0.372***	0.006	0.321***	0.141***	0.250***	0.089***	0.054	0.02
mana	0.083***	0.135***	0.062	0.059	0.013	0.081***	0	-0.033	-0.222***	1	-0.140***	0.036	-0.043	-0.012	-0.02	-0.161***	0.002	-0.065
size	0.183***	0.027	0.092***	0.152***	0.174***	-0.088***	-0.066	-0.031	0.297***	-0.160***	1	-0.410***	0.555***	0.434***	0.210***	0.139***	0.066	-0.032
lev1	-0.125***	-0.014	-0.007	-0.079***	-0.163***	0.005	0.109***	-0.048	-0.295***	0.036	-0.347***	1	-0.795***	-0.225***	-0.204***	0.022	-0.086***	0.058
lev2	0.092***	0.009	0.022	0.071*	0.107***	0.006	-0.120***	0.082**	0.252***	-0.052	0.592***	-0.660***	1	0.367***	0.127***	0.025	0.042	-0.091***
rrt1	0.045	0.131***	-0.061	0.03	0.022	0.007	-0.095***	-0.032	0.137***	-0.002	0.468***	-0.179***	0.395***	1	0.284***	0.157***	0.055	0.002
rrt2	0.056	0.005	0.04	0.028	0.058	0.018	-0.04	0.018	0.165***	0.002	0.196***	-0.106***	0.180***	0.207***	1	0.182***	-0.031	0.054
roe	0.097***	0.393***	0.036	-0.04	-0.023	-0.105***	-0.005	-0.041	0.028	-0.087***	0.129***	-0.003	-0.054	0.112***	-0.016	1	0.368***	0.161***
grow	0.054	0.195***	0.021	-0.037	0.004	-0.036	0.001	0.011	0.01	0.019	0.049	0.003	-0.111***	0.023	-0.053	0.600***	1	0.074*
crt10	-0.053	-0.033	-0.032	-0.073*	-0.019	-0.026	0.114***	-0.051	0.043	-0.073*	0.004	0.095***	-0.091***	0.038	0.052	0.116***	0.044	1

备注：①***、**和*分别表示在1%、5%和10%水平上显著；②上三角部分为Spearman相关系数检验结果，下三角部分为Pearson相关系数检验结果。

资料来源：作者根据Stata 14.0计算所得。

表7-21 方差膨胀因子检验结果

变量名称	VIF	1/VIF
lev2	2.71	0.37
size	1.91	0.52
lev1	1.90	0.53
roe	1.67	0.60
grow	1.65	0.61
rtr1	1.38	0.72
parti	1.22	0.82
mana	1.10	0.91
rtr2	1.09	0.92
cr10	1.05	0.95
fund	1.03	0.97
inside	1.03	0.97
stock	1.03	0.97
平均 VIF 值	1.44	

资料来源：作者根据 Stata 14.0 计算所得。

三 参数估计与模型检验

根据模型，分别以企业综合业绩（comprehensive）、财务业绩（financial）、客户业绩（customer）、内部业务流程业绩（process）、学习与成长业绩（learning）作为被解释变量，以员工持股计划的资金来源（fund）、股票来源（stock）、股份占比（inside）、参与员工占比（parti）、高管认购比例（mana）作为解释变量，对参数进行估计，回归分析结果如表7-23所示。

在拟合优度检验方面，由表7-22的回归结果可以看到，5个多元线性回归模型调整后可决系数分别为0.557、0.201、0.238、0.229、0.486，只有企业综合业绩多元线性回归模型的调整后可决系数高于0.500，其余4个多元线性回归模型的调整后可决系数均低于0.500，说明本章所构建的多元线性回归模型对样本的拟合度不高，解释变量对被解释变量的具体数量变化解释能力有限。

在显著性检验方面，由表7-22的回归结果可以看到，被解释变量为企业综合业绩、财务业绩、学习与成长业绩时，3 个多元线性回归经济计量模型的 F 统计量分别为 3.76、12.77、3.39，在显著性水平为 P = 0.01 条件下均显著；被解释变量为客户业绩、内部业务流程业绩时，2 个多元线性回归经济计量模型的 F 统计量分别为 2.14、2.09，在显著性水平为 P = 0.05 条件下均显著，说明本章所构建的 5 个多元线性回归经济计量模型联合起来对相应的被解释变量具有显著的影响。

拟合优度检验以及显著性检验的结果表明，本章所构建的多元线性回归模型在解释员工持股计划对于企业非财务效应影响的具体程度上存在不足，但是 5 个多元线性回归模型能够用于解释员工持股计划对于企业非财务效应影响的显著性和方向。

表 7 - 22　　614 家员工持股计划企业非财务效应模型回归结果

变量名称	Comprehensive	Financial	Customer	Process	Learning
fund	1.7205 *** (3.52)	1.8373 *** (2.70)	2.8607 *** (2.84)	2.2002 *** (3.46)	2.7170 *** (3.99)
stock	3.0869 *** (3.69)	5.0750 *** (4.36)	4.4729 *** (2.60)	1.7371 (1.60)	2.6922 ** (2.31)
inside	0.3822 (0.20)	0.1098 (0.04)	1.1686 (0.30)	0.6864 (0.28)	1.1407 (0.43)
parti	0.1216 (0.52)	-0.3348 (-1.02)	-0.3920 (-0.81)	0.2179 (0.71)	0.3809 (1.16)
mana	-0.0195 (-1.07)	-0.0919 *** (-3.63)	-0.0370 (-0.99)	-0.0169 (-0.71)	0.0172 (0.68)
size	1.1662 (0.46)	0.3196 (0.09)	5.4449 (1.06)	1.9458 (0.60)	5.4118 (1.55)
lev1	-0.5104 * (-1.79)	0.1840 (0.46)	0.060 2 (0.10)	-0.4063 (-1.10)	-1.0975 *** (-2.76)
lev2	-0.047 (-1.42)	0.0353 (0.77)	-0.0113 (-0.17)	-0.0623 (-1.45)	-0.0847 * (-1.84)
rtrl	-0.6040 (-1.16)	1.9506 *** (2.71)	-3.2864 *** (-3.08)	-0.4803 (-0.71)	-1.0624 (-1.47)

续表

变量名称	Comprehensive	Financial	Customer	Process	Learning
rtr2	0.0031 (0.71)	0.0013 (0.21)	0.0106 (1.16)	0.0004 (0.06)	0.0033 (0.53)
roe	0.0765 (1.41)	0.6630 *** (8.79)	0.0392 (0.35)	−0.0763 (−1.08)	−0.0777 (−1.03)
grow	0.0003 (0.16)	−0.0013 (−0.56)	0.0013 (0.38)	−0.0006 (−0.27)	0.0009 (0.40)
cr10	−0.0357 (−1.14)	−0.0688 (−1.58)	−0.0490 (−0.76)	−0.0646 (−1.59)	0.0013 (0.03)
常数项	12.8658 (1.18)	61.5223 *** (4.06)	32.3103 (1.44)	4.4632 (0.31)	−9.8114 (−0.65)
样本量	614	614	614	614	614
F 值	3.76 ***	12.77 ***	2.14 **	2.09 **	3.39 ***
调整后 R^2	0.557	0.201	0.238	0.229	0.486

备注：①***、**和*分别表示在1%、5%和10%水平上显著；②括号中为t值。

资料来源：作者根据 Stata 14.0 计算所得。

四　主要结果

结合本章所构建的多元线性回归模型，根据表7 – 23 所实现的参数估计结果，笔者得到如下几点结论。

第一，当被解释变量为企业综合业绩时，在 p = 1% 的显著性水平下，员工持股计划的资金来源、股票来源对企业综合业绩的影响显著为正，系数为1.7205、3.0869；股份占比、参与员工占比对企业综合业绩的影响为正，但不显著，系数分别为0.3822、0.1216；高管认购比例对企业综合业绩的影响为负，且不显著，系数为 − 0.0195，假设7.1 部分成立。这表明，在员工持股计划中，员工持股计划资金来源为员工薪酬及自筹资金的企业综合业绩相对较好；员工持股计划股票来源为非二级市场购买的企业综合业绩相对较好；员工持股计划的股份占比越高，企业综合业绩越好；参与员工占比越高，企业综合业绩越好；高管认购比例低的企业综合业绩反而强于高管认购比例高的企业综合业绩。

第二，当被解释变量为财务业绩时，在 p = 1% 的显著性水平下，员工持股计划的资金来源、股票来源对企业综合业绩的影响显著为正，系数为 1.8373、5.0750；股份占比对企业综合业绩的影响为正，但不显著，系数分别为 0.1098；参与员工占比对企业综合业绩的影响为负，但不显著，系数为 - 0.3348；在 p = 1% 的显著性水平下，高管认购比例对企业综合业绩的影响显著为负，系数为 - 0.0919，假设 7.2 部分成立。这表明，在员工持股计划中，员工持股计划资金来源为员工薪酬及自筹资金的企业财务业绩相对较好；员工持股计划股票来源为非二级市场购买的企业财务业绩相对较好；员工持股计划的股份占比越高，企业财务业绩越好；参与员工占比越低，企业财务业绩越好；高管认购比例低的企业财务业绩反而强于高管认购比例高的企业财务业绩。

第三，当被解释变量为客户业绩时，在 p = 1% 的显著性水平下，员工持股计划的资金来源、股票来源对企业综合业绩的影响显著为正，系数为 2.8607、4.4729；股份占比对企业综合业绩的影响为正，但不显著，系数为 1.1686；参与员工占比、高管认购比例对企业综合业绩的影响为负，且不显著，系数分别为 - 0.3920、- 0.0370，假设 7.3 部分成立。这表明，在员工持股计划中，员工持股计划资金来源为员工薪酬及自筹资金的企业客户业绩相对较好；员工持股计划股票来源为非二级市场购买的企业客户业绩相对较好；员工持股计划的股份占比越高，企业客户业绩越好；参与员工占比越低，企业客户业绩越好；高管认购比例低的企业客户业绩反而强于高管认购比例高的企业客户业绩。

第四，当被解释变量为内部业务流程业绩时，在 p = 1% 的显著性水平下，员工持股计划的资金来源对企业综合业绩的影响显著为正，系数为 2.2002；股票来源、股份占比、参与员工占比对企业综合业绩的影响为正，但不显著，系数分别为 1.7371、0.6864、0.2179；高管认购比例对企业综合业绩的影响为负，且不显著，系数为

-0.0169，假设 7.4 部分成立。这表明，在员工持股计划中，员工持股计划资金来源为员工薪酬及自筹资金的企业内部业务流程业绩相对较好；员工持股计划股票来源为非二级市场购买的企业内部业务流程业绩相对较好；员工持股计划的股份占比越高，企业内部业务流程业绩越好；参与员工占比越高，企业内部业务流程业绩越好；高管认购比例低的企业内部业务流程业绩反而强于高管认购比例高的企业内部业务流程业绩。

　　第五，当被解释变量为学习与成长业绩时，在 p = 1% 的显著性水平下，员工持股计划的资金来源、股票来源对企业综合业绩的影响显著为正，系数为 2.7170、2.6922；股份占比、参与员工占比、高管认购比例对企业综合业绩的影响为正，但不显著，系数分别为 1.1407、0.3809、0.0172，假设 7.5 部分成立。这表明，在员工持股计划中，员工持股计划资金来源为员工薪酬及自筹资金的企业学习与成长业绩相对较好；员工持股计划股票来源为非二级市场购买的企业学习与成长业绩相对较好；员工持股计划的股份占比越高，企业学习与成长业绩越好；参与员工占比越高，企业学习与成长业绩越好；高管认购比例高的企业学习与成长业绩强于高管认购比例低的企业学习与成长业绩。

第八章 主要结论与未来展望

第一节 主要结论

本书在梳理回顾有关员工持股的理论文献、学术研究、历史沿革，界定新时期员工持股计划概念的基础上，以2014年7月—2017年9月实施员工持股计划的上市公司为样本，综合运用统计分析方法明晰新时期员工持股计划的发展现状、利用事件研究方法检验员工持股计划的市场效应、采用PSM + DID方法检验了员工持股计划的财务效应、采用经济计量方法对员工持股计划的非财务效应进行研究。综合以上对新时期中国上市公司员工持股计划的影响效应进行全面分析，本书得出以下几个方面的主要结论。

第一，新时期中国员工持股计划的整体发展态势良好，近1/5的上市公司推出了员工持股计划。本书对2014年7月—2017年9月沪深两市共621家公司发布的770个员工持股计划（草案）进行了全样本统计分析，结果显示，新时期中国上市公司实施员工持股计划呈现如下具体的发展特点与趋势：从板块分布来看，中小板、创业板更积极；从行业分布来看，实施员工持股计划的上市公司集中分布在制造业行业，且多为《中国制造2025》十大重点领域及战略性新兴行业企业；从资金来源来看，员工薪酬及自筹资金为主要资金来源渠道；从股票来源来看，竞价转让和认购非公开发行是主流方式；从企业性质来看，民营企业积极性更高；从激励对象来看，持股范围进一步向基层延伸；从持股比例来看，个体持股不超过1%、持股计划加总不超过10%。

第二，员工持股计划宣告带来了正向的短期市场效应，且牛市期间投资者的反应更积极，熊市期间投资者的反应持平，震荡期间投资者的反应不明确。从事件研究的结果来看，员工持股计划的宣告带来了正向的短期市场效应，体现了投资者对上市公司实施员工持股计划的积极响应，对于股东的短期财富而言，ESOPs草案的公告具有显著的推进作用。当上市公司宣告实施员工持股计划时，股东在[−1，＋1]的时间窗口内能获得约1.86%的累计超额收益率。其中，牛市期间投资者对员工持股计划公告产生了积极的反应，而且市场反应好于全考察期的情况；熊市期间投资者对员工持股计划公告产生了积极的反应，且市场反应与全考察期的情况持平，窗口期内，员工持股计划（草案）公告前，样本公司的资本市场表现持续不佳，而笔者发现员工持股计划（草案）的公告在一定程度上扭转了样本公司的连续负面估值，对样本公司的资本市场价值起到了修正作用；在震荡区间内，投资者出于对资本市场预期的不明确，而对员工持股计划的反应并不强烈。

第三，自筹资金、非二级市场购买、股份占比越高、参与员工占比越低、高管认购比例低的员工持股计划市场反应相对更好。为考察员工持股计划的各契约要素对员工持股计划市场反应的影响差异性，本书以事件窗口为[−5，＋5]期间的超额累计收益率为被解释变量，以员工持股计划资金来源、股票来源、股份占比、参与员工占比、高管认购比例为解释变量，在控制部分变量的基础上，构建经济计量模型，进行实证检验。实证结果显示，在员工持股计划中，资金来源为员工薪酬及自筹资金的员工持股计划宣告效应要好于其他资金来源的员工持股计划宣告效应；对于员工持股计划的市场效应而言，如果通过非二级市场的购买方式是股票的基本来源方式，那么该指标相对较好；股份占比越高，员工持股计划的市场效应程度越大；参与员工占比越高，员工持股计划的市场效应程度反而越小；高管认购比例低的员工持股计划市场反应反而强于高管认购比例高的员工持股计划市场反应。

第四，员工持股计划有利于提高企业财务业绩，且高科技行业企业、国有企业实施员工持股计划的财务效应相对更好。依托于"准自然实验"的 PSM + DID 方法，检验了企业实施员工持股计划能否有效提高企业财务业绩。实证结果显示，员工持股作为一种股权激励，能对企业财务业绩产生正效应。也就是说，实施员工持股可以提高企业的盈利能力，增强企业的偿债能力，提高企业的运营能力，提高企业的发展能力，降低企业的财务风险。不仅如此，本书还发现，实施员工持股对企业盈利能力和企业偿债能力的影响具有及时性，而对企业运营能力、企业发展能力和企业财务风险的影响具有滞后性。在对行业属性、企业性质影响异质性的考察中，本书发现，在员工持股计划所带来的财务绩效改善程度方面，较非高科技行业而言，高科技行业相对较高；较非国有企业而言，国有企业相对较高。

第五，员工持股作为一种股权激励，能对企业综合业绩、财务业绩、客户业绩、内部业务流程业绩、学习与成长业绩产生正效应。为考察员工持股计划的非财务效应，本书根据平衡计分卡理论构建企业综合业绩评价指标体系，并应用该指标体系对新时期 614 家实施员工持股计划的上市公司企业综合业绩、财务业绩、客户业绩、内部业务流程业绩、学习与成长业绩进行度量。在此基础上，本书构建经济计量模型，对员工持股计划的资金来源、股票来源、股份占比、参与员工占比、高管认购比例等各契约要素与企业综合业绩、财务业绩、客户业绩、内部业务流程业绩、学习与成长业绩之间的关系进行实证研究。实证结果表明，在员工持股计划中，员工持股计划资金来源为员工薪酬及自筹资金的企业综合业绩、财务业绩、客户业绩、内部业务流程业绩、学习与成长业绩相对较好；员工持股计划股票来源为非二级市场购买的企业综合业绩、财务业绩、客户业绩、内部业务流程业绩、学习与成长业绩相对较好；员工持股计划的股份占比越高，企业综合业绩、财务业绩、客户业绩、内部业务流程业绩、学习与成长业绩越好；参与员工占比越高，企业综合业绩、内部业务流程业绩、学习与成长业绩越好，财务业绩、客户业绩越差；高管认购比例越低，企业学习与成长业绩越差，企业综合业绩、财务业绩、客户业绩、内部业务流程业绩反而越好。

第二节　政策建议

根据本书的主要结论，笔者深刻地认识到，通过设计科学合理的员工持股计划将员工利益和企业利益结合起来，将对企业的发展产生积极作用。基于中国社会主义市场经济的特殊体制机制背景，结合党中央和国务院新一轮员工持股计划的实施重点工作，笔者提出如下几条政策建议。

第一，积极有序地推进新时期企业员工持股计划实践。

本书的实证结果显示，新时期中国员工持股计划的整体发展态势良好，员工持股作为一种股权激励，能对企业综合业绩、财务业绩、客户业绩、内部业务流程业绩、学习与成长业绩产生正效应。但是，当前我国上市公司员工持有股份的数额普遍偏低，员工持股计划的积极作用还未得到充分发挥。本书的重要意义在于，从理论和实践的角度证实了员工持股对于员工自身收入提高的重要作用，且员工作为一个重要的"混合方"，可以通过分享企业的增量利润来分享企业的成长性收益，激发员工的积极性和创造性。另外，员工持股计划有助于企业形成国有资本、民营资本、员工三元结构，加强企业内部监督，有利于改善企业内部的治理水平，进而提高企业的经营业绩。因此，本书提出如下建议：有关部门应积极有序鼓励上市公司推进员工持股计划。既不能操之过急，亦不可故步自封，由于这是一个不断试错的过程，因此，需要在坚持稳步推进的原则基础上步步为营。

第二，坚持自有资金购买、增量扩股的原则，最大限度地避免国有资产流失。

本书的实证结果表明，员工持股计划的资金来源为员工薪酬及自筹资金时，员工持股计划的宣告效应更好。因此，笔者提出如下政策建议，即对于致力于推行员工持股计划的上市公司而言，应当对员工持股计划的资金来源进行一定的限定，即在购买员工持股计划的股票进程中，应当尽可能鼓励员工以自有资金进行购买。类似地，本书的实证结果还表明，员工持股计划的股票来源为非二级市场购买时，员工持股计划的宣告效应更好。因此，笔者提出如下政策建议，即证券监管部门应倡导上市公司采取定向增发等非二级市场购买方式实施员工持股计划，并对员工持股计划的新股发行审核采取更加宽松的政策。不鼓励搞存量转让持股，特别是将原有的国有资产存量与员工分享，而是原则上采取新设或者是增资扩股的方式，这样可以有效避免国有资产流失。企业在实施员工持股计划时，对于员工持股的资金来源或股票来源应以员工自有资金的投入或认购非公开发行股为主，这也更能体现出员工持股是建立在对企业未来发展认可和价值增值认同的基础上的。

第三，进一步放宽对员工持股计划各契约要素规定的限制。

股份占比越高、参与员工占比高、高管认购比例低的员工持股计划市场反应虽然只得到部分证实，但是我们可以得到两点原则性的政策建议：第一，坚持平等持股的原则。员工持股计划的出发点应该为了让更多的普通员工拥有与少数高层管理者平等的持股权利，为此，应该坚持平等持股的原则，避免员工持股计划成为少数高层管理者的特权。[1] 但是，平等持股并不等于平均持股。秦志华、蒋韶华、林莹

---

① 李政、艾尼瓦尔：《美国员工持股计划及其对我国国企改革的启示》，《当代经济研究》2016 年第 9 期。

强调，员工平均持股是一种没有效率的产权安排形式。[①] 在具体操作上，可以根据员工的实际贡献而不是职务等级确定持股比例，尽量避免管理层持股过高、普通员工持股过低的情况发生，缩小收入差距，缓和内部矛盾。第二，在合理范围内增大员工持股计划的持股比例。股份占比越高，员工持股计划的宣告效应程度越大，应该尽量在企业股权结构合理范围内扩大员工的持股比例，提高员工参与企业生产经营的积极性。因此，必须重视员工持股计划中有关资金来源、股票来源、持股比例、持股期限、退出机制等契约要素的设计，将长期激励与短期激励相结合、将个人利益与企业发展相结合，充分发挥员工持股计划的正向激励作用。

第四，扩大员工持股的试点范围，进一步推进国有企业混合所有制改革。

本书的实证结果显示，国有企业实施员工持股计划带来的企业财务绩效的改善高于非国有企业实施员工持股计划。本书肯定了当前上市公司推出员工持股计划对企业的影响，特别是对国有企业而言，员工持股制度的引入能够较好地解决当前国有企业效率较低的问题。通过员工持股计划，将员工转变为企业的所有者，能够激励员工更好地从事企业生产经营工作，有效降低"激励不相容"的问题。十九大报告再次重申"发展混合所有制经济"，而本书结论从实证的角度肯定了员工持股计划是国有企业混合所有制的重要实现形式，有助于形成国有资本、民营资本以及企业员工的三元结构。

在我国企业中引入员工持股制度仍然是现代企业制度建立，同时也是新时期全面深化国有经济改革的重大任务之一[②]。央企首批 10 户员工持股试点子企业已经全部完成首期出资入股。截止到 2017 年 11

---

① 秦志华、蒋韶华、林莹：《产权变革与企业效益——一个内部人平均持股企业的制度分析》，《管理世界》2005 年第 6 期。

② 中国社会科学院工业经济研究所课题组：《论新时期全面深化国有经济改革重大任务》，《中国工业经济》2014 年第 9 期。

月底，各省市自治区有 22 个省已经制定员工持股的操作办法、实施细则，27 个省市 158 户企业正在开展员工持股试点。[①] 因此，本书建议进一步扩大央企员工持股的试点范围，科学有序地推进员工持股计划在中央国有企业的发展。

不仅如此，根据德勤《聚焦混合所有制改革白皮书》的数据，近十年来，民营企业在资产回报率和利润率上远高于国有企业，推动国有企业学习民营企业灵活的体制机制，以混合所有制改革激发国有企业的发展动力。本轮员工持股的推行，就是将其视作混合所有制的重要实现形式。那么，在我国的国有企业中，特别是商业一类中推行员工持股计划，商业二类和公益类一般不实行；集团层面和央企重要的子企业先不推行，在二级或二级以下的企业实行；国企改制为混合所有制或新设混合所有制企业时，是引入员工持股的机会；在混改全面提速中，地方国有企业可以进一步尝试探索实施员工持股计划的具体细则。

第五，鼓励高科技行业企业实行员工持股计划，为科技骨干提供持股机会。

本书发现，处于高科技行业的企业实施员工持股计划带来的企业财务绩效的改善高于非高科技行业实施员工持股计划的企业。因此，为更好地推动"中国制造 2025"，本书建议鼓励符合条件的战略性新兴产业以及高科技行业企业加快推出员工持股计划。

另外，科技人员是科技创新的主体。中共中央办公厅、国务院办公厅印发了《关于提高技术工人待遇的意见》[②]，明确提出实施工资激励计划，提高技术工人待遇。在实施员工持股计划的过程中，建议为各位技术型、创新型人才提供参与持股的机会，坚持以岗定股，强

---

① 国务院国资委：《国企改革取得重要阶段性成果》，载于《国资报告》，http：//www. sasac. gov. cn/n2588025/n2588139/c4528554/content. html，2017 - 6 - 12/2018 - 4 - 11。
② 中共中央办公厅、国务院办公厅：《关于提高技术工人待遇的意见》，载于《人民网》，http：//politics. people. com. cn/n1/2018/0323/c1001—29883813. html，2018—03—23/2018—04—24。

调骨干持股，充分发挥科技人员的工作积极性。更好地促进"双创"落地实施。"以岗定股"中"岗"跟"股"的关系确定也是员工持股推行的难点之一，为此试点企业也创出很多方法，提供了一些经验：有的分前、中、后台持股份额不一样，有的企业是多元业务板块，不同业务板块给的系数不一样。总之，一定要体现出岗位跟这个持股密切关系，坚持岗变股变，定完股之后定期调整。企业在考虑实施员工持股计划时，也应该相应考量企业员工对企业的贡献程度，保证持股人员应与其所在岗位的重要性相匹配，从而更好地发挥员工持股计划对员工的激励效应。

第三节 进一步研究方向

本书还有四个可以进一步发展的方向，分别为非上市公司实施员工持股计划的相关研究、对更长考察期间的员工持股问题展开研究、考察员工持股计划对公司治理的影响、考察员工个人特征对企业实施员工持股计划的影响，具体来看：

第一，非上市公司实施员工持股计划的相关研究。本书考虑到数据的可获得性，以上市公司的员工持股计划作为研究对象。实际上，非上市公司的员工持股实践非常丰富，如华为技术有限公司。因此，在后续的研究中如能采取调查问卷、访谈等多种形式，对非上市公司展开员工持股的理论与实证研究，将具有重要的理论与实践意义。

第二，对更长考察期间的员工持股问题展开研究。本书选取的样本为2014年6月至2017年9月我国A股市场已公告ESOPs的上市公司，样本公司的考察期较短，这可能带来实证结论的不准确。截至当前，新时期的员工持股实践只有三年多的时间，因为时间较短，属于中长期研究。一般学术研究将长期研究定义为五年以上，因此，后续研究需进一步考虑员工持股问题的长期影响问题。

第三，考察员工持股计划对公司治理的影响。员工持股计划是否具有提高公司治理的作用是讨论的一个热点问题。①② 本书在综合业绩评价的过程中，按照财务、客户、内部业务流程、学习与成长四个层面的平衡计分卡理论建立评价模型。在进一步的研究过程中，可以考虑将公司治理的相关内容作为新的平衡视角加入到评价体系，这样可以进一步考虑员工持股计划对公司治理相关指标是否具有显著影响，为企业实施员工持股计划提供理论依据。当前，平衡计分卡四个视角的理论模型已经被学术研究和企业实践所广泛采用，应用于各行各业。但是，没有理论证明四个层面是必要且充分的。因此，在进一步的研究中可以尝试根据研究的需要增加一个或多个层面，使研究更加丰满。③

第四，考察员工个人特征对企业实施员工持股计划的影响。本书的侧重点放在员工持股计划整体业绩、员工持股计划的各契约要素上，而对员工主体本身未作进一步考察。其实，员工的参与程度、购买意愿、组织忠诚度等因素对员工持股计划的执行以及实施效果有重要作用。未来的研究可以将上市公司员工的个体因素考虑进来做进一步的深入探讨。

---

① Bova F. , Kolev K. , Thomas J. K. , Zhang X. F. , "Non-executive Employee Ownership and Corporate Risk", *The Accounting Review*, Vol. 90, No. 1, 2014, pp. 115 – 145.

② Bova F. , Dou Y. , Hope O. K. , "Employee Ownership and Firm Disclosure", *Contemporary Accounting Research*, Vol. 32, No. 2, 2015, pp. 639 – 673.

③ ［美］罗伯特·卡普兰、大卫·诺顿：《平衡计分卡——化战略为行动》，刘俊勇、孙薇译，广东经济出版社 2013 年 11 月第 2 版，第 27—28 页。

参考文献

［美］J. 弗雷德·威斯通、［韩］S. 郑光、［美］苏姗·E. 侯格：《兼并、重组与公司控制》，唐旭等译，经济科学出版社 1999 年版。

［美］Paul R. Nivem：《平衡计分卡演进——一种动态的战略执行办法》，林清怡译，人民邮电出版社 2016 年版。

［美］罗伯特·卡普兰、大卫·诺顿：《平衡计分卡——化战略为行动》，刘俊勇、孙薇译，广东经济出版社 2013 年 11 月第 2 版。

［美］玛格丽特·布莱尔：《所有权与控制：面向 21 世纪的公司治理探索》，张荣刚译，中国社会科学出版社 1999 年版。

［美］约翰·D. 海主编：《微观经济学前沿问题》，王询、卢昌崇译，中国税务出版社 1999 年版。

［日］青木昌彦、奥野正宽：《经济体制的比较制度分析》，魏加宁译，中国发展出版社 2005 年版。

蔡锐：《员工持股计划失效理论思考与建议》，《管理观察》2004 年第 11 期。

曹凤岐：《股份制与现代企业制度》，企业管理出版社 1998 年版。

陈艳艳、郭然：《员工股权激励的国外研究述评：实施动机与经济后果》，《管理现代化》2017 年第 5 期。

陈艳艳：《员工股权激励的实施动机与经济后果研究》，《管理评论》2015 年第 9 期。

陈毅：《企业业绩评价系统综述（上）》，《外国经济与管理》2000 年第 4 期。

陈毅:《企业业绩评价系统综述（下）》,《外国经济与管理》2000 年第 5 期。

迟福林:《国有企业改革中的劳动力产权问题》,《改革》1995 年第 1 期。

崔之元:《员工持股与米德的"自由社会主义"》,《国企》2014 年第 1 期。

丁长发:《职工持股制度的理论研究与实证分析》,博士学位论文,厦门大学,2002 年。

韩玉玲:《分享经济的理念与员工持股计划》,《经济管理》2007 年第 5 期。

呼建光、毛志宏:《新时期员工持股计划:止步还是前进》,《南方经济》2016 年第 7 期。

黄桂田、张悦:《国有公司员工持股绩效的实证分析——基于 1302 家公司的样本数据》,《经济科学》2009 年第 4 期。

黄敏辉、唐茂怀:《核心员工持股计划与企业绩效的关联性分析》,《中国市场》2013 年第 17 期。

黄群慧、余菁、王欣、邵婧婷:《新时期中国员工持股制度研究》,《中国工业经济》2014 年第 7 期。

黄速建、余菁:《企业员工持股的制度性质及其中国实践》,《经济管理》2015 年第 4 期。

姜付秀、黄继承、李丰也、任梦杰:《谁选择了财务经历的 CEO?》,《管理世界》2012 年第 2 期。

蒋一苇:《经济民主论》,中国社会科学出版社 1989 年版。

蒋一苇:《职工主体论》,中国社会科学出版社 1991 年版。

蒋运冰、苏亮瑜:《员工持股计划的股东财富效应研究——基于我国上市公司员工持股计划的合约要素视角》,《证券市场导报》2016 年第 11 期。

井辉：《职工持股计划的合理性与绩效分析》，《上海经济研究》2001年第2期。

瞿绍发：《员工持股计划与私营企业的发展》，《西安交通大学学报》2001年第S1期。

孔锦、徐永翙：《员工持股计划激励作用的实证研究——基于陕西省非上市中小企业的历史数据》，《广西大学学报》（哲学社会科学版）2015年第3期。

李明、黄霞：《员工持股激励效应的实证研究》，《财会通讯》2017年第6期。

李政、艾尼瓦尔：《美国员工持股计划及其对我国国企改革的启示》，《当代经济研究》2016年第9期。

厉以宁：《中国道路与混合所有制经济》，《中国市场》2014年第6期。

梁慧瑜：《员工持股制度探源——从晋商票号的身股制说起》，《晋阳学刊》2007年第3期。

刘瑞照：《再论劳动力产权界定的紧迫性》，《科学学与科学技术管理》1998年第4期。

罗仲伟：《管理学方法与经济学方法的借鉴、融合》，《中国工业经济》2005年第9期。

米德、冯举：《分享经济的不同形式》，《经济体制改革》1989年第1期。

宁向东、高文瑾：《内部职工持股：目的与结果》，《管理世界》2004年第1期。

宁向东、黄垚：《员工持股的理论进展与国际经验》，《经济问题》2004年第9期。

秦志华、蒋韶华、林莹：《产权变革与企业效益——一个内部人平均持股企业的制度分析》，《管理世界》2005年第6期。

屈恩义、朱方明：《中国上市公司股权激励效应再评估——来自

PSM + DID 的新证据》,《重庆大学学报》(社会科学版) 2017 年第
6 期。

沈家超:《基于 EVA 虚拟股票期权的企业所有权文化》,《商业研究》
2005 年第 14 期。

苏方国:《我省上市公司员工持股计划与企业绩效》,《福州大学学
报》(哲学社会科学版) 2000 年第 3 期。

孙即、张望军、周易:《员工持股计划的实施动机及其效果研究》,
《当代财经》2017 年第 9 期。

王斌:《企业职工持股制度国际比较》,经济管理出版社 2001 年版。

王化成、刘俊勇:《企业业绩评价模式研究——兼论中国企业业绩评
价模式选择》,《管理世界》2004 年第 4 期。

王化成、刘俊勇:《企业业绩评价研究回顾及卡普兰和诺顿的理论贡
献》,《财会通讯》2003 年第 12 期。

王建成:《论上市公司国有股减持与员工持股计划的建立》,《求索》
2002 年第 3 期。

王晋斌、李振仲:《内部职工持股计划与企业绩效——对西方和我国
企业案例的考察》,《经济研究》1998 年第 5 期。

王砾、代昀昊、孔东民:《激励相容:上市公司员工持股计划的公告
效应》,《经济学动态》2017 年第 2 期。

王平:《周放生:民企员工能持股,国企为何不能?》,《国企》2014
年第 5 期。

王天雨:《劳动力产权研究》,《学术月刊》1997 年第 12 期。

王阳、李斌:《从员工持股到管理者收购操作手册》,机械工业出版
社 2001 年版。

王钰:《劳动力产权及其实现》,《江苏行政学院学报》2004 年第
6 期。

吴冬华、程德俊:《员工持股计划的本质及其在实践中的错位》,《现
代管理科学》2002 年第 3 期。

吴宇辉、张嘉昕：《民主公司、劳动产权与所有制——大卫·艾勒曼产权理论及评析》，《学习与探索》2009 年第 4 期。

晓亮：《员工持股与产权制度改革》，《现代经济探讨》2002 年第 11 期。

肖红军、许英杰：《企业社会责任评价模式的反思与重构》，《经济管理》2014 年第 9 期。

许小年：《以法人机构为主体建立公司治理机制和资本市场》，《改革》1997 年第 5 期。

严颂兵、马江红：《我国企业业绩评价方法探讨——平衡计分卡的应用及策略》，《财会研究》2012 年第 19 期。

杨杜：《企业权力结构再造：经历期权与员工持股》，《经济理论与经济管理》2000 年第 3 期。

杨华领、宋常：《员工股权激励范围与公司经营绩效》，《当代财经》2016 年第 12 期。

杨欢亮：《美国对员工持股的政策支持及其启示》，《财政研究》2004 年第 5 期。

杨欢亮：《西方员工持股理论综述》，《经济学动态》2003 年第 7 期。

尹智雄：《企业制度创新论》，经济科学出版社 1998 年版。

岳金燕、金水英：《基于平衡计分卡的企业绩效评价体系的构建》，《黑龙江对外经贸》2011 年第 9 期。

曾庆生、张耀中：《信息不对称，交易窗口与上市公司内部人交易回报》，《金融研究》2012 年第 12 期。

张劲夫：《股份制和证券市场的由来》，《财会月刊》2001 年第 17 期。

张望军、孙即、万丽梅：《上市公司员工持股计划的效果和问题研究》，《金融监管研究》2016 年第 3 期。

张望军、孙即、万丽梅：《上市公司员工持股计划的效果和问题研究》，《金融监管研究》2016 年第 3 期。

张衔、胡茂：《我国企业员工持股的发展困境与现实选择——员工持股的再思考》,《社会科学研究》2015 年第 1 期。

张小宁:《经营者报酬、员工持股与上市公司绩效分析》,《世界经济》2002 年第 10 期。

张兆国、陈天骥、余伦:《平衡计分卡:一种革命性的企业经营业绩评价方法》,《中国软科学》2002 年第 5 期。

章卫东、罗国民、陶媛媛:《上市公司员工持股计划的股东财富效应研究——来自我国证券市场的经验数据》,《北京工商大学学报》(社会科学版)2016 年第 2 期。

赵自强、田甜、尹佳瑜:《员工持股计划在美国的发展及对我国的启示》,《财务与会计(理财版)》2013 年第 10 期。

郑海、徐梅、胡杭:《员工个人特征对 ESOP 激励效果的影响——对 HD 公司的案例研究》,《技术经济》2007 年第 12 期。

中国社会科学院工业经济研究所课题组:《论新时期全面深化国有经济改革重大任务》,《中国工业经济》2014 年第 9 期。

庄莉、陆雄文:《员工持股和管理层持股:从美国到中国》,《经济理论与经济管理》2000 年第 3 期。

邹海峰:《中国职工持股制度研究》,中国经济出版社 2011 年版。

Aggarwal R. K., Samwick A. A., "Empire-builders and Shirkers: Investment, Firm Performance, and Managerial Incentives", *Journal of Corporate Finance*, Vol. 12, No. 3, 2006.

Aldatmaz S., Ouimet P., van Wesep E. D., "The Option to Quit: The Effect of Employee Stock Options on turnover", *Journal of Financial Economics*, Vol. 127, No. 1, 2018.

Babenko I., Lemmon M., Tserlukevich Y., "Employee Stock Options and Investment", *Journal of Finance*, Vol. 66, No. 3, 2011.

Ball R., Brown P., "An Empirical Evaluation of Accounting Income Numbers", *Journal of Accounting Rsearch*, Vol. 6, No. 2, 1968.

Beatty A., "The Cash Flow and Informational Effects of Employee Stock Ownership Plans", *Journal of Financial Economics*, Vol. 38, No. 2, 1995.

Beaver W. H., "The Information Content of Annual Earnings Announcements", *Journal of Accounting Research*, Vol. 6, 1968.

Becker S. O., Ichino A., "Estimation of Average Treatment Effects Based on Propensity Scores", *The Stata Journal*, Vol. 2, No. 4, 2002.

Bedarkar M., Pandita D., "A Study on the Drivers of Employee Engagement Impacting Employee Performance", *Procedia-Social and Behavioral Sciences*, Vol. 133, No. 15, 2014.

Bergstein, W. M., Williams, W., "The Benefits of Employee Stock Ownership Plans", *The CPA Journal*, Vol. 83, No. 4, 2013.

Bergstein, W. M., Williams, W., "The Benefits of Employee Stock Ownership Plans", *The CPA Journal*, Vol. 83, No. 4, 2013.

Blasi J., Conte M., Kruse D., "Employee Stock Ownership and Corporate Performance Among Public Companies", *ILR Review*, Vol. 50, No. 1, 1996.

Blasi, J., Freeman, R., Kruse, D., "Do Broad-based Employee Ownership, Profit Sharing and Stock Options Help the Best Firms Do Even Better?", *British Journal of Industrial Relations*, Vol. 54, No. 1, 2016.

Borstadt L. F., Zwirlein T. J., "ESOPs in Publicly Held Companies: Evidence on Productivity and Firm Performance", *Journal of Financial and Strategic Decisions*, Vol. 8, No. 1, 1995.

Bova F., Dou Y., Hope O. K., "Employee Ownership and Firm Disclosure", *Contemporary Accounting Research*, Vol. 32, No. 2, 2015.

Bova F., Kolev K., Thomas J. K., Zhang X. F., "Non-executive Employee Ownership and Corporate Risk", *The Accounting Review*, Vol. 90, No. 1, 2014.

Brandes P., Dharwadkar R., Lemesis G. V., "Effective Employee Stock Option Design: Reconciling Stakeholder, Strategic, and Motivational Factors", *The Academy of Management Executive*, Vol. 17, No. 1, 2003.

Brickley J. A., Bhagat S., Lease R. C., "The Impact of Long-range Managerial Compensation Plans on Shareholder Wealth", *Journal of Accounting & Economics*, Vol. 7, No. 1, 1985.

Bryson A., Freeman R. B., "Employee Stock Purchase Plans: Gift or Incentive? Evidence From A Multinational Corporation", Working paper, 2014.

Caliendo M., Sabine K., "Some practical guidance for the implementation of propensity score matching", *Journal of Economic Surveys*, Vol. 22, No. 1, 2008.

Campbell J. Y., Lo A. W. C., MacKinlay A. C., *The Econometrics of Financial Markets*, Princeton: Princeton University Press, 1997.

Caves, R. E., "Mergers, Takeovers, and Economic Efficiency: Foresight vs. Hindsight", *International Journal of Industrial Organization*, Vol. 7, No. 1, 1989.

Chang S., Mayers D., "Managerial Vote Ownership and Shareholder Wealth: Evidence From Employee Stock Ownership Plans", *Journal of Financial Economics*, Vol. 32, No. 1, 1992.

Chang S., "Employee Stock Ownership Plans and Shareholder Wealth: An Empirical Investigation", *Financial Management*, Vol. 19, No. 1, 1990.

Chang X., Fu K., Low A., Zhang W., "Non-executive Employee Stock Options and Corporate Innovation", *Journal of Financial Economics*, Vol. 115, No. 1, 2015.

Cheuk M. Y., Fan D. K., So R. W., "Insider Trading in Hong Kong: Some Stylized Facts", *Pacific-Basin Finance Journal*, Vol. 14, No. 1, 2006.

Cin B., Smith S. C., "Employee Stock Ownership and Participation in South Korea: Incidence, Productivity Effects, and Prospects", *Review of Development Economics*, Vol. 6, No. 2, 2002.

Collis D. J., Montgomery C. A., "Competing on Resources: Strategy in the 1990s", *Harvard Business Review*, Vol. 4, 1995.

Conte M. A., Blasi J., Kruse D., "Financial Returns of Public ESOP Companies: Investor Effects vs. Manager Effects", *Financial Analysts Journal*, Vol. 52, No. 4, 1996.

Conte M., Tannenbaum A. S., "Employee-owned Companies: Is the Diffeerence Measurable?", *Monthly Laobor Review*, Vol. 101, No. 7.

Conyon M. J., He L., "CEO Compensation and Corporate Governance in China", *Corporate Governance: An International Review*, Vol. 20, No. 6, 2012.

Core J. E., Guay W. R., "Stock Option Plans for Non-executive Employees", *Journal of Financial Economics*, Vol. 61, No. 2, 2001.

Cramton, P., Mehran, H., Tracy, J. S., "ESOP Fables: The Impact of Employee Stock Ownership Plans on Labor Disputes", Working paper, 2008.

Cresson J. E., "Stock Market Reactions to First-time Employee Stock Ownership Plan Adoptions", *Academy of Accounting and Financial Studies Journal*, Vol. 11, No. 2, 2007.

Davidson W. N., Worrell D. L., "A Comparison and Test of the Use of Accounting and Stock Market Data in Relating Corporate Social Responsibility and Financial Performance", *Akron Business and Economic Review*, Vol. 21, No. 3, 1994.

Ding D. K., Sun Q., "Causes and Effects of Employee Stock Option Plans: Evidence From Singapore", *Pacific-Basin Finance Journal*, Vol. 9, No. 5, 2001.

Ducy M., Iqbal Z., Akhigbe A., "Employee Stock Ownership Plans and Cash Flow Performance of Publicly Traded Firms", *American Business Review*, Vol. 15, No. 2, 1997.

Ellerman, D. P., Pitegoff P., "The Democratic Corporation: The New

Worker Cooperative Statute in Massachusetts", *NYU Review of Law and Social Change*, Vol. 6, No. 13, 1983.

Fama E. F., "Efficient Capital Markets: II", *Journal of Finance*, Vol. 46, No. 5, 1991.

Fang H., Nofsinger J. R., Quan J., "The Effects of Employee Stock Option Plans on Operating Performance in Chinese Firms", *Journal of Banking & Finance*, Vol. 54, No. 1, 2015.

FitzRoy F. R., Kraft K., "Cooperation, Productivity, and Profit Sharing", *The Quarterly Journal of Economics*, Vol. 102, No. 1, 1987.

Ginglinger E., William M., Timothée W., "Employee Ownership, Board Representation, and Corporate Financial Policies", *Journal of Corporate Finance*, Vol. 17, No. 4, 2011.

Grullon G., Michaely R., "The Information Content of Share Repurchase Programs", *Journal of Finance*, Vol. 59, No. 2, 2004.

Guay W., Kothari S. P., Sloan R., "Accounting for Employee Stock Options", *American Economic Review*, Vol. 93, No. 2, 2003.

Gulen H., Ion M., "Policy Uncertainty and Corporate Investment", *The Review of Financial Studies*, Vol. 29, No. 3, 2016.

Hall B. J., Murphy K. J., "The Trouble With Stock Options", *Journal of Economic Perspectives*, Vol. 17, No. 3, 2003.

Helfert E. A., *Financial Analysis: Tools and Techniques: A Guide for Managers*, New York: McGraw-Hill, 2001.

Hochberg Y. V., Lindsey L., "Incentives, Targeting, and Firm Performance: An Analysis of Non-executive Stock Options", *The Review of Financial Studies*, Vol. 23, No. 11, 2010.

Ikäheimo S., Kjellman A., Holmberg J., Jussila, S., "Employee Stock Option Plans and Stock Market Reaction: Evidence From Finland", *European Journal of Finance*, Vol. 10, No. 2, 2004.

Iqbal Z. , Hamid S. A. , "Stock Price and Operating Performance of ESOP Firms: A Time-Series Analysis", *Quarterly Journal of Business & Economics*, Vol. 39, No. 3, 2000.

Ittner C. D. , Lambert R. A. , Larcker D. F. , "The Structure and Performance Consequences of Equity Grants to Employees of New Economy Firms", *Journal of Accounting and Economics*, Vol. 34, No. 1, 2003.

Jens C. E. , "Political Uncertainty and Investment: Causal Evidence from U. S. Gubernatorial Elections", *Journal of Financial Economics*, Vol. 124, No. 3, 2017.

Jiang G. , Lee C. M. C. , Yue H. , "Tunneling Through Intercorporate Loans: The China Experience", *Journal of Financial Economics*, Vol. 98, No. 1, 2010.

Jones D. C. , Kato T. , "The Productivity Effects of Employee Stock-ownership Plans and Bonuses: Evidence From Japanese Panel Data", *The American Economic Review*, Vol. 85, No. 3, 1995.

Kandel E. , Lazear E. P. , "Peer Pressure and Partnerships", *Journal of Political Economy*, Vol. 100, No. 4, 1992.

Kang H. C. , Anderson R. M. , Eom K. S. , Kang S. K. , "Controlling Shareholder' Value, Long-Run Firm Value and Short-Term Performance", *Journal of Corporate Finance*, Vol. 43, 2017.

Kaplan R. S. , Norton D. P. , *The Balanced Scorecard: Translating Strategy into Action*, Cambridge: Harvard Business Press, 1996.

Kaplan R. S. , Norton D. P. , "The Balanced Scorecard—Measures that Drive Performance", *Harvard Business Review*, No. 1, 1992.

Kaplan R. S. , Norton D. P. , "Using the Balanced Scorecard As A Strategic Management System", *Harvard Business Review*, No. 1, 1996.

Kelso L. O. , Hetter P. , *Two-factor Theory: The Economics of Reality*, New York: Vintage Books, 1967.

Kelso L. O. , Kelso P. H. , *Democracy and Economic Power: Extending the ESOP Revolution Through Binary Economics*, Cambridge: Ballinger, 1986.

Kelso L. O. , Adler M. J. , *The Capitalist Manifesto*, New York: Random House, 1958.

Kim K. Y. , Patel P. C. , "Empolyee Ownership and Firm Performance: A Variance Decomposition Analysis of European Firms", *Journal of Business Research*, Vol. 70, 2017.

Kim, E. , Ouimet, P. , "Broad-based Employee Stock Ownership Motives and Outcomes", *Journal of Finance*, Vol. 69, No. 3, 2014.

Kramer B. , "Employee Ownership and Participation Effects on Outcomes in Firms Majority Employee-owned Through Employee Stock Ownership Plans in the US", *Economic and Industrial Democracy*, Vol. 31, No. 4, 2010.

Kruse D. L. , Blasi J. R. , Park R. , *Shared Capitalism at Work: Employee Ownership, Profit and Gain Sharing, and Broad-based Stock Options*, Chicago: University of Chicago Press, 2010.

Kruse D. , Blasi J. , "Public Opinion Polls on Employee Ownership and Profit Sharing", *Journal of Employee Ownership Law and Finance*, Vol. 11, No. 3, 1999.

Kruse D. , Freeman R. , Blasi J. , Buchele R. , Scharf A. , Rodgers L. , Mackin C. , "Motivating Employee-owners in ESOP Firms", *Employee Participation, Firm Performance and Survival*, No. 6, 2004.

Kruse S. , "Denmark: Company Draining", *Journal of Financial Crime*, Vol. 3, No. 1, 1995.

Kumbhakar S. C. , Dunbar A. E. , "The Elusive ESOP—productivity Link: Evidence From US firm-level Data", *Journal of Public Economics*, Vol. 52, No. 2, 1993.

La Porta R. , Lopez-de-Silanes F. , Shleifer A. , R. Vishney. , "Corporate

Ownership Around the World ", *Journal of Finance*, Vol. 54, No. 2, 1999.

Laeven L. , Levine R. , "Bank Governance, Regulation and Risk Taking", *Journal of Financial Economics*, Vol. 93, No. 2, 2009.

Mauldin E. G. , "Systematic Differences in Employee Stock Ownership Plan Contributions: Some Evidence", *Journal of Accounting and Public Policy*, Vol. 18, No. 2, 1999.

Mehran H. , "Executive Compensation Structure, Ownership, and Firm Performance", *Journal of Financial Economics*, Vol. 38, No. 2, 1995.

Mygind, N. , "Trends in Employee Ownership in Eastern Europe", *The International Journal of Human Resource Management*, Vol. 23, No. 8, 2012.

Norton D. , Kaplan R. , "Putting the Balanced Scorecard to Work", *Harvard Business Review*, Vol. 71, No. 5, 1993.

O'Boyle E. H. , Patel P. C. , Gonzalez-Mulé E. , "Employee Ownership and Firm Performance: A Meta-analysis", *Human Resource Management Journal*, Vol. 26, No. 4, 2016.

Oyer P. , "Why Do Firms Use Incentives That Have No Incentive Effects?", *Journal of Finance*, Vol. 59, No. 4, 2004.

Park S. , Song M. H. , "Employee Stock Ownership Plans, Firm Performance, and Monitoring by Outside Blockholders", *Financial Management*, Vol. 24, No. 4, 1995.

Pendleton A. , Robinson A. , "Employee Stock Ownership, Involvement, and Productivity: An Interaction-based Approach", ILR Review, Vol. 64, No. 1, 2010.

Pierce J. L. , Rubenfeld S. A. , Morgan S. , "Employee Ownership: A Conceptual Model of Process and Effects", *Academy of Management Review*, Vol. 16, No. 1, 1991.

Poulain-Rehm T. , Lepers X. , "Does Employee Ownership Benefit Value

Creation? The Case of France (2001 – 2005)", *Journal of Business Ethics*, *Vol.* 112, No. 2, 2013.

Pugh W. N., Oswald S. L., Jahera Jr J. S., "The Effect of ESOP Adoptions on Corporate Performance: Are There Really Performance Changes?", *Managerial and Decision Economics*, Vol. 21, No. 5, 2000.

Rosen C. M., Klein K. J., Young K. M., *Employee Ownership in America: The Equity Solutio*, Lexington Massachusetts: Lexington Books/DC Heath and Com, 1986.

Rosen C., Quarrey M., "How Well is Employee Ownership Working?", *Harvard Business Review*, Vol. 65, No. 5, 1987.

Rosenbaum P. R., Rubin D. B., "The Central Role of the Propensity Score in Observational Studies for Causal Effects", *Biometrika*, Vol. 70, No. 1, 1983.

Rousseau D. M., Shperling Z., "Pieces of the Action: Ownership and the Changing Employment Relationship", *Academy of Management Review*, Vol. 28, No. 4, 2003.

Sesil J. C., Kroumova M. K., Blasi J. R., et al., "Broad-based Employee Stock Options in US 'New Economy' Firms", *British Journal of Industrial Relations*, Vol. 40, No. 2, 2002.

Sesil J. C., Lin Y. P., "The Impact of Employee Stock Option Adoption and Incidence on Productivity: Evidence from U. S. Panel Data", *Industrial Relations*, Vol. 50, No. 3, 2011.

Sesil, J. C., Kroumova, M. A., Kruse, D. L., Blasi, J. R., "Broad-based Employee Stock Options in the US: Do They Impact Company Performance?", *Academy of Management*, Vol. 2000, No. 1, 2000.

Trébucq S., d'Arcimoles C. H., "The Effects of ESOPs on Performance and Risk: Evidence From France", *Corporate Ownership and Control*, Vol. 1, No. 4, 2004.

USGAO, Employee Stock Ownership Plans: Benefits and Costs of ESOP Tax Incentives For Broadening Stock Ownership, Washington, D. C. , 1986.

Wagner I. , Rosen C. , "Employee Ownership: Its Effects on Corporate Performance", *Employee Relations Today*, Vol. 12, No. 1, 1985.

Wang X. H. , Fang Y. , Qureshi I. , Janssen O. , "Understanding Employee Innovative Behavior: Integrating the Social Network and Leader-member Exchange Perspectives", *Journal of Organizational Behavior*, Vol. 36, No. 3, 2015.

Weitzman, M. L. , *The Share Economy*, Cambridge: Harvard University Press, 1984.

Weitzman, M. L. , Kruse D. L. , *Profit Sharing and Productivity*, Washingtong D. C. : Brooklings Institution. , 1990.

Weitzman, M. L. , "Macroeconomic Implications of Profit Sharing", *NBER Macroeconomics Annual*, 1986.

Weitzman, M. L. , "The Simple Macroeconomics of Profit Sharing", *American Econimic Review*, 1985.

Welz C. , Fernández-Macías E. , "Financial Participation of Employees in the European Union Much Ado About nothing", *European Journal of Industrial Relations*, Vol. 14, No. 4, 2008.

Zabojnik J. , Stock-based Compensation Plans and Employee Incentives, Queen's Economics Department Working Paper, 2014.

附　　录

表 A1　　　　　614 家实施员工持股计划上市公司综合业绩评价

编号	企业名称	董事会预案日	财务业绩	客户业绩	内部业务流程业绩	学习与成长业绩	综合业绩
1	海普瑞	7/10/2014	59.29	56.88	68.62	47.75	56.70
2	特锐德	7/23/2014	58.43	57.50	42.38	47.37	49.35
3	三安光电	8/13/2014	61.00	0.00	40.19	16.29	29.32
4	欧菲光	8/21/2014	66.52	46.25	13.67	22.30	31.28
5	新海宜	8/28/2014	56.14	53.28	66.37	22.75	44.60
6	大北农	8/29/2014	62.18	30.00	44.80	16.58	34.53
7	苏宁云商	9/5/2014	55.18	63.35	45.53	28.89	42.56
8	龙净环保	9/12/2014	62.76	78.01	67.83	22.66	49.20
9	苏交科	9/15/2014	59.53	24.38	11.36	22.76	26.88
10	阳光城	9/17/2014	65.92	54.38	61.90	22.53	45.29
11	联建光电	9/26/2014	54.04	0.00	2.29	22.45	20.31
12	朗姿股份	9/30/2014	54.31	51.37	26.49	27.24	35.10
13	荣科科技	9/30/2014	59.88	0.00	29.20	7.37	22.40
14	美克家居	9/30/2014	68.22	68.81	8.91	2.74	24.85
15	三川智慧	10/14/2014	58.41	59.70	19.80	13.45	29.31
16	中金环境	10/18/2014	53.42	52.56	44.58	52.05	50.35
17	翰宇药业	10/18/2014	23.47	59.70	33.70	24.30	30.95
18	易华录	10/22/2014	59.52	71.30	24.27	7.17	29.50
19	国星光电	10/24/2014	58.10	65.34	50.72	19.11	40.67
20	大富科技	10/24/2014	56.14	72.25	28.93	19.05	35.21
21	奥康国际	10/25/2014	55.51	76.51	52.59	24.97	44.48

续表

编号	企业名称	董事会预案日	财务业绩	客户业绩	内部业务流程业绩	学习与成长业绩	综合业绩
22	通源石油	10/27/2014	53.51	68.13	28.20	16.61	32.99
23	伊利股份	10/28/2014	69.37	30.31	43.39	9.58	32.63
24	中国平安	10/29/2014	62.96	71.00	19.11	19.31	33.81
25	蓝盾股份	11/3/2014	54.79	66.28	38.19	21.84	37.90
26	宗申动力	11/8/2014	59.01	78.15	66.18	34.59	53.04
27	民生银行	11/8/2014	64.14	94.99	64.24	85.12	76.66
28	海格通信	11/12/2014	56.72	71.16	53.21	38.88	50.05
29	上港集团	11/18/2014	57.94	70.31	64.54	54.77	59.89
30	唐人神	11/18/2014	57.84	55.86	7.90	11.30	24.62
31	洲际油气	11/26/2014	54.07	48.60	35.24	40.05	42.45
32	东方电热	11/27/2014	56.72	67.76	26.02	15.53	32.51
33	高新兴	11/29/2014	61.64	63.78	47.94	36.70	47.76
34	老白干酒	12/2/2014	71.42	72.78	36.51	22.98	41.87
35	海兰信	12/2/2014	57.08	59.38	43.73	37.74	45.65
36	三维丝	12/2/2014	68.98	62.56	28.92	19.57	36.70
37	美亚光电	12/4/2014	64.30	90.63	34.34	31.11	45.48
38	獐子岛	12/5/2014	4.45	52.39	26.60	28.09	26.11
39	海大集团	12/5/2014	58.26	61.82	10.86	19.61	29.70
40	华仪电气	12/6/2014	57.70	80.36	41.29	35.21	46.58
41	众合科技	12/6/2014	57.26	69.01	33.88	33.24	42.30
42	通鼎互联	12/9/2014	59.68	26.59	53.30	37.26	44.59
43	苏宁环球	12/11/2014	59.68	63.78	48.10	38.48	48.17
44	珈伟股份	12/12/2014	59.22	74.34	33.26	45.72	48.37
45	清新环境	12/13/2014	59.64	64.77	19.15	26.24	35.33
46	杰瑞股份	12/20/2014	62.13	59.06	34.12	17.52	35.52
47	四方达	12/23/2014	54.90	67.27	29.42	12.84	31.90
48	雪迪龙	12/23/2014	60.71	65.06	39.20	7.82	33.29
49	新文化	12/24/2014	59.86	55.51	20.34	13.16	29.11
50	梅泰诺	12/25/2014	56.20	71.67	12.62	11.03	27.38
51	佳讯飞鸿	12/25/2014	58.77	71.65	18.40	19.69	33.05
52	联化科技	12/26/2014	61.97	73.31	57.57	54.10	58.85
53	南钢股份	12/26/2014	52.47	66.79	26.29	12.65	30.45
54	广州浪奇	12/29/2014	56.76	74.85	35.01	14.60	35.42

续表

编号	企业名称	董事会预案日	财务业绩	客户业绩	内部业务流程业绩	学习与成长业绩	综合业绩
55	利欧股份	12/30/2014	56.11	67.94	48.43	24.42	42.21
56	襄阳轴承	12/31/2014	53.30	49.18	50.08	19.39	37.75
57	香雪制药	1/1/2015	55.37	54.49	44.67	43.97	47.60
58	利亚德	1/5/2015	55.16	50.89	36.02	37.92	42.26
59	芭田股份	1/5/2015	55.04	54.29	23.46	41.44	40.71
60	信质电机	1/9/2015	55.36	17.19	29.55	32.67	34.28
61	迪安诊断	1/9/2015	56.83	52.14	37.72	46.56	46.80
62	白云山	1/13/2015	57.27	32.11	56.18	61.62	55.76
63	宜华生活	1/13/2015	54.40	48.36	26.13	37.36	38.89
64	麦达数字	1/14/2015	35.83	20.31	31.87	14.84	24.11
65	齐心集团	1/15/2015	51.73	21.88	26.00	25.71	30.28
66	鄂武商 A	1/16/2015	70.81	28.13	52.55	45.96	50.33
67	易事特	1/19/2015	59.58	46.28	27.76	34.56	38.90
68	恒顺众昇	1/20/2015	57.46	0.00	41.20	8.99	25.87
69	南洋科技	1/22/2015	51.27	39.49	42.59	36.01	41.12
70	御银股份	1/22/2015	53.56	57.95	44.76	38.03	45.21
71	汉威科技	1/23/2015	52.96	63.11	67.12	42.75	53.75
72	诺普信	1/24/2015	56.11	0.00	30.47	38.57	35.07
73	抚顺特钢	1/24/2015	58.18	35.89	41.56	32.71	40.34
74	康芝药业	1/26/2015	51.11	37.68	48.75	60.35	52.72
75	中际旭创	1/26/2015	51.63	0.00	40.67	8.77	24.52
76	金龙机电	1/27/2015	51.68	34.95	62.47	52.07	52.75
77	泰尔股份	1/28/2015	51.56	0.00	17.14	15.50	20.95
78	东旭光电	1/28/2015	55.30	57.80	63.65	42.05	52.32
79	星宇股份	1/29/2015	54.85	23.44	43.70	34.48	39.53
80	精伦电子	1/29/2015	34.94	64.06	48.92	39.46	44.12
81	久立特材	2/4/2015	55.58	17.50	24.94	23.75	29.39
82	武汉凡谷	2/7/2015	52.02	51.91	46.13	30.19	41.28
83	汉得信息	2/10/2015	54.82	52.14	28.06	23.94	34.34
84	纽威股份	2/13/2015	64.36	0.00	38.46	31.22	35.73
85	安妮股份	2/14/2015	53.70	67.22	31.88	67.01	54.99
86	亚厦股份	2/14/2015	54.26	0.00	22.30	17.61	23.74
87	科远股份	2/14/2015	53.71	45.60	23.78	39.00	38.48

续表

编号	企业名称	董事会预案日	财务业绩	客户业绩	内部业务流程业绩	学习与成长业绩	综合业绩
88	益佰制药	2/17/2015	52.71	23.13	25.66	52.61	41.78
89	洲明科技	3/3/2015	56.24	49.32	30.73	30.62	37.79
90	中化岩土	3/3/2015	55.29	0.00	39.60	29.70	33.68
91	爱仕达	3/6/2015	53.71	49.92	26.53	42.01	41.00
92	海南海药	3/7/2015	54.90	13.32	34.16	48.64	41.66
93	利源精制	3/10/2015	56.09	36.56	31.43	33.68	37.69
94	广电运通	3/11/2015	57.76	45.31	57.64	38.29	48.08
95	欣龙控股	3/13/2015	35.95	27.14	31.45	30.06	31.21
96	上海家化	3/19/2015	65.96	53.36	59.42	62.87	61.38
97	广联达	3/26/2015	54.35	59.06	40.54	28.64	40.43
98	安利股份	3/27/2015	53.44	53.83	63.67	72.03	64.03
99	科力远	3/28/2015	53.63	45.89	65.24	42.61	51.23
100	华英农业	3/31/2015	52.91	41.53	59.70	54.43	54.01
101	中南文化	4/1/2015	55.09	63.13	44.55	50.29	51.20
102	东莞控股	4/1/2015	57.57	0.00	33.32	17.01	27.11
103	鼎龙股份	4/3/2015	55.45	58.27	66.03	47.51	55.34
104	金运激光	4/4/2015	47.87	55.86	42.67	47.48	47.26
105	大华股份	4/4/2015	58.72	52.81	46.34	39.66	46.69
106	东方园林	4/9/2015	55.08	0.00	26.51	24.84	28.06
107	当升科技	4/10/2015	52.84	67.33	71.11	54.04	60.03
108	招商银行	4/11/2015	58.00	87.77	61.60	78.32	71.06
109	怡球资源	4/15/2015	51.38	29.69	60.99	11.64	34.75
110	物产中大	4/16/2015	56.23	57.81	66.31	50.97	56.95
111	万达信息	4/16/2015	56.22	49.69	31.43	32.84	38.95
112	中南建设	4/16/2015	53.61	58.87	32.53	41.92	43.65
113	慈星股份	4/16/2015	53.41	0.00	31.46	8.99	22.46
114	瑞康医药	4/18/2015	55.17	43.75	16.23	34.04	34.42
115	拓维信息	4/18/2015	55.28	49.43	33.08	57.36	49.43
116	双塔食品	4/20/2015	54.07	15.63	10.80	32.36	28.64
117	中京电子	4/21/2015	53.56	36.82	46.99	33.86	41.52
118	威创股份	4/23/2015	53.37	31.28	29.14	26.37	32.86
119	歌尔股份	8/20/2015	55.81	30.12	52.14	57.95	52.61
120	隆鑫通用	4/25/2015	56.52	0.00	25.22	26.07	28.50

续表

编号	企业名称	董事会预案日	财务业绩	客户业绩	内部业务流程业绩	学习与成长业绩	综合业绩
121	牧原股份	4/28/2015	62.75	7.81	22.99	37.15	34.66
122	比亚迪	4/28/2015	57.48	50.99	55.31	49.51	52.78
123	天奇股份	4/29/2015	53.72	45.69	49.65	37.91	45.04
124	国联水产	4/30/2015	51.22	33.60	25.75	30.93	33.72
125	柳州医药	4/30/2015	57.49	26.56	28.09	39.59	38.32
126	长信科技	4/30/2015	54.08	36.51	43.34	30.56	39.22
127	合兴包装	4/30/2015	54.22	6.25	17.67	25.90	26.70
128	三七互娱	5/5/2015	67.15	69.38	60.51	65.06	64.75
129	潮宏基	5/5/2015	54.84	50.46	32.63	38.02	41.27
130	华伍股份	5/6/2015	53.44	35.94	43.38	37.54	41.96
131	山东黄金	5/7/2015	58.30	38.36	40.59	29.04	38.87
132	华孚时尚	5/9/2015	55.12	65.46	48.08	56.54	55.06
133	九牧王	5/9/2015	53.97	58.61	33.26	43.62	44.59
134	雏鹰农牧	5/9/2015	55.40	7.81	12.02	29.78	27.21
135	楚江新材	5/11/2015	53.61	17.19	24.26	15.33	25.27
136	达意隆	5/11/2015	52.64	20.94	22.75	16.30	25.53
137	智光电气	5/12/2015	56.45	25.83	22.51	20.94	28.72
138	贝因美	5/12/2015	52.51	23.44	30.04	41.89	38.48
139	大通燃气	5/13/2015	52.13	17.37	47.62	37.89	40.76
140	海能达	5/13/2015	58.78	50.91	44.93	39.86	46.17
141	赞宇科技	5/14/2015	51.72	33.13	33.07	30.89	35.72
142	华策影视	5/15/2015	54.51	65.63	45.76	56.31	54.23
143	宝新能源	5/16/2015	55.26	46.53	57.02	57.56	55.64
144	天华超净	5/19/2015	54.16	5.96	31.68	28.14	31.38
145	西宁特钢	5/19/2015	10.99	63.37	49.31	28.58	35.03
146	阳谷华泰	5/22/2015	54.85	57.87	66.21	57.49	59.39
147	紫光股份	5/26/2015	54.43	50.17	34.81	25.80	36.63
148	亿阳信通	5/27/2015	53.13	50.86	29.40	34.59	38.68
149	金新农	5/27/2015	54.53	23.44	16.64	49.63	38.47
150	永贵电器	5/28/2015	55.26	57.11	34.18	31.07	39.66
151	百洋股份	5/28/2015	53.40	15.63	25.55	35.87	33.98
152	奥克股份	5/28/2015	46.88	68.79	75.85	80.79	71.54
153	硕贝德	5/29/2015	44.12	29.40	31.37	25.53	31.12

续表

编号	企业名称	董事会 预案日	财务业绩	客户业绩	内部业务 流程业绩	学习与成长 业绩	综合业绩
154	广晟有色	5/30/2015	28.32	50.33	63.48	41.21	45.88
155	骅威文化	5/30/2015	55.14	44.41	27.25	36.10	38.33
156	达华智能	5/30/2015	53.70	33.10	31.03	47.38	42.44
157	新研股份	5/30/2015	55.03	42.19	40.53	26.91	37.80
158	飞马国际	6/2/2015	56.46	48.03	32.06	34.51	39.66
159	曙光股份	6/2/2015	56.31	17.19	39.03	37.30	38.97
160	吉艾科技	6/2/2015	53.35	0.00	29.52	28.60	30.12
161	邦讯技术	6/4/2015	52.36	5.96	33.05	32.33	33.17
162	金一文化	6/4/2015	56.42	56.71	27.82	45.13	43.99
163	中来股份	6/5/2015	55.70	41.68	30.09	37.81	39.59
164	瑞丰光电	6/5/2015	53.51	41.14	29.85	26.79	34.44
165	智云股份	6/6/2015	54.45	51.25	37.90	24.23	36.94
166	泰胜风能	6/6/2015	54.82	0.00	28.43	28.69	30.14
167	万东医疗	6/6/2015	54.18	83.13	42.33	43.38	49.95
168	依米康	6/8/2015	52.31	15.63	30.56	21.00	28.91
169	国瓷材料	6/8/2015	55.44	46.73	63.01	64.51	60.23
170	红宇新材	6/9/2015	53.88	60.92	31.12	43.38	44.18
171	安科生物	6/9/2015	57.63	0.00	41.61	47.90	42.28
172	摩登大道	6/9/2015	50.93	56.99	31.57	48.99	45.61
173	华海药业	6/9/2015	55.74	32.50	33.42	28.60	35.55
174	人福医药	6/9/2015	55.04	34.06	13.87	20.94	27.11
175	瑞普生物	6/10/2015	55.55	45.52	32.49	18.41	32.57
176	新时达	6/11/2015	54.07	49.30	41.57	42.61	45.32
177	三六五网	6/11/2015	56.36	21.96	32.23	30.87	35.02
178	卫星石化	6/11/2015	38.11	31.25	40.33	25.75	32.71
179	金鹰股份	6/13/2015	52.14	26.56	50.21	41.86	44.24
180	横店东磁	6/13/2015	54.00	48.44	34.37	34.62	39.91
181	网宿科技	6/13/2015	64.36	68.09	41.37	34.08	45.93
182	会稽山	6/13/2015	53.80	7.81	26.33	37.76	34.12
183	天通股份	6/16/2015	55.25	52.76	60.33	49.17	53.78
184	奥拓电子	6/16/2015	52.53	39.77	39.98	35.04	40.28
185	新华都	6/16/2015	28.65	50.00	27.63	40.16	35.76
186	盛通股份	6/16/2015	31.69	18.75	25.52	25.58	25.91

编号	企业名称	董事会预案日	财务业绩	客户业绩	内部业务流程业绩	学习与成长业绩	综合业绩
187	岳阳林纸	6/17/2015	45.04	0.00	26.10	28.61	27.61
188	金螳螂	11/28/2015	58.03	45.30	33.71	44.36	44.19
189	宝鼎科技	6/18/2015	51.18	18.75	29.55	27.73	31.61
190	红宝丽	6/18/2015	54.52	50.94	51.79	49.56	51.28
191	北信源	6/20/2015	56.41	55.54	31.57	30.30	38.66
192	春兴精工	6/20/2015	55.27	18.75	40.66	35.08	38.47
193	嘉寓股份	6/24/2015	54.09	42.19	29.33	27.91	35.00
194	元力股份	6/25/2015	53.58	67.14	73.38	78.05	70.81
195	史丹利	6/26/2015	57.39	26.94	41.15	31.06	38.31
196	索菲亚	6/27/2015	58.41	38.36	21.48	35.41	36.38
197	完美世界	7/1/2015	61.93	60.00	60.51	63.09	61.80
198	泰禾集团	7/2/2015	57.85	71.08	53.73	61.07	59.68
199	福星股份	7/4/2015	54.09	21.88	48.51	39.87	42.75
200	康得新	7/6/2015	58.04	58.90	54.31	32.53	46.47
201	梅花生物	7/10/2015	53.48	15.63	23.58	24.19	28.58
202	大名城	7/10/2015	55.27	59.38	47.71	82.95	65.30
203	杭萧钢构	7/10/2015	55.51	32.81	22.14	28.25	32.34
204	冠城大通	7/10/2015	52.64	29.69	44.87	73.50	56.50
205	亿帆医药	7/11/2015	55.82	32.33	44.38	40.66	43.56
206	鱼跃医疗	7/11/2015	57.40	64.15	28.12	41.66	43.70
207	九洲药业	7/11/2015	54.58	58.27	36.74	36.04	42.44
208	美都能源	7/11/2015	52.29	4.69	25.83	29.76	29.97
209	远方信息	7/11/2015	53.56	41.68	31.98	25.29	34.46
210	中电环保	7/11/2015	54.59	26.70	44.89	37.89	41.62
211	常山药业	7/11/2015	54.74	44.70	27.31	19.61	31.42
212	开山股份	7/11/2015	52.76	0.00	40.88	8.65	24.74
213	保龄宝	7/11/2015	52.60	51.07	53.18	40.05	47.33
214	新和成	7/13/2015	52.52	40.14	52.18	57.03	52.82
215	启明星辰	7/13/2015	56.68	50.37	34.07	36.47	41.35
216	新湖中宝	7/14/2015	53.99	52.38	44.58	63.98	55.42
217	道明光学	7/14/2015	53.33	54.01	37.43	25.67	37.54
218	猛狮科技	7/14/2015	51.23	18.75	30.07	36.80	35.55
219	紫鑫药业	7/14/2015	52.53	36.28	51.20	47.65	48.17

续表

编号	企业名称	董事会预案日	财务业绩	客户业绩	内部业务流程业绩	学习与成长业绩	综合业绩
220	奥瑞德	7/14/2015	60.23	56.56	58.93	32.83	47.98
221	亚夏汽车	7/14/2015	55.44	53.13	54.30	33.08	45.50
222	久其软件	7/14/2015	54.98	15.51	19.57	25.39	28.26
223	德尔未来	7/14/2015	55.81	28.13	33.20	21.56	32.03
224	天龙集团	7/14/2015	60.32	60.00	60.51	61.86	60.98
225	三花智控	7/14/2015	56.01	39.44	35.33	32.06	38.40
226	闻泰科技	7/14/2015	47.77	0.00	0.00	0.00	9.10
227	平潭发展	7/14/2015	51.94	46.88	28.28	24.15	33.30
228	环能科技	7/14/2015	53.48	57.26	63.68	85.16	69.95
229	阳光电源	7/14/2015	57.22	0.00	46.17	28.25	35.22
230	永兴特钢	7/14/2015	54.25	0.00	0.00	0.00	10.34
231	莱美药业	7/15/2015	52.73	20.30	41.42	38.90	39.98
232	青岛金王	7/15/2015	56.92	48.67	42.59	60.88	53.70
233	神州泰岳	7/15/2015	53.07	31.83	48.10	40.12	43.75
234	天瑞仪器	7/15/2015	52.07	55.51	54.17	41.51	48.64
235	罗普斯金	7/15/2015	57.70	0.00	24.12	27.80	29.15
236	吴通控股	7/15/2015	55.64	25.00	39.98	36.47	39.69
237	泰豪科技	7/15/2015	53.37	59.36	23.40	34.38	38.04
238	杭电股份	7/15/2015	55.39	28.70	41.50	32.28	38.75
239	庞大集团	7/15/2015	54.13	18.75	29.78	28.35	32.49
240	富春环保	7/15/2015	53.68	60.14	38.56	46.69	47.44
241	天泽信息	7/15/2015	51.67	21.48	28.55	30.02	32.72
242	联创光电	7/16/2015	53.87	33.48	65.45	45.16	50.91
243	利民股份	7/16/2015	54.86	21.88	30.03	28.69	33.22
244	兆驰股份	7/16/2015	53.62	41.48	31.59	37.06	39.27
245	康盛股份	7/16/2015	56.55	20.31	41.15	35.68	39.29
246	秀强股份	7/16/2015	53.63	39.72	24.68	23.64	31.58
247	濮耐股份	7/16/2015	52.41	29.06	34.83	35.13	37.61
248	商赢环球	7/17/2015	27.87	0.00	24.06	25.54	22.51
249	安科瑞	7/17/2015	55.27	0.00	40.81	9.11	25.39
250	八菱科技	7/17/2015	53.77	30.96	30.54	42.40	39.98
251	雪人股份	7/17/2015	53.66	18.75	42.05	37.61	39.60
252	好想你	7/17/2015	50.72	23.44	30.50	45.87	39.93

编号	企业名称	董事会预案日	财务业绩	客户业绩	内部业务流程业绩	学习与成长业绩	综合业绩
253	金轮股份	7/17/2015	54.28	26.74	29.34	39.27	37.94
254	奥维通信	7/17/2015	52.03	50.80	34.61	31.74	38.68
255	广汇汽车	7/17/2015	58.49	6.25	25.48	25.44	29.44
256	普利特	7/18/2015	56.21	20.31	29.91	17.70	28.66
257	雅化集团	7/18/2015	52.36	20.31	45.76	44.74	43.53
258	方直科技	7/20/2015	57.40	17.96	28.25	26.83	31.97
259	旗滨集团	7/20/2015	57.17	56.25	62.03	51.86	56.16
260	聚龙股份	7/20/2015	57.33	56.48	53.93	54.96	55.32
261	盈方微	7/21/2015	54.22	43.73	31.73	30.47	36.94
262	中央商场	7/21/2015	57.41	40.63	54.38	36.09	45.65
263	硅宝科技	7/21/2015	55.82	68.20	73.40	80.90	72.56
264	汉缆股份	7/21/2015	54.21	43.93	47.29	42.24	46.10
265	达实智能	7/21/2015	53.89	46.88	38.98	32.44	40.04
266	欧比特	7/21/2015	54.30	40.12	42.88	27.52	38.30
267	东凌国际	7/21/2015	53.82	0.00	32.95	29.60	31.56
268	润邦股份	7/21/2015	42.83	29.69	29.38	33.34	33.64
269	新日恒力	7/22/2015	54.97	32.19	37.81	29.98	37.13
270	海通证券	7/22/2015	58.57	32.81	27.77	33.56	36.67
271	汉王科技	7/23/2015	52.02	38.36	20.03	24.43	30.17
272	佳都科技	7/23/2015	56.33	43.75	9.67	40.96	35.76
273	海澜之家	7/23/2015	63.84	52.11	22.05	32.41	37.97
274	珠江啤酒	7/24/2015	52.74	49.43	50.73	58.96	54.40
275	辉丰股份	7/24/2015	53.40	25.94	44.78	33.16	39.29
276	宏图高科	7/25/2015	53.61	40.63	35.58	31.24	37.81
277	云内动力	7/25/2015	53.22	42.19	45.42	50.46	48.62
278	海默科技	7/25/2015	51.15	41.68	30.82	32.41	36.67
279	天宝食品	7/25/2015	54.60	42.19	31.97	36.67	39.48
280	亿纬锂能	7/12/2016	55.59	36.51	59.05	28.48	42.89
281	闽发铝业	7/28/2015	51.52	54.95	37.57	65.01	53.80
282	视觉中国	7/28/2015	54.68	69.38	60.51	65.30	62.47
283	恩华药业	7/28/2015	56.95	54.74	56.40	v47.91	52.76
284	恒基达鑫	7/28/2015	51.95	12.50	59.48	25.74	38.27
285	吉峰农机	7/29/2015	55.88	25.00	58.14	41.94	46.94

编号	企业名称	董事会预案日	财务业绩	客户业绩	内部业务流程业绩	学习与成长业绩	综合业绩
286	溢多利	7/29/2015	54.05	11.23	22.17	31.48	30.82
287	德美化工	7/29/2015	57.29	73.39	49.23	43.14	51.13
288	腾邦国际	7/31/2015	55.49	21.88	44.33	54.79	48.12
289	宏达矿业	7/31/2015	42.44	24.29	42.91	25.87	33.45
290	粤泰股份	7/31/2015	54.56	42.42	40.46	52.80	48.55
291	圆通速递	7/31/2015	63.57	88.15	52.10	54.76	59.74
292	海伦哲	7/31/2015	53.15	21.88	46.54	25.14	35.88
293	永鼎股份	8/1/2015	54.06	30.96	43.61	47.82	45.84
294	洽洽食品	8/1/2015	55.59	23.44	33.01	49.30	42.97
295	亚星锚链	8/4/2015	56.59	21.88	10.12	29.01	28.29
296	摩恩电气	8/6/2015	52.54	35.94	29.48	36.90	37.76
297	贵人鸟	8/6/2015	56.18	58.47	40.81	43.56	47.02
298	鸿博股份	8/6/2015	51.81	27.44	42.82	31.36	37.89
299	合力泰	8/6/2015	53.62	50.79	43.50	29.18	40.32
300	恒大高新	8/7/2015	37.00	25.00	32.83	28.05	30.68
301	升达林业	8/7/2015	53.07	0.00	30.14	19.16	26.29
302	华业资本	8/8/2015	59.83	19.33	33.69	50.85	44.12
303	美亚柏科	8/10/2015	55.10	77.12	47.88	66.72	60.66
304	东港股份	8/11/2015	56.62	0.00	18.99	16.81	22.96
305	华映科技	8/12/2015	53.48	34.38	53.28	29.15	40.95
306	保税科技	8/14/2015	51.41	45.31	41.92	30.75	39.47
307	首航节能	8/14/2015	53.63	17.19	41.12	28.00	35.14
308	塔牌集团	8/14/2015	53.81	37.50	25.32	40.29	38.48
309	合纵科技	8/14/2015	32.01	70.65	28.10	13.25	27.76
310	一心堂	8/17/2015	56.67	48.77	10.20	44.40	38.01
311	广誉远	8/18/2015	51.45	28.98	25.02	20.93	28.82
312	盘江股份	8/19/2015	51.01	20.31	52.53	36.00	41.45
313	福斯特	8/20/2015	56.49	42.87	45.56	31.52	41.45
314	东阳光科	8/20/2015	52.57	7.81	31.56	23.16	29.19
315	火炬电子	8/21/2015	56.99	52.22	41.10	53.85	50.80
316	国光电器	8/22/2015	52.68	52.22	41.10	53.85	49.98
317	信雅达	8/22/2015	55.90	57.99	16.63	32.53	35.75
318	广东鸿图	8/24/2015	54.49	26.56	52.45	49.55	48.51

编号	企业名称	董事会预案日	财务业绩	客户业绩	内部业务流程业绩	学习与成长业绩	综合业绩
319	风华高科	8/25/2015	51.34	42.19	28.37	24.39	32.75
320	北大荒	8/25/2015	54.72	7.81	20.10	31.48	29.98
321	冠昊生物	8/26/2015	56.23	26.06	29.38	24.84	32.20
322	皇庭国际	8/26/2015	52.56	46.46	39.30	27.33	37.68
323	喜临门	8/27/2015	57.27	56.82	24.57	37.71	40.18
324	海虹控股	8/27/2015	58.21	13.41	24.49	25.90	30.17
325	华东重机	8/28/2015	52.95	20.31	29.55	31.50	33.71
326	赫美集团	8/28/2015	35.87	74.32	11.27	24.90	29.25
327	鹏起科技	8/29/2015	51.69	18.75	42.94	28.30	35.57
328	永创智能	8/29/2015	55.33	33.80	5.49	10.89	20.66
329	光一科技	8/31/2015	52.87	29.40	36.62	39.89	40.22
330	熊猫金控	9/2/2015	52.88	0.00	22.45	27.01	27.45
331	旋极信息	9/3/2015	55.41	59.49	30.44	27.20	37.34
332	合康新能	9/8/2015	52.20	35.94	29.91	27.24	33.77
333	宝鹰股份	9/9/2015	56.80	20.69	36.20	46.88	42.72
334	富安娜	9/9/2015	56.66	44.41	27.79	43.70	41.95
335	国元证券	9/10/2015	57.40	37.39	16.31	56.75	43.59
336	刚泰控股	9/12/2015	55.04	7.81	45.55	37.60	39.49
337	高德红外	9/12/2015	52.16	21.76	40.70	31.69	36.83
338	云意电气	9/15/2015	53.46	43.75	14.13	22.76	28.80
339	丰林集团	9/15/2015	51.71	46.88	38.33	44.18	44.35
340	招商蛇口	9/18/2015	23.77	83.20	71.03	40.54	50.74
341	中核钛白	9/19/2015	46.66	70.37	44.23	46.48	48.78
342	广汇物流	9/19/2015	50.49	6.25	25.48	25.44	27.91
343	西王食品	9/23/2015	54.88	29.40	51.00	37.03	43.30
344	中海达	9/23/2015	50.74	0.00	34.60	8.80	22.72
345	宝莱特	9/26/2015	53.62	19.33	38.35	31.94	36.29
346	明星电缆	9/26/2015	51.88	21.88	31.16	32.64	34.61
347	云投生态	9/28/2015	53.12	45.56	31.53	40.14	40.94
348	宜通世纪	9/28/2015	54.99	39.64	27.93	33.95	37.01
349	世纪瑞尔	9/30/2015	53.73	52.73	45.32	33.17	42.74
350	大立科技	9/30/2015	52.29	55.48	29.73	32.04	38.10
351	潜能恒信	9/30/2015	50.89	0.00	25.87	27.24	28.09

编号	企业名称	董事会预案日	财务业绩	客户业绩	内部业务流程业绩	学习与成长业绩	综合业绩
352	新华制药	10/9/2015	53.58	40.51	35.06	26.33	35.60
353	达安基因	10/14/2015	54.41	43.64	40.69	44.41	45.22
354	沃森生物	10/16/2015	34.95	25.00	49.90	39.85	39.85
355	上海新阳	10/17/2015	52.64	57.41	72.57	52.51	58.55
356	加加食品	10/17/2015	54.13	15.63	28.62	43.13	37.98
357	亿通科技	10/23/2015	52.61	56.48	41.99	74.07	59.18
358	铜陵有色	10/23/2015	49.10	34.38	59.90	44.45	48.30
359	万顺股份	10/23/2015	51.97	64.09	56.71	54.32	55.69
360	银江股份	10/23/2015	52.85	34.95	36.42	29.38	36.43
361	嘉凯城	10/24/2015	6.68	16.99	33.37	47.55	32.24
362	水晶光电	6/14/2016	53.82	12.39	33.12	32.45	34.29
363	华菱星马	10/27/2015	42.38	58.20	66.82	57.78	57.34
364	万方发展	10/28/2015	40.23	0.00	27.56	27.98	26.83
365	云图控股	10/29/2015	18.67	47.65	39.00	33.46	33.85
366	太极实业	10/30/2015	52.84	21.37	30.77	28.08	32.72
367	五粮液	10/31/2015	56.62	75.88	58.66	50.12	56.78
368	益生股份	10/31/2015	17.29	34.09	51.36	49.52	42.02
369	中国高科	10/31/2015	53.00	0.00	12.10	21.78	22.48
370	新华医疗	11/4/2015	54.69	47.45	42.11	34.45	41.95
371	上汽集团	11/6/2015	57.44	77.68	62.32	80.01	70.64
372	紫光国芯	11/6/2015	55.44	23.13	34.48	25.50	33.35
373	神州长城	11/7/2015	67.38	0.00	35.37	9.17	26.25
374	易成新能	11/9/2015	50.79	54.38	67.59	73.29	65.18
375	欧浦智网	11/10/2015	55.84	46.88	37.09	29.23	38.55
376	山东威达	11/18/2015	52.48	53.01	35.49	36.90	41.43
377	赛摩电气	11/19/2015	39.70	47.12	32.81	41.35	39.42
378	长盈精密	11/19/2015	56.86	37.45	37.36	33.83	39.61
379	和而泰	11/21/2015	54.34	31.88	38.99	35.51	39.60
380	京山轻机	11/28/2015	53.94	25.00	29.69	32.33	34.85
381	铁汉生态	12/3/2015	55.53	31.25	30.82	35.76	37.65
382	康美药业	12/11/2015	56.54	63.13	35.63	59.28	52.82
383	东宝生物	12/12/2015	52.38	36.20	27.41	15.04	28.06
384	中信国安	12/14/2015	53.76	73.29	67.14	59.18	62.00

编号	企业名称	董事会预案日	财务业绩	客户业绩	内部业务流程业绩	学习与成长业绩	综合业绩
385	德展健康	12/14/2015	36.79	49.64	28.77	31.00	33.75
386	金洲慈航	12/15/2015	54.91	43.75	42.95	23.85	37.34
387	积成电子	12/16/2015	54.57	15.50	26.50	18.45	27.16
388	探路者	12/18/2015	57.54	44.57	27.03	43.06	41.66
389	明牌珠宝	12/22/2015	51.66	44.41	22.05	34.65	35.66
390	乾照光电	12/26/2015	48.09	26.05	31.55	33.22	34.74
391	润达医疗	12/26/2015	55.89	38.98	29.69	39.57	39.94
392	辉煌科技	12/29/2015	52.80	21.59	27.80	22.29	29.51
393	东北制药	12/31/2015	43.90	46.19	34.14	30.83	36.07
394	勤上股份	1/4/2016	11.74	25.52	36.44	26.95	26.45
395	超图软件	1/5/2016	33.48	30.74	24.92	32.85	30.57
396	百花村	1/14/2016	32.78	8.61	38.56	20.25	26.19
397	莱茵体育	1/15/2016	30.12	34.55	26.55	24.81	27.46
398	莱茵生物	1/20/2016	33.04	45.22	18.78	36.59	32.13
399	京新药业	1/20/2016	31.92	50.29	30.09	47.33	40.08
400	金证股份	1/23/2016	36.92	30.74	21.75	20.26	25.10
401	象屿股份	1/23/2016	32.74	31.25	38.18	27.63	31.90
402	天马股份	1/26/2016	21.08	74.54	60.98	65.80	57.03
403	华鼎股份	1/29/2016	28.71	29.10	42.69	35.77	35.49
404	温氏股份	2/3/2016	51.25	48.04	40.42	49.58	47.23
405	锦富技术	2/4/2016	28.99	29.40	36.50	22.72	28.45
406	莲花健康	2/4/2016	59.60	48.24	35.90	21.19	35.75
407	新纶科技	2/6/2016	29.83	20.40	27.77	35.61	30.55
408	天晟新材	2/6/2016	28.15	33.27	39.52	42.94	38.03
409	南方轴承	2/18/2016	33.85	43.18	37.50	27.68	33.38
410	金发科技	3/1/2016	32.32	26.56	29.68	62.09	43.36
411	南极电商	3/7/2016	39.34	39.38	23.64	21.97	27.83
412	银邦股份	3/8/2016	28.58	29.18	25.53	21.09	24.69
413	宋都股份	3/8/2016	28.44	26.74	23.75	25.21	25.61
414	三一重工	3/10/2016	49.51	53.28	66.37	88.07	70.65
415	银亿股份	3/10/2016	34.41	36.60	19.22	36.31	31.35
416	金花股份	3/12/2016	28.47	28.01	20.37	32.15	27.76
417	宝通科技	3/12/2016	32.03	44.35	37.83	35.59	36.57

续表

编号	企业名称	董事会预案日	财务业绩	客户业绩	内部业务流程业绩	学习与成长业绩	综合业绩
418	宜华健康	3/12/2016	54.34	12.30	21.70	40.68	34.73
419	银座股份	3/15/2016	29.56	51.48	30.80	40.48	37.10
420	南天信息	3/15/2016	28.67	90.00	52.48	44.57	49.15
421	中源协和	3/16/2016	28.56	32.36	37.75	27.25	30.96
422	飞凯材料	3/18/2016	31.94	34.46	44.20	51.13	43.59
423	南京新百	3/23/2016	38.33	27.62	23.64	22.60	26.48
424	天舟文化	3/24/2016	31.09	0.00	17.82	37.87	26.59
425	中国天楹	3/25/2016	34.17	64.80	62.16	76.25	63.04
426	郑煤机	3/25/2016	28.31	65.23	38.01	36.68	38.89
427	建投能源	3/25/2016	34.76	33.50	41.00	32.74	35.45
428	上海建工	3/26/2016	34.43	25.00	30.77	56.13	41.38
429	博雅生物	3/28/2016	35.21	10.74	20.86	25.34	24.25
430	海洋王	3/29/2016	31.54	29.78	28.20	28.12	28.99
431	强力新材	3/29/2016	35.98	39.27	42.07	29.41	35.28
432	久远银海	3/29/2016	37.64	20.60	20.31	33.53	29.18
433	智飞生物	3/30/2016	30.82	21.97	21.17	31.90	27.59
434	安徽水利	3/31/2016	34.23	25.00	55.28	55.37	47.66
435	英唐智控	4/7/2016	36.39	12.50	35.40	29.76	30.47
436	三江购物	4/8/2016	33.89	60.92	47.49	61.86	52.53
437	湖南海利	4/12/2016	29.43	26.56	38.92	53.86	41.87
438	开尔新材	4/13/2016	29.44	40.23	30.36	34.47	33.09
439	中洲控股	4/16/2016	31.69	17.96	13.30	28.74	23.82
440	金贵银业	4/20/2016	45.85	30.74	35.83	32.66	35.80
441	捷顺科技	4/22/2016	33.44	75.71	15.11	8.90	23.31
442	中珠医疗	4/23/2016	32.20	41.74	37.75	30.45	34.12
443	南京医药	4/23/2016	33.24	32.81	36.04	19.41	28.16
444	万里扬	4/25/2016	32.01	56.23	30.87	50.53	42.36
445	易联众	4/27/2016	28.65	25.26	22.63	31.61	27.85
446	启迪桑德	4/28/2016	36.33	44.89	60.51	55.68	52.00
447	青岛海尔	4/29/2016	39.47	54.89	62.60	40.17	47.88
448	龙韵股份	5/11/2016	30.49	0.00	22.29	16.21	18.62
449	天原集团	5/17/2016	32.28	5.96	39.69	42.38	35.34
450	四维图新	5/17/2016	30.23	79.04	60.70	50.79	52.96

编号	企业名称	董事会预案日	财务业绩	客户业绩	内部业务流程业绩	学习与成长业绩	综合业绩
451	英飞拓	5/23/2016	14.97	25.00	46.75	42.35	36.23
452	友阿股份	5/24/2016	33.67	8.87	28.38	30.08	27.75
453	万盛股份	5/30/2016	35.83	9.38	42.48	40.22	36.28
454	拓日新能	5/30/2016	31.98	76.23	37.17	38.62	41.49
455	格力地产	6/1/2016	34.56	34.18	34.13	25.49	30.60
456	科达洁能	6/1/2016	31.55	42.85	35.88	48.01	40.96
457	迪森股份	6/7/2016	33.54	42.50	33.82	23.65	30.56
458	东方金钰	6/7/2016	33.27	12.11	35.06	30.33	29.97
459	银禧科技	6/16/2016	39.01	26.65	32.41	36.85	34.83
460	友邦吊顶	6/18/2016	35.70	39.77	29.54	32.14	33.04
461	回天新材	6/20/2016	30.16	21.59	32.54	49.78	37.98
462	九鼎新材	6/22/2016	28.55	55.07	38.71	41.79	40.03
463	神州数码	6/22/2016	54.51	21.88	15.98	28.99	29.48
464	中科金财	6/23/2016	31.38	30.68	33.26	27.87	30.34
465	海利生物	6/24/2016	32.36	29.89	31.46	32.80	32.00
466	百川能源	6/24/2016	53.71	42.50	36.73	31.89	38.64
467	吉林敖东	6/30/2016	30.99	29.32	32.84	48.85	38.76
468	恒逸石化	7/7/2016	35.71	32.81	32.38	37.06	35.02
469	驰宏锌锗	7/9/2016	3.79	55.15	41.70	55.38	41.81
470	紫金矿业	7/9/2016	32.48	62.11	42.49	58.87	49.80
471	巨轮智能	7/14/2016	27.55	73.15	58.31	50.39	50.92
472	楚天高速	7/16/2016	32.73	43.18	46.78	26.94	35.37
473	全筑股份	7/16/2016	33.20	40.63	42.35	29.53	35.04
474	乐视网	7/29/2016	31.69	34.47	40.12	40.89	38.15
475	康恩贝	7/30/2016	33.14	44.86	29.04	25.44	30.22
476	金明精机	8/2/2016	29.85	39.66	33.39	30.08	32.09
477	华光股份	8/13/2016	32.30	26.94	21.42	17.77	22.63
478	华通医药	8/19/2016	31.82	49.66	41.77	50.02	44.27
479	格力电器	8/19/2016	44.50	63.87	25.77	44.64	41.82
480	岭南控股	8/25/2016	29.83	34.18	45.01	50.91	43.28
481	凯撒文化	8/25/2016	30.71	0.00	29.78	11.43	18.70
482	通策医疗	8/26/2016	36.51	40.26	30.48	31.28	33.14
483	美年健康	8/30/2016	33.48	40.15	27.41	38.13	34.58

编号	企业名称	董事会预案日	财务业绩	客户业绩	内部业务流程业绩	学习与成长业绩	综合业绩
484	燕塘乳业	8/31/2016	34.14	55.91	36.55	48.03	43.22
485	瑞贝卡	9/3/2016	31.73	26.56	48.29	56.56	45.97
486	众信旅游	9/7/2016	34.91	3.13	33.56	31.74	29.39
487	龙洲股份	9/14/2016	30.55	0.00	48.28	27.39	30.35
488	皖通科技	9/22/2016	30.49	71.88	63.48	62.51	57.80
489	孚日股份	9/23/2016	34.58	41.90	32.89	37.69	36.31
490	健民集团	10/1/2016	31.02	37.71	17.62	29.42	27.53
491	海正药业	10/18/2016	27.55	68.36	65.39	58.45	55.63
492	茂硕电源	10/25/2016	27.85	28.13	33.72	29.71	30.25
493	东土科技	10/26/2016	31.30	27.34	21.80	27.68	26.73
494	康力电梯	10/27/2016	34.60	67.42	57.28	44.78	48.95
495	国恩股份	11/21/2016	37.09	49.89	30.74	45.97	40.63
496	柯利达	11/21/2016	31.14	48.75	50.11	34.79	39.92
497	浙江永强	11/21/2016	28.47	18.83	29.39	38.95	31.94
498	索菱股份	11/25/2016	32.00	30.00	22.71	30.27	28.52
499	捷成股份	11/29/2016	34.94	40.72	59.42	59.43	52.50
500	高盟新材	12/1/2016	31.23	35.94	38.37	36.74	36.04
501	红相电力	12/1/2016	33.90	9.38	31.88	33.67	30.30
502	北京君正	12/2/2016	32.99	5.96	34.71	28.76	28.43
503	润和软件	12/3/2016	32.12	21.68	22.85	27.36	26.36
504	信维通信	12/3/2016	45.15	23.15	33.87	34.95	35.18
505	怡亚通	12/6/2016	34.61	35.72	32.47	40.58	36.66
506	日海通讯	12/10/2016	31.15	53.31	38.20	49.26	43.30
507	印纪传媒	12/12/2016	47.36	0.00	18.87	16.68	21.11
508	富春股份	12/15/2016	31.77	21.88	34.87	39.93	34.83
509	海翔药业	12/19/2016	29.64	55.00	38.33	40.40	39.55
510	世纪鼎利	12/20/2016	29.75	18.55	24.37	28.74	26.52
511	百利科技	12/21/2016	36.59	23.44	25.00	28.62	28.53
512	泰格医药	12/26/2016	32.78	18.16	24.80	27.06	26.46
513	电魂网络	12/30/2016	41.31	0.00	0.00	0.00	7.87
514	海思科	12/31/2016	38.31	31.25	23.46	29.48	29.75
515	东方锆业	1/7/2017	14.35	26.05	22.17	37.46	27.54
516	凯迪生态	1/9/2017	13.91	29.18	48.87	30.78	32.27

续表

编号	企业名称	董事会预案日	财务业绩	客户业绩	内部业务流程业绩	学习与成长业绩	综合业绩
517	同济堂	1/10/2017	25.12	2.73	41.30	22.21	25.59
518	鸿利智汇	1/10/2017	18.84	34.09	36.45	29.08	29.72
519	万润科技	1/14/2017	18.93	30.68	39.27	26.49	29.01
520	金诚信	1/16/2017	11.59	25.00	49.50	34.28	32.96
521	克明面业	1/17/2017	15.59	17.05	38.12	24.89	25.75
522	联创电子	1/24/2017	24.37	39.76	40.73	25.01	30.92
523	天翔环境	1/24/2017	11.50	33.87	32.51	28.60	27.04
524	榕基软件	1/24/2017	11.78	80.00	42.39	35.49	38.20
525	塞力斯	1/24/2017	37.59	21.88	27.23	75.71	48.83
526	智慧松德	1/24/2017	13.86	37.62	30.34	25.41	26.02
527	恒邦股份	1/24/2017	18.18	46.53	38.46	37.17	35.03
528	荣之联	1/25/2017	15.27	57.62	33.26	27.54	30.37
529	三诺生物	1/25/2017	18.63	24.80	29.05	30.47	27.14
530	大洋电机	1/26/2017	17.89	77.47	67.14	75.06	62.31
531	斯莱克	2/9/2017	13.77	41.93	44.22	28.37	31.51
532	中利集团	2/9/2017	11.45	42.39	46.49	26.64	31.01
533	兆新股份	2/11/2017	18.76	28.21	36.02	51.55	38.28
534	太平洋	2/17/2017	16.82	25.25	21.29	23.87	22.00
535	辰安科技	2/22/2017	19.23	57.50	15.21	51.24	36.14
536	神州易桥	3/4/2017	2.49	83.13	52.06	62.61	50.77
537	雄韬股份	3/8/2017	11.69	18.75	36.06	39.97	30.96
538	东方海洋	3/9/2017	11.69	24.41	32.39	30.24	26.59
539	广泽股份	3/17/2017	13.42	71.88	46.28	65.70	51.23
540	普邦股份	3/18/2017	11.07	45.23	40.22	51.70	40.07
541	双杰电气	3/21/2017	11.71	47.27	41.01	35.31	33.80
542	世茂股份	3/25/2017	20.90	33.81	33.17	26.73	28.22
543	顺络电子	3/28/2017	23.76	44.08	39.41	45.23	39.42
544	天士力	3/31/2017	25.04	55.43	34.74	52.59	42.85
545	桃李面包	4/1/2017	19.25	51.05	28.64	18.07	25.13
546	协鑫集成	4/5/2017	9.29	25.00	39.12	51.30	36.83
547	巴安水务	4/7/2017	15.91	27.78	32.25	46.14	34.41
548	信立泰	4/10/2017	38.04	31.39	27.79	34.75	33.09
549	东百集团	4/13/2017	23.85	33.87	22.91	53.99	37.41

编号	企业名称	董事会预案日	财务业绩	客户业绩	内部业务流程业绩	学习与成长业绩	综合业绩
550	东方时尚	4/18/2017	55.35	79.59	18.01	78.26	57.74
551	国祯环保	4/25/2017	15.10	41.68	23.93	28.26	26.19
552	鹏欣资源	4/26/2017	12.98	20.63	30.15	21.67	22.18
553	盛达矿业	4/27/2017	22.81	32.30	31.85	23.14	26.54
554	元成股份	5/6/2017	15.93	59.70	33.70	9.42	23.29
555	德威新材	5/10/2017	9.80	26.56	35.99	40.56	31.77
556	福鞍股份	5/13/2017	10.12	46.09	41.58	41.34	36.03
557	普利制药	5/16/2017	17.44	88.95	37.77	20.48	32.83
558	拓斯达	5/19/2017	21.71	10.92	41.20	32.39	30.15
559	杰克股份	5/20/2017	19.35	68.90	32.56	45.97	40.03
560	飞利信	5/27/2017	11.17	46.73	45.29	31.72	33.29
561	任子行	6/1/2017	19.82	36.32	32.98	22.03	26.29
562	新洋丰	6/1/2017	21.35	37.59	22.92	39.83	31.46
563	华测检测	6/2/2017	13.74	16.53	10.51	13.25	13.00
564	岭南园林	6/5/2017	18.15	30.46	37.36	40.52	34.19
565	兴业证券	6/6/2017	18.31	28.78	23.26	19.55	21.43
566	沪电股份	6/10/2017	36.87	66.19	43.51	34.01	41.01
567	顺网科技	6/13/2017	37.41	14.06	36.09	27.05	29.91
568	福成股份	6/15/2017	20.50	62.79	48.48	43.72	42.88
569	恒力股份	6/16/2017	50.47	26.56	35.58	27.54	33.97
570	华西能源	6/17/2017	13.25	25.00	35.85	31.00	28.21
571	双箭股份	6/20/2017	11.70	34.38	43.13	31.20	31.09
572	红豆股份	6/20/2017	16.17	49.01	34.95	35.20	33.17
573	麦趣尔	6/22/2017	9.08	43.16	41.54	19.19	26.20
574	金达威	6/23/2017	27.43	31.96	20.35	32.64	28.24
575	五洋科技	6/24/2017	12.83	39.18	34.68	26.71	27.72
576	高伟达	7/1/2017	10.09	45.69	29.70	24.76	25.82
577	博汇纸业	7/6/2017	19.41	73.98	30.68	37.31	36.52
578	诚益通	7/7/2017	11.81	35.03	26.93	26.78	24.96
579	安通控股	7/15/2017	19.80	0.00	35.82	23.77	23.41
580	豫金刚石	7/17/2017	11.80	33.87	23.15	31.01	25.57
581	博思软件	7/22/2017	15.11	45.79	34.64	46.88	37.38
582	神宇股份	7/26/2017	15.01	81.88	41.60	63.73	50.64

编号	企业名称	董事会预案日	财务业绩	客户业绩	内部业务流程业绩	学习与成长业绩	综合业绩
583	证通电子	7/26/2017	11.53	57.11	37.17	67.86	47.52
584	龙元建设	8/1/2017	19.84	26.37	35.88	30.22	29.31
585	通用股份	8/4/2017	11.40	79.18	40.20	40.58	39.57
586	兴民智通	8/5/2017	13.59	39.06	29.20	47.70	35.15
587	易尚展示	8/7/2017	13.50	29.10	48.47	37.25	34.78
588	永新股份	8/8/2017	21.00	59.16	44.74	60.91	48.72
589	东旭蓝天	8/8/2017	13.60	18.16	16.06	27.07	20.45
590	维力医疗	8/9/2017	14.35	53.78	35.61	23.49	28.68
591	新宝股份	8/12/2017	16.16	11.02	25.22	42.61	29.05
592	力盛赛车	8/12/2017	13.26	56.44	33.52	25.34	29.00
593	恒星科技	8/16/2017	12.52	43.24	22.50	38.26	29.69
594	中顺洁柔	8/18/2017	21.59	42.67	39.24	29.42	32.18
595	台基股份	8/21/2017	14.13	18.36	23.17	30.84	24.07
596	比音勒芬	8/21/2017	16.00	66.28	64.39	40.29	45.32
597	金陵体育	8/25/2017	10.63	35.39	38.30	74.96	48.01
598	创业软件	8/26/2017	24.24	50.00	31.43	25.38	29.76
599	光华科技	8/29/2017	16.09	17.44	39.46	47.85	35.86
600	名家汇	8/29/2017	23.25	0.00	46.14	12.07	21.97
601	宝胜股份	8/29/2017	20.27	51.85	37.84	25.23	30.91
602	天桥起重	9/2/2017	15.23	68.36	64.30	54.29	51.25
603	迅游科技	9/4/2017	17.83	0.00	30.64	26.57	22.80
604	美尚生态	9/5/2017	14.37	21.88	36.07	31.60	28.35
605	棕榈股份	9/5/2017	14.98	28.13	36.82	41.27	33.47
606	川润股份	9/9/2017	8.47	69.20	60.82	56.93	50.23
607	步步高	9/14/2017	12.93	22.19	34.17	25.97	25.25
608	众生药业	9/19/2017	24.29	29.52	27.12	50.66	36.71
609	会畅通讯	9/21/2017	18.05	12.69	28.04	11.87	17.52
610	开润股份	9/26/2017	22.67	20.03	19.15	21.60	20.95
611	弘信电子	9/28/2017	29.28	0.00	24.97	28.69	24.34
612	海王生物	9/29/2017	22.02	20.46	27.74	34.08	28.42
613	深大通	9/30/2017	48.11	13.32	9.43	19.69	21.56
614	南洋股份	9/30/2017	6.58	53.33	38.71	22.45	27.55